龍的根

選堂

龍的根

中國史話

五千年

余紫榴 著

商務印書館

龍的根——中國史話五千年

作　　　者：余紫榴
責任編輯：潘來基
封面設計：涂　慧
出　　　版：商務印書館（香港）有限公司
　　　　　　香港筲箕灣耀興道 3 號東匯廣場 8 樓
　　　　　　http://www.commercialpress.com.hk
發　　　行：香港聯合書刊物流有限公司
　　　　　　香港新界大埔汀麗路 36 號中華商務印刷大廈 3 字樓
印　　　刷：中華商務彩色印刷有限公司
　　　　　　香港新界大埔汀麗路 36 號中華商務印刷大廈 14 字樓
版　　　次：2016 年 7 月第 1 版第 1 次印刷
　　　　　　©2016 商務印書館（香港）有限公司
　　　　　　ISBN 978 962 07 6577 3
　　　　　　PrintedinHongKong

編者的話

上世紀 70 年代，余紫櫚先生應報館邀約，寫了《中國史話》專欄，在報章上連載，前後連續四年之久，當時正值歐美海外華人知識分子發起第一次大規模的保衛釣魚島運動，知識分子有一個普遍的渴求：認識中國，特別是學習中國歷史。而余先生的《中國史話》專欄發揮了很大的作用，隨着專欄愈受歡迎，不少人士均建議將專欄內的文稿結集出版成書，余先生遂將稿件認真修訂，又得到專家學者協助審訂，最終促成《龍的根——中國史話五千年》的出版，這書在當時深受好評，並成為商務印書館的暢銷書籍。

事隔數十載，再看此書，仍然感覺可讀性很強，學術性、知識性與趣味性並重，考慮到目前這類史料與敍述相結合的中國歷史讀物非常短缺，故徵求作者同意，將這書改編出版。

為方便讀者易於分類檢索閱讀，改版時將各篇章按不同重點主題組合，分成“民族的根源”、“中國歷代政治人物”、“中國學術思想與文化”及“中國科技與社會經濟發展”四大部分。其中“民族的根源”的篇章，雖定稿於 1980 年代，未能全面收錄近二三十年中國全國各地區考古發掘的成果，但作者早已運用當年考古出土器物，推論中國史前人類社會生活的發展，印證中華民族的根源，對本書的主題，確有畫龍點睛的功效。此外，透過歷代政治人物的事跡，敍說了中國歷代的興衰；讀者也可在相應的主題內，領略到中國學術思想文化的精粹；或尋求中國農工科學技術的文化遺產，藉此了解中國社會經濟文化發展的軌跡。

本書初版寫作出版期間，得到專家、學者們的幫助和指導，使修訂工作得以順利完成。其中黃景略先生協助審改舊石器時代和新石器時代部分；李學勤先生協助審改商、周、春、秋、戰國部分；黃展岳先生協助審改秦、漢部分；楊泓先生協助審改魏晉南北朝、隋、唐、五代部分；江平女士協助審改宋、元、明、清部分。他們都是中國當代著名的考古學家、歷史學家和專業歷史編輯，在百忙之中，不辭勞苦對《中國史話》進行逐字審訂，改正謬誤，補充新資料，使《中國史話》增添科學性和可讀性，香港中文大學歷史系牟潤孫教授為本書撰寫序言。此書修訂再版時，又蒙國學大師饒宗頤教授惠賜封面題字，更為本書新版增添光彩，本館藉此機會，再三致謝。

商務印書館編輯部

2016 年 6 月

初版牟潤孫教授序言

　　每一個人都需要讀史書，以獲得歷史知識。將歷史寫成史書，是歷史學者的責任。

　　歷史學者必須分時代分門類去研究歷史上的問題。討論得愈深入，分析得愈細密，他們的成就愈大，而距離羣眾也愈遠。

　　每個有成就的歷史學者，都對歷史研究或多或少作出了貢獻，得到了成果。如果沒有人將他們所得的成果或貢獻彙集起來，結合其他歷史事件寫成一部史書或史話，供給一般人閱讀，則歷史學者們花了許多心血精力所取得的成果就作用不大，甚至絲毫與一般人不相干。

　　許多歷史學者之中，肯去寫供一般人讀的史書或史話的，很少見。由於他們習慣於作專題研究，縱使寫史書，也多數是為教書的方便而寫，未必適合一般人的程度與興趣。實在是史學界一大憾事！

　　余紫榴先生這部史話，恰好彌補了這一個缺陷。余先生他掌握了每個時代重大歷史事件的史料，加以剪裁組織，深入淺出，化複雜為簡單，寫成供一般人讀的史話。這部史話使人讀起來，趣味盎然，於不知不覺之間將很新穎很精密的歷史學者們研究的成果提玄鈎要地彙集起來，給一般人去認識去了解，而且既載新知並陳舊說，常識與研究匯合在一起，構成整體的史話。將它作通史讀自然可以，將它看成歷史小說也未嘗不可。

余先生這部書，本來是在報紙上發表，連續刊載。現在他將它重新修訂，請許多名歷史學者校閱，編寫成冊，付印問世，要我寫幾句話。

我讀了之後，十分佩服。有三點拙見應特別指出：

在眾多史實之中，這本史話善於選擇題目，既掌握了歷史發展規律，全書又能組織成一個完整體系，可謂簡而要。此其一。

別人寫史話為了力求通俗淺顯，往往流於空泛不甚切合實際，這本史話則每字每句均有其來歷根據，可謂明而確，此其二。

寫史書的人如將所依據的材料盡量寫給讀者看，文章便會十分沉悶。這本史話，在引證方面化繁為簡，扼要提綱，引人入勝，可謂省而賅，此其三。

以上所說的拙見，讀了這本書的人，一定會有共同的認識。至於書中其他佳義勝處，恕我不能一一遍舉，留待讀者自己去尋求，以增加讀者的興趣。

1983 年 4 月 16 日

目　錄

編者的話 .... *i*

初版牟潤孫教授序言 .... *iii*

一、民族的根源 *1*

1. 從猿到人的進化過程 / 2
2. 北京猿人 / 5
3. 氏族社會的形成 / 10
4. 母系氏族公社 / 11
5. 仰韶文化 / 13
6. 大汶口文化 / 16
7. 龍山文化 / 17
8. 私有制的起源和發展 / 19
9. 原始的宗教信仰 / 21
10. 古代的圖騰崇拜 / 22
11. 黃帝戰蚩尤的傳說 / 23
12. 堯、舜、禹禪讓制 / 25

二、中國歷代政治人物 *27*

1. 夏啟 —— 第一個世襲王朝的君主 / 28
2. 成湯 —— 滅夏建商 / 29
3. 周武王 —— 建國分封 / 30
4. 周公 —— 制禮作樂 / 33
5. 春秋五霸 —— 尊王攘外 / 35

6. 戰國時代 —— 變法圖強 / 40

7. 荊軻 —— 圖窮匕現刺秦王 / 46

8. 呂不韋 —— 奇貨可居 / 47

9. 李斯 —— 助秦統一中國 / 50

10. 秦始皇帝 —— 確立至高無上的皇權 / 51

11. 陳勝與吳廣 —— 揭竿起義 / 63

12. 項羽與劉邦 —— 楚漢相爭 / 64

13. 張良與韓信 —— 西漢立國功臣 / 67

14. 漢武帝 —— 雄才大略的君主 / 71

15. 張騫 —— 通西域　聯外族 / 75

16. 王昭君 —— 出塞和親 / 77

17. 王莽 —— 篡西漢　建新朝 / 79

18. 曹操 —— 挾天子以令諸侯 / 82

19. 劉備 —— 三顧茅廬 / 85

20. 諸葛亮 —— 治蜀鞠躬盡瘁 / 87

21. 孫權 —— 生子當如孫仲謀 / 90

22. 赤壁之戰 —— 三國鼎立 / 92

23. 三國盡歸司馬懿 / 95

24. 隋文帝 —— 統一中國 / 99

25. 隋煬帝 —— 暴政亡國 / 100

26. 李淵 —— 創立唐朝 / 103

27. 唐太宗 —— 貞觀之治 / 106

28. 武則天 —— 中國唯一的女皇帝 / 112

29. 趙匡胤 —— 黃袍加身　創立宋朝 / 115

30. 楊家將 —— 抗遼保家國 / 121

31. 宋真宗 —— 訂立澶淵之盟 / 123

32. 王安石 —— 熙寧變法 / 125

33. 岳飛 —— 民族英雄 / 127

34. 秦檜 —— 策劃議和 / 130

35. 鐵木真 —— 成吉思汗 / 132

36. 文天祥 —— 留取丹心照汗清 / 136

37. 忽必烈 —— 統一中國　建立元朝 / 137

38. 朱元璋 —— 改革朝政 / 141

39. 張居正 —— 變法革新 / 145

40. 戚繼光 —— 平定倭寇 / 147

41. 努爾哈赤與皇太極 —— 清帝國的建立 / 149

42. 吳三桂 —— 引清兵入關 / 151

43. 鄭成功 —— 收復台灣 / 153

44. 康熙皇帝 —— 開創盛世 / 155

三、中國學術思想與文化 *161*

1. 原始社會的藝術 / 162

2. 甲骨文 —— 信史的佐證 / 163

3. 卜辭 —— 最早的文字記錄 / 165

4. 天命 —— 商朝的哲學思想 / 167

5. 天命靡常 —— 西周的哲學思想 / 168

6. 詩經 —— 最早的詩歌總集 / 169

7. "五行" 與 "八卦" 說 —— 唯物自然觀 / 171

8. 諸子百家 —— 學術平民化 / 173

9. 孔子 —— 儒家創始者 / 175

10. 墨子 —— 社會基層的聲音 / 180

11. 老子與《道德經》—— 柔弱勝剛強 / 182

12. 名家 —— 最早的辯論家 / 185

13. 鄒衍 —— 陰陽學說的代表 / 186

14. 子思與孟子 —— 儒家的繼承者 / 187

15. 農家許行——平均主義 / 191

16. 荀子 —— 儒家的批判者 / 192

17. 韓非子 —— 法家集大成者 / 195

18. 蘇秦和張儀 —— 合縱與縱橫 / 197

19. 《孫子兵法》—— 最早的兵書 / 200

20. 《孫臏兵法》—— 戰國時期兵書代表 / 202

21. 散文 —— 戰國時期的文學藝術 / 204

22. 秦始皇 "書同文字" —— 文字的統一 / 205

23. 漢與西方文化的交流 / 207

24. 董仲舒 —— 罷黜百家　獨尊儒術 / 208

25. 王充《論衡》—— 唯物論解釋 / 211

26. 司馬遷《史記》—— 第一部通史著作 / 213

27. 散文與樂府 —— 漢代的文學 / 215

28. 佛教在中國的傳播 / 218

29. 建安七子 —— 魏晉南北朝的文學代表 / 219

30. 玄學與反玄學 —— 魏晉時期學術思潮 / 223

31. 佛教藝術 —— 北魏的石窟 / 224

32. 劉知幾《史通》—— 最早的歷史理論著作 / 227

33. 四夷自服 —— 唐和世界各國的友好往來 / 229

34. 絢麗的唐代詩壇 / 231

35. 李白與杜甫 —— 盛唐詩人的代表 / 232

36. 劉禹錫與白居易 —— 中唐寫實詩人的代表 / 235

37. 李賀與李商隱 —— 諷喻詩的代表 / 238

38. 復古即革新 —— 中唐的古文運動 / 239

39. 韓愈與柳宗元 —— 古文運動的領袖 / 241

40. 唐代傳奇小説 —— 活潑多變的民間文學 / 244

41. 佛教的興盛 / 246

42. 敦煌藝術 —— 稀世的珍藏 / 249

43. 繼往開來 —— 宋代的文學 / 252

44. 蘇軾 —— 宋代大文豪 / 254

45. 李清照 —— 婉約派女詞人 / 256

46. 程顥與程頤 —— 北宋理學代表 / 257

47. 陸游與辛棄疾 —— 愛國文學家 / 259

48. 朱熹 —— 理學集大成者 / 262

49. 陸九淵 —— "心"即"理" / 264

50. 陳亮 —— "天理""人欲"可並行 / 266

51. 白話小説 —— 市民文學的興起 / 268

52. 馬可波羅東來 / 269

53. 元代中外文化交流 / 271

54. 元曲 —— 古代戲劇的代表 / 273

55. 鄭和 —— 七下西洋　遠赴非洲 / 275

56. 明代文壇 —— 公安派文學運動 / 277

57.　四大奇書 —— 長篇小說的誕生 / 281

58.　王守仁 —— 知行合一 / 284

59.　李贄 —— 批評理學思想家 / 287

60.　清代的文學 / 290

61.　清初三大思想家 —— 批判君主專制 / 293

62.　天主教在中國的傳播 / 297

四、中國科技與社會經濟發展 ………… *301*

1.　青銅時代 —— 社會生產力提升 / 302

2.　西周的 "百工" —— 手工業的發展 / 304

3.　鐵器的第一次大發展 / 306

4.　水利工程 —— 都江堰和鄭國渠 / 308

5.　戰國時期的科學發展 / 309

6.　戰國時期商業興盛與城市繁榮 / 311

7.　鐵器的第二次大發展 / 313

8.　農耕技術的突破 —— 趙過的 "代田法" / 314

9.　東漢前期社會經濟的發展 / 316

10.　造紙術的改良與傳播 / 317

11.　大科學家張衡與祖沖之 / 319

12.　農業百科全書 —— 賈思勰《齊民要術》/ 325

13.　隋唐科學文化的發展 / 327

14.　唐代社會經濟的發展 / 331

15.　北宋前期社會經濟的發展 / 335

16.　北宋科學技術著作 —— 沈括《夢溪筆談》/ 337

17.　南宋前期社會經濟的發展 / 340

18.　元代科學文化的發展 —— 郭守敬 "授時曆" / 342

19.　農耕科學家 —— 王幀《農書》/ 344

20.　棉紡織業推廣 —— 女紡織家黃道婆 / 345

21.　明初社會經濟繁榮 / 347

22.　東方醫學巨典 —— 李時珍《本草綱目》/ 349

23.　農業技術總覽 —— 徐光啟《農政全書》/ 353

24. 地理學全書 ——《徐霞客遊記》/ 355
25. 工藝科技全書 —— 宋應星《天工開物》/ 357
26. 清代前期社會經濟的發展 / 359

民族的根源

1 從猿到人
的進化過程

科學家考察了地球的歷史，揭示了人類和一切生物進化的連續關係。地球的歷史分為太古代、元古代、古生代、中生代和新生代五個時期。約五億年以前，地球上才出現生命。最初的生命是原生的單細胞生物，後來便有軟體動物、兩棲動物和爬行動物。新生代約開始於六、七千萬年以前，分為第三紀和第四紀。第三紀是哺乳類動物發達時代，哺乳類由低級進化到高級，最後就有靈長類或初期的猿猴出現。到第四紀初期（約一百萬年以前），地球上出現了人類。

19 世紀時，考古學家在屬於 1500 萬年以前（第三紀末）的地層中，發現了一種森林古猿。森林古猿分佈的地區很廣，包括歐洲南部、非洲、亞洲東南和南高加索。1956 至 1957 年，在中國雲南省開遠地區發現了十顆森林古猿的牙齒化石。森林古猿的發現，使科學家得以大略推知人類祖先的形像，證實了達爾文關於人類是由類人猿進化而來的學說。

古猿最初成羣地生活在樹上，由於要利用上肢攀援樹木，找尋食物，同時還要握棒、擲石，抵禦來犯的野獸，經過長期的進化，手和腳有了某種自然的分工。

後來，由於氣候的變化，森林的減少；特別是由於猿羣的發展和它們對自然界現存食物的任意攫取和浪費，造成了食物的缺乏。這就迫使類人猿不得不成羣地從樹上下來，離開森林，到地面上擴大其活動範圍，尋找食物。經過了幾百萬年的努力，類人猿在平地上逐漸擺脫了用手幫助行走的習慣，採取了直立的姿勢。這不但讓雙手解脫出來，更重要是使頭部可以四周環顧，方便觀察周圍的世界，更為頸骨能支盛更多的腦容量提供了前題。這就為大腦的發達創造了客觀的可能性。這無疑是從猿到人轉變過程中具決定意義的進步。

　　類人猿雖能直立行走，畢竟還沒有成為人。類人猿由於雙手的不斷使用，使手的機能逐漸完善起來；手越來越靈活，能夠適應新的、更加複雜的動作。在長期使用天然工具的過程中，獲得了豐富的感性認識，促使腦子得到發展。經驗積累到一定程度，經過腦子的加工，便出現飛躍，產生了自覺能動性，開始創造工具：打製出世界上第一批石製工具。

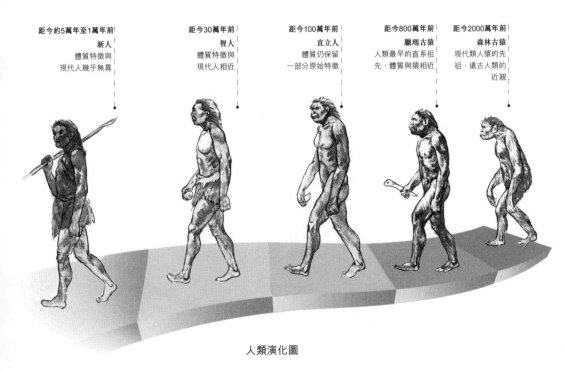

距今約5萬年至1萬年前	距今30萬年前	距今100萬年前	距今800萬年前	距今2000萬年前
新人	智人	直立人	臘瑪古猿	森林古猿
體質特徵與現代人幾乎無異	體質特徵與現代人相近	體質仍保留一部分原始特徵	人類最早的直系祖先，體質與猿相近	現代類人猿的先祖，遠古人類的近親

人類演化圖

　　對於人類的歷史來説，這是神聖的一刻——當石製工具誕生的時候，它標明了類人猿終於變成了人，進入猿人階段。

　　人體是一個有機的整體，隨着手的發展，人類的各部分也都相應地得到了發展。在共同勞動、互相交往的過程中，人們對客觀世界的認識日益豐富，互相的聯繫更趨密切，於是有了交流思想感情的迫切要求。原來只能發出單調的尖叫聲的喉管，由於發音的抑揚頓挫不斷加多，逐漸發達起來；唇和舌的動作也日益靈巧，一個個清晰的音節能連續從猿人嘴裏發出來，這就是人類最早的語言。它是在勞動中產生和發展起來的。

　　首先是勞動，而後是語言的產生，有力地促使了腦髓的發達。腦髓的最精密的工具——感覺器官，也進一步發達和完善起來。人們對客觀事物的認識能力和辨別能力日益進步，抽象能力和推理能力日益提高。大腦思維能力的發達，反過來

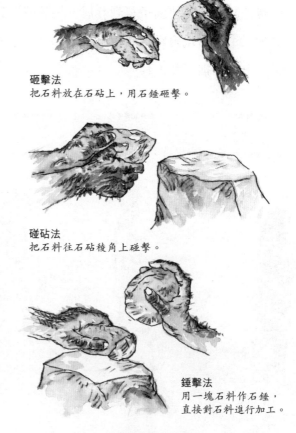

砸擊法
把石料放在石砧上，用石錘砸擊。

碰砧法
把石料往石砧稜角上碰擊。

錘擊法
用一塊石料作石錘，直接對石料進行加工。

石器製造方法示意圖

又推動了勞動和語言的發展。人們的思想意識在勞動實踐中形成並且發展起來，而人們的勞動也由於意識的支配才成為可能。

總之，人類社會區別於猿羣和一切動物的特徵，就是勞動。勞動促成了直立行走和雙手的解放；勞動促成了語言的產生、大腦的演進、思維的形成和發展；勞動使人們組成了人類社會，並且改造了自然界。在勞動中，人們的思維能力和人體都得到發展。所以說，勞動創造了社會的物質財富和精神財富，同時也創造了人類本身。

2 | 北京猿人

世界上最原始的人，叫做猿人。猿人羣居為生，共同勞動，組成了早期的人類社會 —— 原始羣。在中國北京周口店，以及山西、陝西、河南、雲南等地，都發現了原始羣活動的遺迹。1963年，中國考古工作者在陝西省藍田縣公王嶺，發現了猿人的頭蓋骨、上頜骨和三顆牙齒的化石，以及石器和動物化石等。經過科學鑑定，這種原始人類距今約為 80 萬年，被稱為 "藍田人"。1965年，又在雲南省元謀縣那蚌地區發現了兩顆猿人牙齒化石，經過科學鑑定，證明這種人類生活的年代，距今約為 170 萬年，是目前世界上所發現最早的猿人類型之一，被稱為 "元謀人"。

比 "元謀人" 和 "藍田猿人" 稍晚的，就是在北京西南周口店發現的，舉世聞名的 "北京猿人"，簡稱 "北京人"。

北京猿人化石發現於北京房山縣周口店龍骨山的天然洞穴裏。他們的生活年代距今約 50 萬年。北京猿人化石是 1927 年發現的,同時發現的還有大量北京猿人的遺骸、石器、灰燼和動物骨骼化石。1967 年,中國考古工作者再次在龍骨山猿人洞內發現一具片、鎖骨、上臂骨、腕骨、大腿骨、小腿骨和 150 多顆牙齒,約屬於 40 多個男女老少猿人。科學家們對這些"北京人"的骨骼進行了研究,發現他們既有猿類的特徵,又有現代人的特徵。

北京猿人的體形,外貌究竟是怎樣的呢?經科學家們的研究,大致上可肯定他們已能直立行走。他們的身軀和現代人近似,從大腿骨推算,男的高約 1.62 公尺,女的高約 1.52 公尺,平均高度比現代人矮些。他們的面部比現代人稍短,前額比現代人低平而向後

舊石器時代人類遺址分佈圖

前額低平
鼻骨較寬
顴骨高突
吻部前伸

北京猿人頭像

北京周口店猿人洞

傾斜，鼻子寬扁，顴骨高突，眉脊粗壯，吻部前伸，沒有明顯的下
頦，長着比現代人粗大的牙齒。他們的頭骨和四肢的發展不平衡，
四肢的發展快些。由於長期的勞動，雙手日益靈巧，腕骨中的月骨
具有現代人的一切特點。他們在勞動時用右手比左手多些。由於長
期直立行走，北京人的下肢骨基本上也具備了現代人的形式，但在
一些部位還具有若干原始的性質。北京人的腦髓已經遠比現代猿類
大而完善，腦量平均約 1059 毫升，比現代猿類的平均腦量 415 毫升
大一倍半以上，約為現代人平均腦量的 75% 左右。在六個比較完整
的頭骨中，最大腦量為 1225 毫升，已接近現代人的平均腦量 1400
毫升了。他們腦部結構的複雜和完善程度，更是現代猿類所不能比
擬的。從腦子的發展程度來看，他們已經有了語言。綜上所述，均
說明他們的身體和現代人近似，腦部與猿類的差別逐漸增大。

　　從北京周口店猿人洞出土的幾萬件石器，使我們大致可以了解
北京猿人的生產方式和生活情況。

北京人生活意想圖

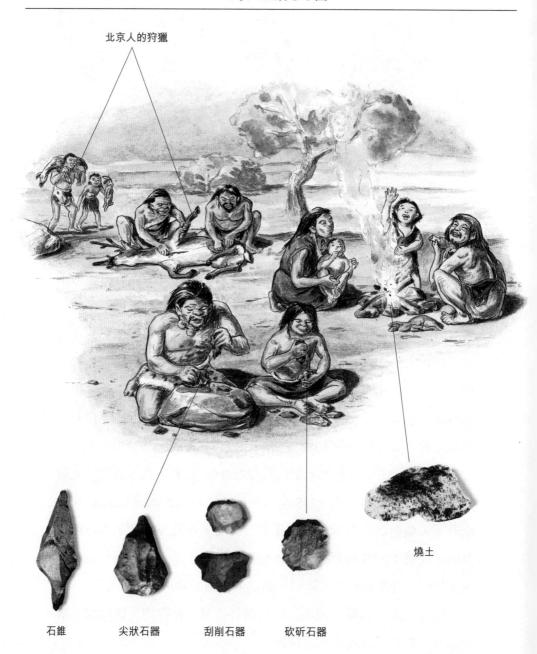

北京人的狩獵

石錐　　尖狀石器　　刮削石器　　砍斫石器　　燒土

　　當時，周口店一帶氣候比現在溫和濕潤。在北部、西部的高山丘陵上，樹木成林，有兇猛的豹、狼、熊、大象、犀牛、劍齒虎等等；在東南部的廣闊草原上，奔馳着成羣的野馬、野羊、腫角鹿和梅花鹿。它們是"北京人"狩獵的主要對象。山前有一條寬闊的河流，附近還有大片的沼澤地帶；水裏生活着魚類、大河狸、水獺、水龜等。

　　北京猿人過着極其簡單的原始羣居生活。他們整日在森林裏、草原上圍獵追捕較小的野獸作食物；也採集野果、樹籽、植物的根莖食用。北京人用礫石為原料，打製成粗陋的石器：有砍樹、製木棍的"砍砸器"，刮割獸皮和獸肉的"刮削器"和"尖狀器"。這些石器的打製非常粗糙，也未打磨，科學家們稱它為"舊石器"。這個時期，在考古學上稱之為舊石器時代的早期。

　　在北京的猿人洞內還發現過許多層灰燼，有的厚達六公尺，灰燼內還有燒過的木炭、獸骨等。這說明"北京人"已懂得使用火。他們是至今已知的最早用火的人類。從灰燼成層和成堆的狀況，可以判斷出："北京人"還不會人工取火，尚處在保存天然火種的階段。

　　火的使用，使人類能夠熟食。這不僅擴大了食物的種類，而且縮短了消化食物的過程，使人類脫離了"茹毛飲血"的時代，促進了猿人體質的進步；特別是加速了腦髓的發展，使他們更快地擺脫猿類的特徵。同時火還能禦寒、防禦野獸、能照亮陰暗潮濕的洞穴。火的使用是人類發展史上的一個里程碑。

　　當時猿人的生產力低下，只能是幾十個人結合在一起，過着集體生活。在每一個羣體中，人們集體狩獵、集體採集，才能戰勝猛獸，獲得維持生命所必須的食物。他們將得到的食物平均分配，共同消費。由於獵獲物不夠充足，他們的生活非常艱苦。他們還必須和自然界的種種災難搏鬥。同這種低下的生產水平相適應，他們當時處於亂婚的狀態，即同一羣內之所有男性和同一羣內之所有女性互為婚姻。由於上述種種條件的限制，他們的壽命一般都很短。

我們遠古的祖先就是憑着原始羣這種最古老的社會組織，在集體勞動中，改造自然和自己的體質，不斷地推動社會發展。

3 | 氏族社會
的形成

猿人的原始羣社會，經過了幾十萬年的發展和變化，到了離開現在約二、三十萬年的時候，不論是人的體質還是生產力水平，都發展到一個新的階段。原始羣開始向氏族轉化。這個時期被稱為古人階段，相當於考古學上的舊石器時代的中期。

這一階段人類的化石和石器，在中國南方和北方都有發現。如在廣東韶關馬壩發現的“馬壩人”；在湖北長陽縣趙家堰發現的“長陽人”；在山西襄汾縣丁村發現的“丁村人”等。古人的勞動經驗和技能，比猿人更豐富了。他們能夠製造多種比較定型的石器，如石斧、石球和尖狀器等。由於狩獵工具的改進和技術的提高，人們獲得的生活資料也比較豐富，人口不斷增加，這樣原來的原始羣就分裂出許多新的原始羣，向四外遷徙，尋找新的生存條件，佔領新的地域。原始人類分佈日益廣泛，原始社會組織日益發展。

　　這個時期，古人的社會組織大體上已脫離了原始羣居的亂婚狀況，進入了血族羣婚的階段。由於勞動生產的發展，祖父母和父母一輩人，自然地成為他們兒女們的師傅，從而受到尊敬。同時，人類從長期積累的經驗中，認識到父母同子女通婚會造成下一代體質衰殘的後果。於是，父母同子女之間的通婚被禁止了，開始了只限於兄弟姊妹之間的婚姻關係，叫做“血緣婚姻”，也叫做“血族羣婚”，它構成了“血緣家庭”。

　　到了古人階段的晚期，人們進一步認識到直系血緣近親通婚對後代體質發育造成的嚴重危害。這就引起了家庭關係上的又一次重大變革，首先禁止了同胞兄弟姊妹之間的通婚，後來又禁止了旁系兄弟姊妹之間的婚姻。每一個家庭集團只能和另一個屬於其他血緣的家庭集團通婚，而他們的子女是屬於母方這個家庭集團的，這些子女的血統世系也是按母方計算的。自從一切兄弟和姊妹之間，甚至母方最遠的旁系親屬之間的婚姻關係的禁例一經確立，人類社會組織就發生了重大的變革，由原始羣轉化為氏族公社。

4 ｜ 母系氏族公社

　　大約離現在四、五萬年的時候，我們的祖先由古人階段進化為新人階段。中國的原始社會進入了母系氏族公社。在考古學上屬於舊石器時代的晚期。

　　在中國廣闊的土地上，到處都發現有新人活動的遺迹，如廣西的"柳江人"，四川的"資陽人"，內蒙古的"河套人"，還有北京周口店的"山頂洞人"。由於山頂洞人製造的石器、骨器、裝飾品等，資料非常豐富，一般都以山頂洞人為這一時期文化的代表。

　　新人階段，我們的遠古祖先在體質上已經同現代人十分接近了。生產工具也有了顯著的改進。例如在資陽人遺址發現了一件骨錐，在山頂洞人遺址發現了一件骨針，從骨錐和骨針的使用可以知道，當時人們已經會用獸皮縫製衣服，還會編織魚網捕魚了。更重要的，這時候人們已經掌握了摩擦生火的技術。從此，人們就能夠更自由、更廣泛地使用火，讓火更有效地為人類服務。這時期，相當於中國古籍傳說所記載"鑽燧取火，以化腥臊"的燧人氏時代，和"作結繩而為網罟，以佃以漁"的伏羲氏時代吧。

　　在母系氏族公社裏，已經產生了按性別和年齡區分的簡單的

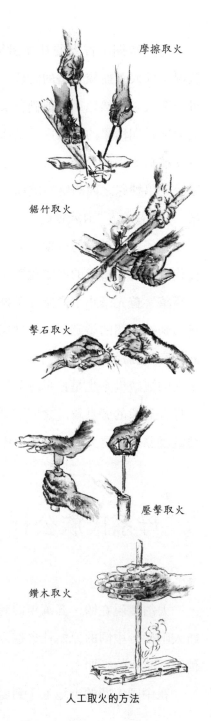

摩擦取火

鋸竹取火

擊石取火

壓擊取火

鑽木取火

人工取火的方法

分工，這是一種根據人們體質特徵而形成的原始分工。那些身強力壯的男性氏族成員、種籽，掘取植物的根莖；為全體氏族成員準備食物；從事加工皮毛、縫製編織等，為氏族成員製作禦寒衣服；還要照料老人，為集體撫育她們的後代。

氏族公社的組織，是以血緣關係為紐帶的。在羣婚家庭的形式下，子女只知其母，不知其父。因此，血統只能從母親方面來確定。另一方面，婦女擔負採集經濟，比狩獵具有較穩定的性質，有着重要的經濟意義。又由於婦女從事製作食物，縫製衣服，養育後代等具有社會性質的工作，對於維繫氏族集團起着重要的作用。因此，婦女成為氏族的組織者和領導者，在氏族公社居於領導地位，普遍受到尊敬。這樣的社會，就叫做母系氏族公社。在這個社會裏，氏族內部不准通婚，實行着一氏族的一羣男子同另一氏族的一羣女子之間的交互羣婚，這就是通常説的"族外婚"。

5│仰韶文化

大約在六七千年以前，黃河流域一帶的母系氏族公社進入了繁榮階段。在黃河中游，以關中、晉南和豫西一帶為中心的仰韶文化留下了豐富的文化遺產，反映了繁榮的母系氏族公社的面貌。由於這個時期所發現的石器均經打磨，與打製石器不同，因此考古學上稱為"新石器時代"。

仰韶文化，是因為 1921 年在河南澠池縣仰韶村首先發現這種

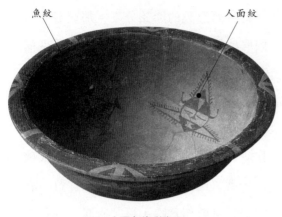

魚紋　　　　　　　　　　人面紋

人面魚紋彩陶盆

文化遺址而得名。出土文物有石器、骨器和陶器。其中有一種紅色陶器十分精美，表面還有各種彩色紋飾，所以過去也有人稱這種文化為"彩陶文化"。

在仰韶文化的氏族公社裏，原始農業已經成為主要的經濟部門。農業是由婦女們長期從事採集經濟發展而來的。她們在採集野生植物過程中，通過長期的觀察和多次試種，終於把可供食用的野生植物變成人工栽培的農作物，開創了原始農業。原始農業的發明和發展，是婦女對人類社會的重大貢獻，也是決定婦女在當時社會中佔有重要地位的原因之一。

與經營農業的同時，當時人們也從事狩獵、捕魚和採集野果等。至於衣着方面，已知用石輪紡線，用線織布。而日常生活中使用的器皿大都是陶器。

由於農業發展，有了以原始農業為主的綜合經濟，人們生活來源相對地穩定了，而農業生產也需要有固定的地區，母系氏族公社於是開始建立村落，過定居的生活。陝西省西安市發現的半坡村遺址，就是一個典型的氏族村落遺址。這個村落分居住區、製陶窰場和公共墓地三部分，總面積有五萬平方公尺。居住區周圍有一條深寬五、六公尺的防護溝。溝北邊是公共墓地，東邊是窰場。居住區發現了四、五十座房子，佈局很有條理。在居住區中有一座規模很大的方形房屋,是氏族公共活動的場所。此外還有氏族的公共倉庫。這個遺址充分反映了氏族公社的社會結構。

在母系氏族公社裏,實行着生產資料公有制。在氏族範圍內的土地、樹林、草地、家畜、住房和製造工具、陶器的原始作坊等,都屬於氏族公社全體成員所有。氏族成員集體勞動,互相協作,共同消費,過着平等生活。那時還未出現階級,沒有壓迫和奴役,也沒有法律和刑罰。但是這種社會是建立在生產力極度低下的基礎上,絕不是後人經過理想化的社會。

母系氏族的村落

6 大汶口文化

　　大汶口文化距今約六千年左右，主要分佈於黃河下游和江淮地區。這種文化在 50 年代首先於山東泰安、寧陽兩縣交界的大汶口、堡頭遺址出土，此後，在山東和蘇北的廣大區域不斷發現同類型的遺址和墓葬，故稱為"大汶口文化"。

　　從大汶口遺址和隨葬品的形式及分佈來看，當時已從以女性為主要經濟支持者的母系氏族社會轉變為以男性為主要經濟生產者的父系氏族社會。在大汶口文化中期以後，隨葬石鏟、石斧、石錛等生產工具的主要是男性，而隨葬紡輪的則主要是女性。這説明，男子已成為社會生產，特別是農業生產的主要擔當者，而婦女則從事紡織等家內勞動。社會已經從母系氏族公社逐步轉變到父系氏族公社。

　　在大汶口文化晚期的墓葬發掘中，發現一些墓葬比其他的墓葬擁有更多的豬頭骨、豬下顎骨、陶器、生產工具和裝飾品等隨葬物，這顯示了私有財產已經出現的事實。由於農業的發展，氏族成員可兼飼豬、狗等家畜；更兼大汶口文化中晚期的製陶業突飛猛進，於是豬、狗、陶器等均成為財富聚積的象徵。此外，生產工具亦是最早成為私有財產的物種之一，但由於它既難於生產，又是如此之不可缺少，窮人死後必須把它留給家屬，只有富人才能以之隨葬。至於豬、狗、陶器等，更不言而喻了。

　　上述的墓葬情況説明，大汶口文化晚期已出現了私有財產，出現了貧富差別。

7｜龍山文化

　　大約在四千多年以前，黃河中下游的氏族部落，先後進入了父系氏族公社時期。這一時期的文化叫做“龍山文化”。龍山文化是繼仰韶文化、大汶口文化而發展起來的、比較晚期的新石器時代文化。1928 年，中國考古工作者首先在山東省章丘縣龍山鎮城子崖發現這種文化遺址，所以定名為“龍山文化”。在沿海地區的龍山文化遺址中，常出土一種漆黑發亮、薄如蛋殼的陶器，因此過去也有人把這一時期的文化稱為“黑陶文化”。

　　那時候，鋤耕農業已經比較發達，農業生產逐漸成了社會經濟的基礎。於是，男子逐漸由從事漁獵轉到從事農業，代替了婦女作

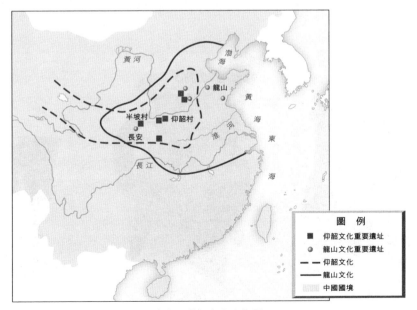

仰韶、龍山文化分佈圖

為主要的農業生產者的地位。農業勞動力的加強，直接推進了生產力的發展。生產工具又有了改進，開始使用比較厚重的大型的磨光石斧、石刀等，使得原始農業達到了新水平。墾殖面積擴大了，單位面積產量提高了，整個社會的剩餘糧食有了增加，這就為牲畜飼養和手工業的發展奠定了基礎。

這時出現了兩次社會大分工，首先是畜牧業從農業中分離；接着是農業和手工業的分工，三者各自成立了相對獨立的生產部門。到了父系氏族社會的後期，還出現了金屬加工業，如在甘肅武威皇娘娘台、臨夏大何莊等地的遺址裏，都發現了屬於父系氏族社會晚期的銅製品，有些武器如銅刀、銅戈等，是經過冶煉的，他們冶煉的紅銅成份很純。冶煉技術的發明，為爾後社會各生產部門的發展開闢了廣闊的前途。

在生產關係方面，父系氏族公社比起母系氏族公社有了重大

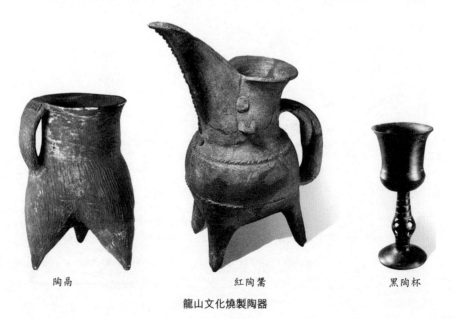

陶鬲　　　　　　　　紅陶鬶　　　　　　黑陶杯

龍山文化燒製陶器

的變化。生產資料如土地、牧場等，雖然仍歸氏族公有，但是，公社中全體氏族成員集體農耕的制度，漸漸被以家庭為單位的勞動生產所代替。生產資料的分配，也是首先分配到家庭，再由家庭的主持者把它們分配到個人。維繫氏族的血緣紐帶仍然存在，但是，血統已經不再按母系計算，而按父系計算，並且發生了財產的父系繼承權。

8 | 私有制
的起源和發展

父系氏族公社時期，是原始社會解體的過程，也是私有制、階級和國家產生的過程。隨着兩次社會大分工和生產力的不斷發展，使某些部落、氏族或家庭，有可能用自己的剩餘產品，去換取自己不生產而又需要的產品。如從事畜牧業的氏族用多餘的乳、肉和皮毛，向從事手工業生產的氏族換取石器、陶器等生產工具和生活用具。隨後又出現了原始的貨幣，如陝西長安、河南陝縣發現有玉璜，雲南西雙版納發現有海貝等。古代傳說中"祝融作市"、"日中為市"，反映的就是這種交換活動情況。

產品交換最初是在各氏族部落之間進行的。氏族部落的首領掌握着交換的權力，即掌握了氏族內剩餘產品的支配權，但交換的產品仍屬於氏族公有。此後，隨着剩餘產品的增多，交換日益頻繁和擴大，氏族首領行使的權力便越來越大。漸漸，氏族的大小首領便利用職權，化公為私，將他們經手交換的產品據為己有。交換的發展促進了私有財產的發展和原始社會的瓦解。

首先，家畜的馴養和畜羣的繁殖，創造了前所未有的財富。由全氏族集體飼養的家畜轉變為以父系大家庭為單位進行飼養，久而久之，畜羣就成了父系大家庭的特殊財產。如在山東寧陽、甘肅臨夏大何莊和秦魏家等處發掘的父系社會的墓葬裏，都發現有隨葬的豬頭骨或豬下頜骨，少的一塊，多的達 60 多塊。這些情況表明，牲畜已經成了父系家庭的私有財產，隨葬的豬骨成了死者生前擁有財富多寡的象徵。貧富的分化已經出現了。

接着，奴隸制開始萌芽。生產的發展，畜羣的繁殖，引起了勞動力的缺乏。於是，從戰爭中捉到的俘虜不再被殺掉，而被留在氏族內部從事勞動，作為父系大家庭的奴隸。這些奴隸被氏族首領和父系大家長佔有，成為他們的私有財產。在河南龍山文化遺址的一個廢井裏，發現了一個亂葬坑，埋有五層人骨，男女老幼都有，有的身首分離，有的作掙扎狀。這些人的埋葬和一般父系氏族成員的埋葬大不相同，可能是父系家長控制下的奴隸或俘虜。

隨着私有制的發展，父系大家庭內部日益失去了平等的生活。男子掌握了家庭的管理權，婦女處於丈夫的絕對權力之下，成了生育子女的工具。一夫一妻制只對婦女有約束力，那些富裕的家庭卻過着一夫多妻的生活。在甘肅武威皇娘娘台的遺址裏，發現了一男二女合葬墓，男子仰身直肢居於中間，女子在男子的兩側，都側身屈肢，面向男子。這表明了在父系大家庭裏男女不平等的實際情況。

9 | 原始的宗教信仰

在原始人類最初階段，抽象能力和想像能力還不發達，因此人們還沒有形成宗教信仰。那時候，人們在同自然界的鬥爭中，完全處於被動的地位。人們對客觀實際的反映，在很大程度上是表面的、膚淺的。

到了氏族社會，雖然人們的生產水平逐漸有了提高，對周圍世界有了較多的了解，思想能力也有所發展；但是，生產水平和認識能力仍舊十分低下，對許多自然現象和人體生理現象都無法解釋，於是逐漸形成人類早期的宗教迷信思想。

例如水和火，在某些情況下給人們帶來好處，在另一些情況下，卻給人們造成災害，對於這種現象，人們無法解釋。對於日月、山川、雷電、雨雪、乾旱等自然現象，更無法理解。反映在人們頭腦裏，就產生了歪曲的、虛幻的概念，把這些自然現象人格化、神秘化，賦予超自然的神性，認為它們能給人類帶來禍福，於是產生了對自然的崇拜。

又如人們對於睡覺做夢以及偶然產生的幻覺等生理現象迷惑不解，於是便產生一種觀念：人們的思維和感覺不是他們自身的活動，而是一種獨特的，附於人體的靈魂的活動。因而便虛構出一個離開現實的靈魂世界，並相應地出現了埋葬死者的各種儀式。如在山頂洞人遺址裏，發現了許多兒童的瓷棺葬，那些陶瓷口上覆蓋着一個陶盆，陶盆的底部都有一個小孔，可能寓意供"靈魂"出入之用。在一些成人的墓葬裏，都放置着死者生前使用的器皿，如工具、武器、生活用具和裝飾品等,意思是供死者的靈魂繼續使用。
這些現象說明,當時人們已存在着相信靈魂不滅的宗教迷信觀念。

10 | 古代的 圖騰崇拜

在原始社會,氏族形成的過程中還產生了一種"圖騰崇拜"("圖騰"原是印第安語,意思是"他的親屬")。每個氏族成員都相信本氏族起源於某種動物、某種植物或無生物。他們就用這種動物、植物和無生物的名稱來稱呼本氏族,如龍、虎、鳥、雲等,這就是"圖騰"。後來有的部落或氏族把這些動物、植物和無生物繪成圖案,作為他們氏族或部落的標記——徽。氏族成員把圖騰當作神化了的祖先加以崇拜,圖騰成為氏族成員共同信仰的象徵和保護神。這種圖騰崇拜,是祖先崇拜和自然崇拜相結合的產物。它雖然是一種宗教迷信,但是它的產生有社會方面的需要,成為維護氏族

玉鳥和玉鴞

內部團結和統一的思想紐帶。同一氏族的成員都堅信他們有着同一的祖先、同一的血統，還得到同一氏族神的保護，以此同其他氏族相區別。

在中國古代的傳說和神話裏，可以看到很多關於圖騰的記載，由此可以推測到遠古居民的分佈情況。譬如居住在東方的人被稱為 "夷族"，太皥是其中一族著名的酋長，傳說太皥姓風，人頭蛇身（或龍身），可能是以蛇（或龍）為圖騰的氏族。陳（今河南淮陽縣），相傳是 "太皥之墟"。居住在北方、西方的人被稱為 "狄族"、"戎族"，其中 "大戎族" 自稱祖先為二白犬，當是以為圖騰的氏族。居住在南方的人被稱為 "蠻族"，其中的九黎族最早進入中原地區，九黎是九個氏族的聯盟，每個氏族又包含九個兄弟氏族，蚩尤是九黎族的首領，神話裏說他們全是獸身人言，吃沙石，銅頭鐵額，取上生毛硬如劍戟，頭有角能觸人。這大概是以猛獸為圖騰，勇悍善鬥的氏族。居住在中原地區的是炎帝族。炎帝姓姜，原是西部的遊牧民族，神話裏說他牛頭人身，大概是牛圖騰的民族。黃帝族原先居住西北方，後來逐漸在中原地區定居，黃帝姓姬，號軒轅氏，可能原是一個熊圖騰的氏族。

11 | 黃帝戰蚩尤
的傳說

由於私有財產的出現和貧富分化的加劇，人們開始分裂成為對立的階級。一些貧窮的氏族成員，由於失掉生產資料而淪為奴隸；

一些富有的氏族首領，則成為擁有大量財富和奴隸的奴隸主。

這些氏族首領為了擴充自己的財富和奴隸，擴展自己控制的領土；中下層的氏族成員亦希望藉此發財致富，好戰成為氏族公社晚期的特徵。黃帝戰蚩尤的傳說，就是反映這一歷史階段狀況的。

傳說當時生活在南方的九黎族最早進入中原地區。不久，在西部游牧的炎帝族，也遷徙到了中原。兩族發生了衝突，經過長期的戰爭，九黎族勝利了，把炎帝驅逐到涿鹿地方（今河北涿鹿縣，一說今河北涿縣）。後來，炎帝族聯合黃帝族共同對抗九黎族，雙方在涿鹿進行大決戰，結果九黎族大敗，首領蚩尤被殺。這就是古書上的"涿鹿大戰"。九黎族經過長期的戰鬥，一部分退回南方，一部分留在北方，還有一部分被炎、黃族俘虜。從此以後，中原地區（主要是黃河中游兩岸），便成了炎、黃兩族活動的場所。

後來，炎、黃兩族之間又發生了大衝突，雙方在阪泉地方（今河北懷來縣）進行了三次大戰。最後，炎帝族被打敗了。這就是古書上所說的"阪泉之戰"。

無數的戰爭中，戰勝者強加本族的文化於他族，而戰敗者同樣以本族的文化影響着戰勝者的部族。其結果是炎、黃、夷、黎、苗等各族，逐漸融合，形成了後來稱為"華族"的初步基礎。

中原地區是華族文化的發源地，古人認為中原居四方之中，故又把這地區稱為中華。後來，華族和其他各族不斷地融合，活動範圍日益擴大，中原文化逐漸發展到全國各地，"中華"二字便成了代表整個中國的民族和國家的名稱。

12 ｜ 堯、舜、禹 禪讓制

黃帝以後不久，傳說又出現了唐堯、虞舜和夏禹三位著名的部落聯盟首領。從有關他們的傳說中，可以看到部落聯盟的情況。

《尚書》有《堯典》等篇，敍述堯、舜、禹"禪讓"的故事。堯年老了，召集各部落首領，請他們推舉繼承人；大家推舉了舜。舜擅長耕地、捕魚、製造陶器，很有賢名。堯試用舜，經過 28 年的考驗，到堯死後便由他繼位為部落聯盟的大首領。

堯、舜在位時，中原地區黃河洪水成災，百姓不能安居樂業。

堯舜禪讓意想圖

許多人推舉鯀治水。鯀築堤以阻水勢，經過九年時間，還沒有把水治好。舜便殺了鯀，改派鯀的兒子禹治水。

禹吸取了鯀築堤治水的教訓，領導人們疏通河道，把洪水疏導到江、河、海裏去，終於把洪水平定。禹在疏濬洪水的同時，修築溝渠以灌溉農田，有利於生產。禹因治水成功，得到人們的信任，被推選為舜的繼承人。舜死後，禹繼任為部落聯盟大首領。堯、舜、禹這種更替部落首領的辦法，歷史上稱為"禪讓"。

堯、舜、禹所處的時代，是原始社會逐漸解體、向奴隸社會轉化的時代。私有制和奴隸制有了發展，因此，上述的禪讓制雖然在一定程度上保留了氏族公社的原始民主色彩，但是已經同原來意義上的全氏族成員的民主平等有了區別。當時，部落首領們比普通部落成員享有更大的財富和權力。部落聯盟逐漸由富有的奴隸主掌握，變成保護奴隸主財產、鎮壓奴隸的反抗，對外侵略和防禦外來侵略的機構。這樣，"國家"就產生了。

中國歷代政治人物

1 | 夏啟
第一個世襲王朝的君主

在公元前 21 世紀以前，禹為部落聯盟首領。傳說當時已經有了許多發明，如伯益發明了鑿井；奚仲發明了車；俄狄把糧食釀成美酒等。禹把國家分成九州，並用青銅鑄造了九個大鼎，象徵他對九州的統治。這些都說明了當時社會生產力有了很大的發展。

這時部落首領擁有的財產和權力越來越大。在戰爭中擄獲的俘虜，成為部落首領的奴隸。禹不斷地加強他的統治地位，遂成為名副其實的"天子"，稱為"夏后"（即夏王），在陽城（今河南登封縣）建都，後又遷到陽翟（今河南禹縣）。中國歷史上第一個奴隸制國家——夏王朝就這樣誕生了。中國社會從此進入奴隸社會。

約在公元前 21 世紀的時候，禹死。王位本應由早先共同選出的益繼任，但是各部落諸侯都擁護禹的兒子啟繼承夏王位。益不服，於是雙方發生了爭奪王位的戰爭。益戰敗被殺，啟繼任為王。這種由兒子繼承父親王位的制度，叫做"世襲制"。從此，禪讓制被廢止了，世襲制就一代一代地繼續下去。

夏王朝是中國歷史上第一個初具規模的國家。夏王掌握國家的最高權力，下面設置牧正、庖正、車正等官員；同時建立了軍隊，制定了刑法。夏王可向各部落徵收貢賦。夏朝也是中國第一個奴隸制國家，戰爭中的俘虜和觸犯刑法的夏人都成為奴隸，而夏王則是最大的奴隸主。奴隸必須從事繁重的生產活動，但全部產品歸奴隸主；他們只是會說話的工具。

在中國較早的史書《竹書紀年》、《史記·夏本紀》等書中都記

載：自禹到桀共 17 個王，約 400 多年歷史。但考古學家至今還沒
有發掘到確實屬於夏朝的遺物，所以夏朝只能算作傳疑中的朝代。
無論如何，"夏朝"以世襲制代替禪讓制，並促使國家組織的初步
形成，這在社會發展過程中具有劃時代的進步意義。

夏啟廢除禪讓制，推行世襲制，建立了奴隸制國家。這個歷史
上的大變更，在當時也受到一些部落首領的反對。相傳啟襲位後，
在鈞台（今河南禹縣北門外）大會諸侯（各部落首領），宣佈自己登
上王位。其中，夷族和有扈氏（夏同姓姒的部落，在今陝西戶縣）
就曾起兵反對，但均被啟平定。

傳說啟在位時喜歡遊獵享樂，並不以國家、百姓為重。啟死
後，子太康接位。世襲制度在中國就確定下來了。

2 | 成湯
滅夏建商

夏朝統治的地方並不大，僅僅是今天山西省南部和河南省北部
沿黃河兩岸的地方。中國其餘的地方，當時還住着許多別的部落，
從古代傳說中知道，夏的南面有苗族，西面有羌族等，當時都很
強大，但這些部落的文化不及夏發達，他們祖先的故事便沒有留傳
下來。

相傳夏朝最後一個國王夏桀，名履癸，是一個暴君。他下令建
瑤台，造肉林、酒池，榨取奴隸平民的血汗，供他揮霍，過着荒淫
無恥的生活。古書上說他："殘賊海內，賦斂無度，萬民甚苦"。百

姓對桀十分怨恨，奴隸逃亡，破壞工具，或武力反抗的事件亦越來越多，夏朝的統治已岌岌可危了。

夏朝東部有一個部落商族，姓子，傳說是帝嚳後裔契的子孫。本來住在黃河下游，逐漸向黃河中上游發展，到達河南商邱地方。在成湯的時候，已建立了強大的奴隸制王朝。成湯任用賢相伊尹、仲虺，輔助他建國，又利用夏的內部矛盾，先起兵滅夏的屬國韋、顧和昆吾，然後乘勢攻夏。夏兵大敗，桀逃到鳴條（今河南陳留縣西北）。湯催兵至鳴條，夏兵敗散，桀逃到南巢（今安徽巢縣），被湯所擒。湯將桀放逐在南巢，桀後來就死在那裏。

夏朝滅亡，商朝建立，歷史上叫做"成湯建國"。

3 周武王
建國分封

(1) 伐紂建國

商滅亡後，周朝建立。建都鎬京（今陝西西安灃水之東），歷史上叫做西周。

周人和商人比起來是後進的民族。周的文化大體上是承襲商的。史書記載周文王姬昌（即武王的父親）作為氏族首領，還要種田風穀，看牛放牧。這一方面反映了周是以農業為主的氏族；另一個方面也反映了周人生產和經濟的落後。至目前為止，考古學家們所發掘的青銅器，屬於周武王以前的幾乎沒有。武王時期的，只有一個大豐簋和一個利簋。而周武王以後的青銅器便突然多起來了。

史書所謂"周有臣三千"，是說周這個奴隸主僅有三千名奴隸而已。周武王所以能聯合諸部落滅商，主要是商紂王暴虐荒淫，商國力衰弱；另一個原因是商的奴隸在陣前倒戈，使武王軍隊能迅速攻入朝歌。

武王滅商後，為籠絡商的遺民，封紂的兒子武庚為諸侯。分商地為三部分，命自己的兄弟管叔、蔡叔、霍叔各據一部，監視武庚，稱為"三監"。兩年後，武王病死，子成王（姬誦）繼位，成王年幼，由武王的同母弟周公（姬旦）攝王位，代理國政。這時，周朝內部相爭激烈。三叔不滿周公獨攬大權，成王對周公也有所疑忌。武庚看有機可乘，聯合東方舊屬部落奄（在今山東曲阜縣）、蒲姑（在今山東博興縣）等起兵反周。周公帶兵東征，殺武庚，黜三叔，攻滅奄等17個部落。商貴族（士大夫）全部當了俘虜，周人稱

利簋　所附銘文是周初記述武王伐商唯一珍貴史料

他們為鬲民。由於他們曾反周，又稱頑民。

頑民原來是大小奴隸主，現在當了俘虜，當然不會心服。周公也知道留頑民在商地，必是後患，於是大力營造成周（在今河南洛陽市東北郊 12 公里處），遷居頑民就近管束。商頑民遷離本土，勢力大減；一部分留居成周作庶人，一部分被賞賜給周的貴族作奴隸。出土的周朝大盂鼎上刻有銘文："商人鬲自馭至於庶人六百又五十又九夫"。馭是奴隸，庶人是農奴一類的人。他們身份不同，當是按罪行的輕重而予以處罰的。周初專力管束和感化商族頑民，如何把商奴隸主改變為從事勞動生產的庶人，成為當時最重要的社會問題。

(2) 分封諸侯

經過武王伐紂與周公東征兩場大戰取得勝利後，周朝的管治地區擴大了，從陝西擴展到河南、山東一帶，包括了黃河流域的大部分。周初為了加強對廣大地區的管治，進行了大分封，分封同姓和異姓的奴隸主貴族到重要地區建立封國。相傳武王、成王、周公先後建立了 71 國，其中兄弟（周公的兄弟）15 人，同姓 40 人，周王室的子孫一般得到封地，做了大小諸侯。其中主要的有魯（在今山東曲阜一帶）、齊（在今山東臨淄一帶）、衛（在今河南湯陰南一帶）、陳（在河南淮陽一帶）、晉（在今山西南部）、燕（在今北京一帶）等。此外還有許多早已存在的諸侯國，總數有幾百個，小的諸侯國還沒有現在一個縣大。

這種分封制，古人把它叫做"封建"。這和我們今天所說的封建社會制度，意義是完全不同的。那些諸侯國其實是奴隸主貴族武裝移民的據點。周貴族帶着一部分兵力，監督被征服的外族奴隸。如對當時最難平定的商貴族，周公除把他們集中成周外，還封同母弟康叔做衛侯，要康叔對敢於反抗的商人用嚴刑誅戮。康叔便帶領二萬周兵進駐衛地，鎮壓商人，成為當時權勢最重的侯國。

　　分封制是中國奴隸社會一種政權組織形式。其實質是奴隸主貴族希望通過分區管治的辦法，使他們能一代傳一代來維持對土地和奴隸的佔有。

　　在周的封國之間，還散居着許多社會經濟比較落後的部落，如戎人、狄人，長江以南的越人，東北區的肅慎人等。這說明周時中原地區還有許多小國，也說明中國自古以來，就是一個多民族的國家。

4 ｜ 周公
制禮作樂

　　史書相傳，周公旦曾依據周朝原有的制度，參酌了商朝的制度，制定出一套完整的 "周禮"。後世對周公的制禮作樂大力讚揚，稱之為 "周公之典。

　　"周禮" 是甚麼呢？按照古籍的解釋："禮，國之紀也"（《國語‧晉語》）。這就是說，禮是奴隸制國家的綱紀。"禮，國之干也"（《左傳》襄公三十年），這就是說，禮是維護權益的支柱。"禮，王之大經也"（《左傳》昭公十五年），這就是說，禮是周天子掌握政權的秩序和制度。總之，"周禮" 是維護西周國家機器、鞏固權益的工具。即所謂"禮，經國家，定社稷，序民人，利後嗣者也。"
(《左傳》隱公十一年)

　　西周王朝制定了等級、分封、世襲三種政治制度，以保持奴隸
主貴族的特殊權力。等級制就是把人分為天子、諸侯、大夫、士、
庶人、僕隸六級。周王自稱為上天的元子(長子)，上天付給他土地
與臣民，他享有全部生產資料的所有權。周天子把一部分土地和奴
隸分封給諸侯，目的是實行分區治理；諸侯再把自己的領地分封給
卿大夫。士是最小的奴隸主。這樣便組成了奴隸社會層層統治的政
權基礎。奴隸主的爵位、土地、人民、政權、財富等，原則上是世
襲的。世襲的方式是由嫡長子繼承，庶子和次子也可以分得一些權
利，使貴族的權益輩輩相傳下去。這三種制度有機地聯繫着，最集
中地代表着貴族的利益。

　　為了保證等級、分封、世襲制度的執行，奴隸主使用了兩種
手段。一方面從思想以及生活習俗上，嚴格約束人們的言行，把
道德規範和禮節儀式加以法典化，制定了區分君臣、父子、兄弟、
夫婦、上下、親疏、尊卑、貴賤的宗法制度。據說"周禮"在這方
面的典章，大的定了 300 條，小的定了 3000 條。另一方面制定了
殘酷的刑律，強力保護這些條律。《尚書‧呂刑篇》說，周刑有五
種：墨刑 (用刀刻面塗墨)1000 條，劓刑 (割鼻)1000 條，荊刑 (割
腳)500 條，宮刑 (男子割去生殖器)300 條，大辟刑 (斬頭)200 條，
總共 3000 條。

5 | 春秋五霸
尊王攘外

春秋初期，一些有作為的政治家，如齊桓公、晉文公、楚莊王、秦穆公等，先後稱霸。他們對政治、經濟所進行的改革，促進了國家的富強，具有一定積極意義。

(1) 齊桓公

首先稱霸的是齊桓公。齊本來是東方大國，齊桓公即位後，任用管仲為丞相，改革國政。管仲（？至公元前 645 年），是當時著

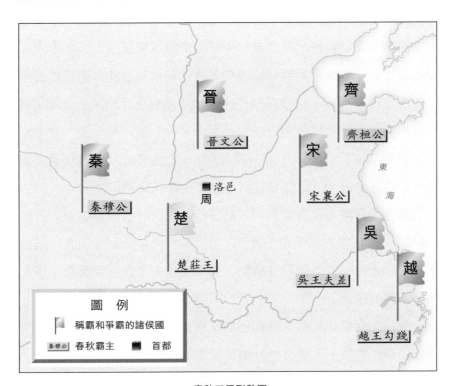

春秋五霸形勢圖

名的政治家。他幫助齊桓公進行改革，反對虛偽的禮治，主張以法治國。他提倡"農戰"，比較重視發展生產，認為只有倉庫裏裝滿糧食，人們的衣食充足，才能談得上禮義道德。(《管子·牧民》:"倉廩實則知禮節，衣食足則知榮辱。") 他把全國分為二十一鄉，其中工商六鄉，士十五鄉，工商專心本業，免服兵役。士鄉即農鄉，平時農夫耕田，由士來管理，戰時農夫當兵，士當甲士和小軍官。這樣初步建立了郡縣制的雛型，並且把居民組織和軍事組織統一起來。同時，管仲還初步實行了按土地多少、好壞徵收賦稅的制度。(《國語·齊語》:"相地而衰徵。") 又積極發展生產，設鹽官煮鹽，設鐵官製農具，又鑄錢調劑物價貴賤。

經過管仲的幾年改革，齊國逐漸富強起來。公元前 679 年，齊桓公開始稱霸。當時，長江流域中部的楚國越來越強大，不斷向中原發展。中原各國受到楚國的威脅，普遍要求聯合起來進行抵抗。而周王室已經衰落，這個任務便由諸侯中的霸主承擔。公元前 656 年楚出兵攻鄭，齊桓公親自率領齊、宋、陳、衛、鄭、許、曹七國大軍伐楚；進到召陵 (今河南郾城縣)，楚成王派大夫屈完前來講和，桓公許和退兵。這是春秋第一次諸侯聯合與楚作戰。

齊桓公稱霸，還需要利用"尊王攘夷"的口號作為號召。所謂"尊王"，就是尊重周王室；所謂"攘夷"，就是聯合諸侯共同抵抗戎、夷的入侵，以及對付楚國等。其實是挾天子以號令諸侯，爭奪控制小國的權力。

齊桓公和管仲死後，齊國的霸業衰落。這時，宋國 (在今河南商丘一帶) 的國王宋襄公想趁機爭做霸主。

(2) 宋襄公

宋襄公雖曾以霸主自許，實際上卻不副其實。他以講究"仁義"相標榜，有時候卻愚笨得可笑。公元前 639 年秋天，宋襄公在盂會合諸侯，企圖稱霸。楚成王到會，把宋襄公抓起來，押着他去攻打宋國。走到亳（今山東曹縣）才把他釋放。宋襄公不但沒有從這一事件中吸取教訓，反而遷怒於當時楚的盟國鄭。公元前 638 年，宋出兵伐鄭，楚出兵救鄭，兩軍相遇於泓水（今河南柘縣北 30 里）。楚軍渡河未畢，正是宋軍攻其不備，以寡勝眾的好時機。宋國司馬子魚請戰，宋襄公不聽，說"半濟而擊之"，是不合乎"仁義"。楚軍渡河尚未列好陣勢，子魚又請戰，宋襄公還是不聽，說"未成列而鼓之"，是不合乎"仁義"。待楚軍列好陣勢，兩軍才交戰。結果宋軍大敗，宋襄公受了重傷。宋人埋怨宋襄公，宋襄公還為自己的愚蠢行為辯解，誇說他是"以仁義行師"。

宋襄公稱霸不成，內外交困，次年因傷重死去。

(3) 晉文公

真正繼齊桓公稱霸的是晉文公。宋國在泓水之戰失敗後，屈服於楚國，後來見晉國強大起來，就轉而投靠晉國。公元前 632 年，楚國為了保持在中原的地位，便出兵攻打宋、齊；晉國以救宋為名，出兵中原。這樣就展開了晉楚城濮之戰。城濮（今河南范縣西南）會戰開始，楚軍佔優勢。晉文公以報答楚王為辭（晉文公即位前流亡時，曾受楚成王的幫助），後退"三舍"（共 90 里）， 使楚軍將士滋長了驕傲輕敵的思想， 然後突然襲擊楚軍力量薄弱的左右翼， 結果楚軍大敗。 這次戰役是春秋時代最大的一次戰役， 也是中國軍事史上以指揮正確， 變劣勢為優勢， 變被動為主動，以弱勝強的有名戰例。

戰後，晉文公把虜獲的楚兵車獻給周天子。周天子不得不還賜給晉文公一些弓矢、玉石，這樣就表示默許諸侯有權自由征伐。從此，周禮規定的征伐出自天子，實在無法維持下去了。晉文公成了各諸侯的霸主。

(4) 秦穆公

在晉國稱霸時，西方的秦國也開始強大起來。秦建國較晚，周平王東遷時，秦襄公因救護有功，才被封作諸侯。後來，秦逐漸收復西周故地，國勢漸強。秦穆公時，用百里奚、蹇叔為謀臣，曾打敗晉國，俘晉惠公，領土擴至黃河邊上。但不久在殽（今河南洛寧縣北）被晉軍襲擊，全軍覆沒。秦沒法向東發展，只好轉而向西，以由余為謀臣，滅 12 個戎國，在函谷關以西一帶稱霸。

(5) 楚莊王

楚國在春秋時，先後吞併了長江、漢水流域的 45 個小國，疆土擴展得最大，勢力逐漸伸展到淮水流域一帶。到楚莊王時，楚出兵進攻陸渾戎（今河南嵩縣），並在東周洛邑城郊耀武揚威，打聽象徵周天子權勢的九鼎的輕重，大有滅周而取天下之勢。公元前 597 年，楚國又在泌（今河南鄭州）與晉再次大戰，打敗了晉軍，終於成為霸主。

(6) 吳王夫差與越王勾踐

　　春秋末年，吳（今江蘇吳縣一帶）、越（今浙江紹興一帶）兩個相繼強大。吳王闔閭用伍子胥為謀臣、大軍事家孫武為將軍，於公元前 506 年大舉攻楚，五戰五勝，聲威大振。後闔閭起兵攻越，戰敗病死。闔閭子夫差立志報仇，於公元前 494 年在夫椒（今江蘇吳縣西南太湖中）大敗越兵，迫使越國屈服。以後又打敗齊軍。繼而率領大軍北上，在黃池（今河南封丘縣西南）同諸侯會盟，與晉國爭奪霸權。

　　越王勾踐自被吳國打敗後，臥薪嘗膽，發憤圖強，決心洗雪前恥。經過十年生聚，十年教養，終於轉弱為強，滅亡了吳國。勾踐北進至徐（今山東滕縣），與齊、晉等諸侯會盟，成為春秋末期短暫的霸主。

　　西周初年，有大大小小的 1800 多個諸侯國，到了春秋時期，只剩下 140 個。東周王室衰弱，無力禁止諸侯間的兼併。更由於經濟的發展，諸侯對別國土地人民的佔有慾特別強烈。這就發生了連年的兼併戰爭。這種天下大亂的形勢，迫使各國必須變法自強，從而滌蕩着奴隸制的污泥濁水，並且成為封建制度出生的助產婆。

6 戰國時代
變法圖強

（1）魏國的李悝變法

魏國是戰國初期經濟先進、文化發達的國家。魏文侯時，曾任用李悝、吳起、西門豹等進行社會改革，促進了社會政治、經濟的發展，使魏國很快地富強起來。

李悝（公元前 455 年至前 395 年），又名李克。他在擔任魏國宰相期間，實行了變法。

李悝變法的主要內容之一，是廢除“世卿世祿”制度，提倡按功勞和能力選拔官吏。李悝主張：“為國之道，食有勞而祿有功，使有能而賞必行，罰必當。”（《說苑·政理》）這就是說，治國之法，把俸祿給予那些對國家有功勞的人，任用有能力的人治理國家，有功必賞，有過必罰。他還主張“奪淫民之祿，以來四方之士”，就是要剝奪那些腐朽的貴族的俸祿，用來報酬為魏國效力的人。這樣就進一步削弱了貴族的特權。

李悝變法的主要內容之二，是推行“盡地力”和善“平糴”等經濟政策。李悝鼓勵農民耕作，“盡地力之教”，增加生產。他說：“糴甚貴傷民（指城市居民），甚賤傷農；民傷則離散，農傷則國貧。”（《漢書·食貨志》）為了保持穀價的穩定，他推行“平糴”政策。在豐年時，由官府平價收購農民多餘的糧食，防止糧價暴跌；荒年時，由官府平價出售糧食，穩定糧價，以此制止投機牟利。

李悝變法主要內容之三，是制定《法經》。法經分為“盜”、“賊”、“囚”、“捕”、“雜”、“具”六經。《法經》開宗明義提出防止和懲辦盜賊，以建立封建秩序，保護私有財產。李悝的《法經》，集當時各國法經之大成，是中國歷史上第一部比較完整的法典，而且也是秦、漢以後歷代封建王朝法律的藍本。

由於魏文侯的動搖，李悝的變法主張在魏國沒有得到徹底的實施。李悝的變法遭到失敗，魏國從此由強轉弱，最後終於滅亡。

(2) 楚國的吳起變法

吳起（？至公元前 381 年），衛國人，戰國初期著名的軍事家。年青的時候他在魯國，母親死了，他沒有回去奔喪守孝。他的老師曾參（孔子的學生）為此大怒，以致與他斷絕了關係。（《史記‧吳起列傳》："其母死，起終不歸。曾子薄之，而與起絕。"）後來，他到了魏國，積極參與李悝變法。因為他善用兵，魏文侯任命他為西河（今陝西合陽一帶）郡守。魏文侯死後，兒子武侯即位，吳起受到排斥，被迫逃到楚國。

楚國是當時舊貴族勢力比較強大的國家之一。當時，韓、趙、魏、齊等國的新興地主階級已掌握了國家政權。可是楚國的大權，仍然操縱在昭、景、屈三家大貴族手裏。楚悼王即位後，接連受到韓、趙、魏三國聯合進攻。在這種內外交困的形勢逼迫下，楚悼王為了自己的生存，不得不接受吳起的變法主張，任用吳起為令尹（即宰相）。

吳起一針見血地向楚悼王指出：楚國之所以"貧國弱兵"，其根本原因是由於"大臣太重，封君太眾"，就是說舊貴族的勢力太大，分封爵祿的人太多。這樣，那些權重勢大的舊貴族必然是"上逼主而下虐民"(《韓非子・和氏篇》) 如何扭轉這種局面呢?吳起認為必須"明法審令",就是應當嚴格地推行法治。

吳起變法的第一條措施,是廢除"世卿世祿"制度,規定凡貴族三代後的爵位,一律由國家收回。接着,進一步削弱貴族力量,強迫那些民憤較大的貴族離開盤據的世襲領地,遷到邊遠荒涼地區墾荒。 在這個基礎上, 整頓政治機構, 裁減不必要的官吏, 代之以比較精幹的官吏。 經過吳起變法, 楚國在政治上有很大的進步, 社會經濟也有所發展, 成為戰國初期的第二個強國。

但是,沒落的貴族不甘心他們的失敗,時刻伺機報復。楚悼王剛死,舊貴族就在悼王的喪禮上,用亂箭將吳起射死。吳起死後,楚國停止變法,國勢日益衰落。

此外,趙烈侯任命荀欣、徐越等進行變法;舉賢任能,節財儉用,國勢日強。及至趙武靈王"胡服騎射",加強軍事戰鬥力量,終於成為當時北方的一個強國。燕國地處極北,燕昭王時重用名將樂毅,大破齊兵,也成為北方強國。

戰國時期的變法運動,反映了各諸侯國政治、經濟發展的不平衡和鬥爭的反覆性。其中最大規模的一次變法,是秦國的商鞅變法。

(3) 秦國的商鞅變法

秦國地處偏僻的雍州,建國較晚。雖然在春秋時期,秦穆公向西發展,吞併了許多小國,開拓大片國土,成為西方的一霸,但是同中原各國相比,秦國還是落後的,社會經濟的發展很遲緩,社會變革也比較晚。

戰國初期，秦國經常受到魏國的進攻。由於秦國的政治腐敗，經濟落後，當然不能同變法後的魏國相匹敵，以致屢遭慘敗，丟城失地。面對這種"國內多憂，未遑（沒有工夫）外事"的局面，秦王迫於形勢，不得不進行社會改革。

公元前 408 年，秦簡公宣佈實行"初租禾"，按照土地面積向田主收租稅。儘管這比魯國實行"初稅畝"晚了將近 200 年，但表明秦國土地私有制這時已被合法承認。

公元前 384 年，秦獻公為了緩和奴隸的反抗，解決生產力不足的問題，宣佈"止從死"，即廢除了奴隸制的殉葬制度。那時候，隨着商業的發展，集市的繁榮，以一家一戶為單位的個體經濟也迅速發展起來。在這種情況下，舊的宗族關係已經難於維持。於是在公元前 375 年，秦獻公又實行了"戶籍相伍"，把五家編為一伍，建立新的基層行政單位，有利於加強國君的權力。秦獻公的這些措施，促進了社會經濟的發展，為秦孝公時的商鞅變法打下良好的基礎。

商鞅變法，是戰國中期最大的一次變法運動。商鞅（？至公元前 338 年），又名公孫鞅，衛國人，故又叫衛鞅。因為他後來替秦國立了戰功，秦孝公封賜給他商於等地，所以歷史上習慣稱他為商鞅。商鞅"好刑名之學"，早年曾習李悝、吳起的學說，在魏相公叔痤的門下辦事。公叔痤很賞識商鞅的才能，曾向魏惠王引薦，但沒有得到魏惠王的重用。於是商鞅便想離開魏國。

公元前 361 年，秦孝公即位，頒佈了招賢令。商鞅便帶着李悝寫的《法經》來到秦國，通過秦孝公的寵臣景監的引見，取得秦孝公的信任和支持，在秦國實行變法。

商鞅在秦國兩次公佈變法措施，一次是在公元前 359 年，一次是公元前 350 年。

　　商鞅變法的主要內容是：一、廢井田，開阡陌。宣佈廢除奴隸制的井田制，鏟除舊的疆界，從法律上確認土地私有制，允許土地的自由買賣。二、廢分封，設縣郡。取消舊貴族的"世卿世祿"制度，實行按軍功授田，剝奪舊貴族的政治特權，確立新的封建等級制；同時在秦國設立 31 個縣，加強國王的中央集權。三、重農抑商，獎勵耕戰。規定凡努力從事農業生產者，可以解除原來奴隸身份，獲得自由；凡棄農經商或者游手好閒的，連同妻子兒女，都罰為奴婢。這樣在客觀上有利於奴隸的解放，有利於提高農民生產的積極性。同時也限制了商業、手工業同農業爭奪勞動力，對發展封建經濟十分有利。四、編制戶籍，實行什五連坐。重新編制戶籍，五家一伍，十家一什，實行什伍連坐。在什伍之內，各家要互相監督；一家犯法，其他各家必須檢舉，否則與犯人同罪。

商鞅變法

　　“秦行商君法而富強”（《韓非子‧和氏》）。商鞅變法是秦國封建制代替奴隸制的歷史轉折點。根據《史記‧商尹列傳》記載，新法“行之十年，秦民大説（悦）”，“鄉邑大治”，秦國在“兵革強大，諸侯畏懼”。這在一定程度上反映了秦國在由弱變強、由落後到先進這一轉化過程中的一片生氣勃勃的景象。

　　商鞅變法，從根本上瓦解了秦國的奴隸制，沉重打擊了奴隸主舊貴族，必然會遭到舊貴族的反抗。

　　《史記‧商君列傳》記載：早在變法開始前，圍繞着要不要變法這一問題，商鞅就和秦國大夫甘龍、杜摯在秦孝公殿前展開過一場大論戰。甘龍、杜摯以“法古無過，循禮無邪”為理由，反對變法。商鞅提出“治世不一道，便國不法古”，“尚時而立法，因事而制禮”的理由，要求秦王“不法其古”，“不循其禮”，堅持變法。秦孝公支持商鞅的意見，變法得以實行。

　　變法開始後，以太子的師傅公子虔、公孫賈為首的舊貴族，千方百計反對變法，如唆使一些不明真相的人鬧事，還故意讓秦太子駟犯法，企圖刁難。商鞅不畏人言，不懼權貴，非常堅決。他下令嚴懲帶頭慫恿鬧事的公子虔和公孫賈，一個割掉鼻子，一個臉上刺字，使他們無臉見人。

　　商鞅是以重法著稱。他厲行“法治”，要求“法必明”，主張“刑無等級”，反對“刑不上大夫”。史書記載，他把那些反對變法的人，迫遷到邊遠地區去墾荒；“燔（焚燒）‘詩’、‘書’而明法令”；還在咸陽附近渭水邊上，殺了700個反對變法的貴族和儒生。

　　秦孝公死，太子駟即位（初為秦惠文公，後稱秦惠文王），他聽從公子虔等人的誣告，下令逮捕商鞅。商鞅化裝逃跑，但因沒有證件，為城門守衛所阻，於公元前 338 年被捕，受"車裂"之刑，全家被殺。

商鞅雖然被殺，但是"秦法未敗"。秦在商鞅變法的基礎上，日益強盛起來，為後來秦始皇統一中國奠定了基礎。

7 荊軻
圖窮匕現刺秦王

荊軻刺秦王這個歷史事件，發生在秦王政發起統一中國戰爭的第四年（即公元前 227 年）。當時，秦國先後滅掉韓、趙等國，兵臨燕國的邊境。

《史記・刺客列傳》詳細記述了荊軻刺秦王的始末。公元前 246 年，秦王政即位不久，燕國太子丹曾被當作人質抵押在秦國，秦王對他不好。當他逃回燕國後，對秦又怕又恨。他日夜想報仇，所以有意收留了秦國叛將樊於期。當時，秦國大將王翦正率領 10 萬大兵攻打趙國。秦兵已經快迫近燕國邊界，燕國形勢危急。太子丹去找田光商量對策。田光把荊軻介紹給他。太子丹如獲至寶，把荊軻當作上賓，優禮接待，希望荊軻出使秦國，乘機刺死秦王。荊軻答應了太子丹的請求，並建議説："要想完成計劃，首先要取得秦國的信任。現在秦國用金千斤、邑萬家重賞捉拿叛將樊於期，如果我把樊於期的人頭和一張督亢（今河北涿縣、定興、新城、固安諸縣之間）地圖做禮物，秦王一定高興接見我，我則可以伺機行事了。"但太子丹不忍殺樊於期，荊軻私下找樊於期，向他說明去秦的計劃。樊於期聽了，認為復仇機會已到，馬上自殺，甘願將頭交給荊軻。太子丹重價買到一柄匕首，上面浸淬上毒藥，使被刺者見血即死，把匕首裹在督亢地圖裏面。諸事準備妥當，荊軻便出發到秦國去。

秦王政聽說燕國派人把樊於期的頭和燕國督亢的地圖送來，非常高興，特地用極隆重的儀式來接受燕國的獻禮。荊軻在秦王政面前展開地圖，最後"圖窮而匕首見"，荊軻拿起匕首，謀刺秦王。結果被秦王政的衛士殺死了。事後，秦王發兵伐燕，次年攻佔燕都薊城。公元前222年，燕為秦滅。

荊軻刺秦王的故事，說明了秦滅六國，統一中國，雖然是當時歷史的必然趨向，但秦是通過戰爭來完成統一的。雙方的鬥爭異常激烈複雜，戰爭也非常殘酷，而且秦軍"每戰勝，老弱婦人皆死"。因此六國人民對秦王及秦軍的暴行深為不滿，對反抗強秦，進行自保的人和事遂表示同情和讚許。

8 呂不韋
奇貨可居

公元前251年，秦昭王去世，秦孝文王繼位。當時秦孝文王已經53歲了。他服喪一年才正式即位，不料即位第三天便死了。子楚於是登上王位，便是秦莊襄王。

秦莊襄王壯年時期曾被作為"質子"（"質"是抵押的意思），送到趙國去。他在趙國娶了一個有錢人家的女兒為妻，於公元前259

年正月生下一個男孩，取名正（或作政），正以趙為氏，叫做趙正，就是後來煊赫一世的秦始皇嬴政。

秦莊襄王由於得到商人呂不韋的協助，才能回國登王位。因此，他即位後，立即起用呂不韋為相國，封他為文信侯，賞給藍田（今陝西藍田縣西）等12個縣作為食邑，後來又改賞河南洛陽十萬戶。

呂不韋大約生於公元前290年至公元前280年之間，死於公元前235年。他出生在衛國濮陽（今河南濮陽縣），曾在陽翟（今河南禹縣）經商，發了大財，成為擁有"家僮"萬人、"家累千金"的"陽翟大賈"（即大商家）。呂不韋之所以幫助子楚回國登位，其目的是想借子楚做一筆政治上的投機買賣，把子楚看作"奇貨可居"。

呂不韋執政期間，曾招集了一批"士"，與他共同編寫了一部"備天地萬物古今之事"的《呂氏春秋》，成為戰國末期雜家的代表作。

《呂氏春秋》又名《呂覽》，分26卷，約20多萬字。關於這本書，漢代史家班固說它是"兼儒墨、合名法"；清代學者汪中說它是先秦"諸子之說兼而有之"。這些評價說明《呂氏春秋》一書，容納了先秦諸子的學說。《呂氏春秋》的作者們，雖然在主觀願望上希望採納各家所長，但由於時代的局限性，他們無法對先秦各家學說進行總結，並加以創新，只是東抽一點，西抽一點，把各家互相矛盾的學說，拼揍調和罷了。

呂不韋曾經把《呂氏春秋》公佈於咸陽城門，並說誰人能在這部書上增減一個字，賞千金。這便是"一字千金"成語的來源。其實《呂氏春秋》並不是一部十全十美的書。懸賞千金不過是呂不韋自我吹噓的伎倆而已。不過，《呂氏春秋》這部“雜家者流”的著作，由於它的作者們對先秦各家學說有“兼而聽之”的態度，所以能為我們保存許多古代的遺文軼事，成為一部史料總結，至今仍值得珍視。秦莊襄王在位僅三年，公元前 247 年便去世了。接着由嬴政繼承王位。那時秦王政只有 13 歲，因此，所有政務都由他母親（太后）和呂不韋掌管。呂不韋的權勢更大了，不但繼續做相國，而且取得了作為國君長者“仲父”的尊稱。

呂不韋出於私心，在國內與宦官嫪毐狼狽為奸，在太后的扶植下，把自己的親信安插在重要的位置上，如擔任衛尉（宮廷衛隊長）、內史（主管京城的官長）等職，形成一股勢力。在秦王政親政前的一段時間裏，他們一度控制了秦國的政局，嚴重地威脅着秦國封建制度的鞏固和發展。

公元前 238 年，秦王政 22 歲，按照秦國的制度應是他親政的時候了。這時秦王政面臨着兩種抉擇：一是按照呂不韋提出的辦法，做一個“無為”、“虛靜”的傀儡君主，任憑貴族爭權奪利，使得秦國分裂倒退；一是學秦昭王鏟除魏冉的辦法，把呂、嫪勢力根本鏟除。他選擇了後一條道路，決定首先鏟除國內割據的敵對勢力，然後設法兼併六國，完成統一的大業。

同年四月，秦王政從國都咸陽來到祖廟所在的舊都雍（今陝西鳳翔縣南），舉行冠禮。就在這時，嫪毐在太后和呂不韋的支持下，發動了政變。嫪毐盜用了秦王的御璽，加上太后的玉璽徵發軍隊，進攻秦王政留宿的蘄年宮，妄圖殺害秦王政，篡奪王位。秦王政當機立斷，調兵遣將，下令反擊。嫪毐叛軍不堪一擊，一敗塗地。嫪毐本人被“車裂”，參與叛亂的高級官吏衛尉竭等被“梟首”，其他黨羽被流放，並把太后軟禁起來，迅速平定了這場叛亂。

公元前 237 年 10 月，秦王政以呂不韋有放縱嫪毐的罪，免除他的職位，命令他出居到食邑洛陽去。但是，呂不韋仍然與"諸侯賓客使者相望於道"（《史記·呂不韋列傳》），暗中與六國舊勢力勾結，妄圖東山再起。於是秦王政再令他遷到蜀郡（今四川西部）去。不久，呂不韋畏罪自殺了。

9 李斯
助秦統一中國

李斯（？至公元前 208 年），楚國上蔡（今河南上蔡縣）人，曾和韓非一起跟隨荀況學習。他看到只有變法比較徹底的秦國，才能統一中國，實現自己的政治理想，於是便到了秦國。他積極參加秦始皇統一中國的事業，敢說敢為，在政治、文化、軍事等方面，提出了許多真知灼見，協助秦始皇建立中國歷史上第一個中央集權的封建王朝。

當時的秦國，內部鬥爭很激烈，一批宗室貴族，千方百計反對秦的變革。為了與這股舊勢力進行鬥爭，從秦孝公到秦始皇，都大量地任用外來的"客卿"，作為改革的骨幹力量。在秦始皇粉碎了呂不韋集團的同年，秦的宗室大臣借口呂不韋曾招募六國客卿入關，搞了一個"逐客"的陰謀，企圖把協助秦始皇實行改革的客卿全都趕走。李斯看穿了這個陰謀，向秦始皇上了一封著名的《諫逐客書》，列舉秦國歷史上商鞅等外來人的巨大貢獻，指出如果不加區別地趕走外來的人，那就等於把軍隊借給敵國，把糧秣送給敵人，"損民以益仇，內自虛而外樹怨於諸侯，求國無危，不可得也。"（《史記‧李斯列傳》）秦始皇看後，立即取消逐客令，並提升李斯為廷尉。

在秦始皇統一中國的當年，李斯被提升為丞相。他積極幫助秦始皇統一中國，又參加了制定鞏固國家統一、加強中央集權的制度和政策，做了大量的工作。

10 ｜ 秦始皇帝
確立至高無上的皇權

公元前 221 年，秦王政在位 26 年，結束了春秋戰國以來長期分裂割據的混戰局面，建立了中國歷史上第一個統一的多民族中央集權的封建國家。這是中國歷史的偉大事件。秦王政統一中國後，採取一系列措施來鞏固秦朝的政權。

首先是建立起至高無上的皇權。他對臣下說："寡人以眇眇之身，興兵誅暴亂，賴宗廟之靈，六王咸伏其辜，天下大定。今名號不更，無以稱成功，

秦始皇像

傳後世。其議帝號。"(《史記·秦始皇本紀》) 認為統一中國後，
仍然稱做"王"，有點不合身份了。經過與羣臣的一番商議後，秦
王政親自規定以"三皇"的"皇"和"王帝"的"帝"兩個字作為國
家最高統治者的稱號，曰"皇帝"，以表尊貴。他自己則稱為"始皇
帝"，希望"後世以計數，二世三世至於萬世，傳之無窮"(同上)。
並規定皇帝下的"命"叫做"制"，傳的"令"叫做"詔"，皇帝自稱
為"朕"。制定了"避諱制度"，不准臣下在語言文字中涉及皇帝的
名字，如"政"是秦始皇的名，百姓便絕不能用。又因為"政"與
"正"同音，連每年的第一個月"正月"，也得改為"端月"。文件上
每逢"皇帝"、"始皇帝"等字，必須另行抬頭，頂格書寫。又規定
皇帝的大印用玉雕刻，叫做"璽"。還規定了一套"尊君抑臣"的朝
儀，制定了皇帝的冠服、百官的輿服等等。

　　在戰國之前，從夏、商、周起，各朝代的任何一個國君，最高
的號稱是"王"，如夏禹王、商湯王、周文王、周武王。王是天子
所專用的，諸侯國只能稱公或侯。到春秋時代，五霸之一楚國國君
熊通竟自號"武王"。到了戰國時代，"王"更不值錢了，齊、楚、
燕、魏、趙、韓、秦，國國稱王。所以，秦昭王時，與齊聯盟，
齊稱"東帝"，秦稱"西帝"。可見秦始皇的曾祖父，就已萌發了稱
"帝"的念頭。不過那時時機還未成熟，他們稱帝不久，就自動撤
銷了。秦始皇統一六國後，不僅稱帝，而且帝上加"皇"。

　　自從秦始皇建立第一個統一的封建王朝，自稱"皇帝"之後，
皇帝就成為中國歷代封建王朝最高統治者的稱號了。秦始皇為了
"皇帝"之位可以千秋萬世，傳之無窮，曾大肆革新，確立制度，
為歷代王朝沿襲和採用，重要者如下：

(1) 廢分封立郡縣

秦始皇統一了中國後，究竟實行中央集權的郡縣制，還是恢復分封諸侯呢？這是秦始皇面臨的一個大問題。究竟何去何從，秦始皇召集了一個會議進行商討。

丞相王綰認為："諸侯初破，燕、齊、荊（楚）地遠，不為置王，毋以填之。請立諸子，唯上幸許。"（《史記・秦始皇本紀》）這就是要恢復分封制。而"群臣皆以為便"（同上）。這時廷尉李斯力排眾議，他引用春秋戰國時期的歷史教訓，指出：分封諸侯是形成"相攻擊如仇讎"的內亂局面的根源，而"今海內賴陛下神靈一統，皆為郡縣"，"置諸侯不便"（同上）。秦始皇鑒於歷史的經驗教訓，認識到"天下共苦戰鬥不休，以有侯王。賴宗廟，天下初定，又復立國，是樹兵也，而求其寧息，豈不難哉！"（同上）故採用李斯的意見，決定廢除分封制，建立郡縣制。

起初，秦把全國劃分為 36 郡，後來增至 48 郡，郡下設縣。郡和縣是地方行政單位，郡設郡守，縣設縣令，官吏都由皇帝直接任免。這樣，西周以來的分封制，在全國範圍內被中央集權下的郡縣制代替了，這是歷史的一大進步。

郡縣制的建立，使全國政治、經濟、軍事大權都集中在皇帝一個人的手中。秦初中央行政機構，是以三公、九卿為主的。三公是丞相、太尉和御史大夫。丞相是中央行政機構的最高長官，幫助皇帝處理全國政務；太尉是中央行政機構中的軍事長官，幫助皇帝掌管全國軍事；御史大夫是副丞相，掌管重要文書，監察大小官吏。三公之下有九卿，即奉常（掌管宗廟禮儀）、郎中令（掌管皇帝的傳

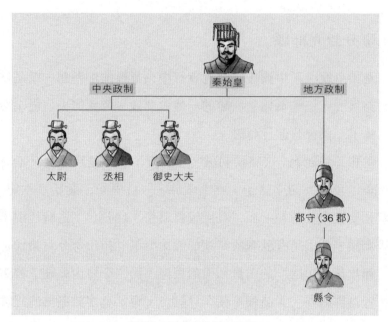

秦代中央及地方政制示意圖

達和保衛皇帝的安全），衛尉（掌管宮門的警衛），太僕（皇帝的僕
從官長），廷尉（最高司法官），典客（掌管接待賓客的禮節），宗正
（掌管皇室宗族事務），治粟內史（最高財務官），少府（掌管皇帝的
供需）。這樣從中央到地方都建立起一整套封建官制，開創了專制
主義的中央集權的封制國家體制的規模。

(2)"使黔首自實田"

秦始皇明白中國的傳統社會經濟生產是以農業為主，因此主張
"上農抑末"、"農分田而耕"，頒佈了一系列法令，在全國範圍內，
實行重大的社會經濟改革。

就在秦始皇統一中國的當年（公元前 221 年），頒佈了"更名民
曰黔首"的法令。在奴隸制度下，"民"也稱為"氓"或"甿"，就

是奴隸。新興地主階級在政治上也是沒有地位的，屬於"庶民"的範圍。秦始皇從法律上把"民"改為"黔首"，這不僅是個名稱的改變，而是反映了生產關係的變化，意味着新興地主階級在經濟上和政治上獲得了新的地位，而奴隸的地位也有了改變，成了農民，在法律上已經不能再被當作牲畜一樣，隨意買賣和殺害。所以，當秦始皇宣佈這項法令時，羣情激昂，飲酒歡呼，所謂天下"大酺"（《史記·秦始皇本紀》）。

相隔五年（公元前 216 年），秦始皇又頒佈了"使黔首自實田"的法令。根據這個法令，地主和有地農民自報佔有土地實數，按定制繳納賦稅，取得土地所有權。這就把土地私有制的封建經濟關係，用法律的形式在全國確定下來。

此外，為了進一步推行"重農抑商"的政策，秦始皇陸續把一部分人遷到農業勞動力不足的、比較荒涼的地方去，用定期免除徭役或賞賜爵位的辦法，獎勵農業生產。同時在徭役法中規定要"優恤黔首"，就是所有徭役，首先徵發有罪吏、入贅富家的農民、商賈；其次是曾為商賈或父母、祖父母為商賈的；再次是富人；最後才是"閭左"（即奴隸和貧苦人民）。

秦始皇在全國範圍內用法令來確認土地私有制，推行"重農抑商"政策來幫助封建經濟的發展，這些措施，是有進步意義的。

(3) 統一貨幣、度量衡和車軌

公元前 221 年，秦始皇根據李斯的建議，頒佈了"一法度衡石丈尺，車同軌，書同文字"（《史記·秦始皇本紀》）的法令。根據這項法令，廢除了六國的舊幣和五花八門的度量衡制度，進行了幣制改革，劃一了全國度量衡，統一了車軌。這對促進當時社會經濟的發展，加強全國經濟的聯繫，起了積極的作用。

戰國時代的貨幣非常複雜，各國貨幣的形狀、大小、輕重都不相同，計算單位也不一致。銅幣中有刀（刀形）、布（鏟形）、圓錢、銅貝（貝形）等幾種。"刀"流通於齊、燕、趙；"布"流通於魏、趙、韓；"圓錢"流通於秦和魏、趙沿黃河地區；"銅貝"流通於楚。作為貨幣用的黃金，各國計算單位也不相同，有的用斤（十六兩），有的用鎰（二十兩）。秦始皇統一全國貨幣，規定分二等，以黃金為上幣，用鎰為單位；圓形方孔的銅錢為下幣，以半兩為單位，鑄半両錢。全國貨幣統一，給當時商品交換以很大的方便。

戰國時代各國的度量衡制度也不相同，不僅大小、長短、輕重不同，單位不同，進位也不相同。單以量來說，秦以升、斗、桶（斛）為單位，齊以釜、鍾等為單位，魏又以斗、鍾為單位。秦始皇參照商鞅變法時鑄造的標準度量衡器，作為統一全國度量衡的標

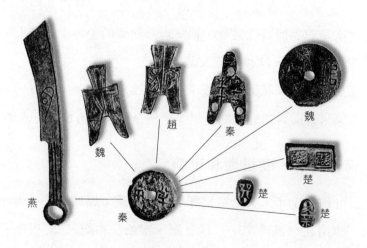

秦統一戰國時各國貨幣

準。秦始皇統一全國度量衡制度的目的，是要建立統一的賦稅制度和官吏俸祿制度，防止官吏貪污舞弊，這在當時是辦不到的。但是全國度量衡的統一，確實有利社會經濟的發展。

還有戰國時代各國的交通大道，由於諸侯割據的關係，所築大道的闊度是不統一的，同時大小封建割據勢力各自在重要地方設堡壘，築關塞，嚴重阻礙了交通。秦始皇於公元前 220 年下令墮毀戰國時代在各國邊境所修築的關塞、堡壘等阻礙物，修建馳道，以首都咸陽為中心，向四方延伸。這種馳道按照一定規格修築，路基築得又高又牢固，寬度為 50 步，中央寬三丈，是皇帝的御道，兩旁植以松樹。秦始皇修築馳道，統一車軌，發展了全國的交通，促進了各地的經濟和文化的交流，並且也有加強防禦的作用。

(4) 修築萬里長城

長城，原是戰國時期諸侯割據稱雄的產物。七國在相互兼併的戰爭中，都根據戰爭的需要築有長城。

例如楚國在北邊為了防韓、魏，在今南陽盆地以北築有"方城"。齊在南邊為了防越、楚，於是利用隄防，沿泰沂山區築有一條長城，稱為"長城鉅防"。魏在西邊為了防秦，在北洛水隄防上不斷擴建成"魏長城"。趙國有兩條長城，一條在南邊，為了防齊、魏，把沿漳水、滏水之上的隄防，不斷加固連結而成；另一條在北邊，為了防匈奴，從代（今河北蔚縣）起，沿陰山山脈，一直至高闕（今內蒙古臨河縣），築起高大的堅固防禦工事，名為長城。燕國的長城也有兩條，一條在南邊為了防趙、齊，沿易水隄防築了防禦工事，稱"易水長城"；另一條在北邊為了防東胡，從造陽（今河北獨石口）起，一直至襄平（今遼寧遼陽縣北），築了一條防禦工事。
秦昭王滅義渠之後，也在北邊隴西郡、北地郡、上郡築起長城。

　　秦始皇統一六國後，對待各諸侯國修築的長城，按不同情況
進行分別處理。首先，秦始皇下令"墮壞城郭，決通川防，夷去險
阻"（《史記‧秦始皇本紀》）。這就是把那些分裂疆土、阻礙交通、
無關水利的城廓要塞、沿江隄防，一併平毀，徹底消滅了戰國時期
諸侯割據的形勢。另一方面，為了防止匈奴的擾亂，在秦、趙、燕

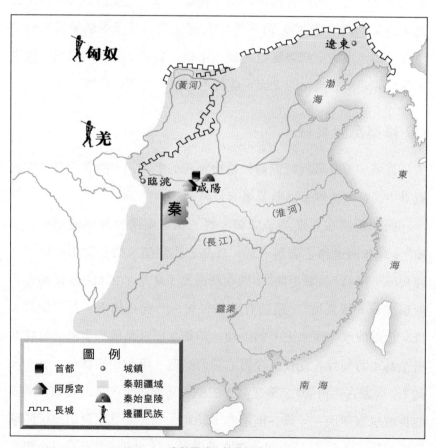

秦朝疆域及萬里長城

原來北邊長城的基礎上，把它連結起來，築成一條西起隴西郡的臨洮（今甘肅岷縣），東至遼東郡的碣石（今遼寧遼陽縣北），全長達 5000 多里的長城，這就是舉世聞名的萬里長城。它是古代世界歷史上偉大的建築工程之一，是古代中國人民智慧的結晶。

此後，歷經西漢、北魏、北齊、北周，以至隋唐，各朝都對長城有所修繕。特別是明代，幾乎對長城加以全部整修。今天我們所見到的長城，西起嘉峪關（在甘肅），東到山海關（在河北），主要是明朝人修築的。

秦始皇修築萬里長城，對防守秦朝的北疆和保衛黃河流域一帶人民的生活與生產，都有着重大的意義。

(5) 南開五嶺　北逐匈奴

秦始皇初年，散居南方的民族，稱為“越族”。他們基本上過着原始的氏族部落生活。越族部落有大有小，地區分佈很廣。其中較大的部落聯盟是在長江中下游，稱為“揚越”。在今江蘇、浙江一帶的，稱為“於越”。在今浙江南部沿海的，稱為“南越”、“西甌”。由於名稱很多，越族又稱為“百越”。

秦始皇滅楚後，繼續向南進軍。早在公元前 221 年，秦始皇就在東甌和閩越居住的地方，建置了閩中郡。接着命尉屠睢率領 50 萬大軍，分五路南下，直向今湖南、江西、廣東、廣西推進，到達了五嶺。經過八、九年的努力，於公元前 214 年在南方建置了南海郡（廣東沿海地區）、桂林郡（廣西北部和東部）、象郡（廣西西南部）。

秦始皇在進軍嶺南時，為了便於運兵輸糧，開鑿了靈渠。靈渠在湘江上游今廣西興安縣境，它溝通了湘江與桂江支流灕江的交通，使長江水系與珠江水系聯繫起來；既有運輸和灌溉之利，又把中原的文明帶到了南方。

另一方面，北方的匈奴族這時也逐漸強大起來。他們的首領名叫頭曼單于，統治的中心在陰山以北的頭曼城。從陰山向南沒多遠就是黃河河套，河套以南的地方古稱"河南"（在今內蒙古西南）。這一帶從戰國後期起，就成為匈奴族的掠奪目標。趙武靈王曾在河套以及今包頭市一帶設立九原郡，派大將李牧防守。到戰國末年，因為趙忙於與秦戰爭，匈奴便乘機佔領了河套及河南地方。

公元前 215 年，秦始皇親自到北方視察，派大將蒙恬領 30 萬大軍，奪回河套及河南地方，設置 34 個縣，重建九原郡。公元前 211 年，又遷三萬戶人家到北河、榆中（今內蒙古伊金霍洛旗以北）墾殖，當時人們把這個新開墾的地區，叫做"新秦"。

秦始皇南開五嶺，北逐匈奴，加強了各民族間經濟和文化上的聯繫，解除了國內各民族之間戰爭所帶來的災難，符合各族人民的共同願望。

(6) 焚書坑儒

公元前 213 年，即秦始皇統一中國後的第八年，在咸陽宮內的一次酒宴上，發生了一場激烈的辯論。

僕射（秦朝管理博士的官職）周青臣歌頌秦始皇的統一事業，讚揚以郡縣制代替分封制，是可以"傳之萬世"的進步措施。而儒生淳于越卻反對，認為"事不師古"，必不能長久，並以"殷周之王千餘歲"為例，主張分封皇室子弟，恢復分封制。

　　淳于越的言論遭到丞相李斯有力的反駁。李斯指出：時代變了，夏、商、周"三代"已成了過去的歷史，"三代之事，何足法也！"秦始皇的事業，"非愚儒所知"。李斯特別不滿這些儒生"不師今而學古"，利用舊文化其典藉，打着"私學"的幌子，結黨締社，造謠生事，攻擊新制度，"以非當世，惑亂黔首"。因此他向秦始皇建議："焚書"和禁止"私學"。

　　秦始皇採納了李斯的建議，毅然下令"焚書"；沒收並焚燬除博士官收藏以外的"《詩》、《書》、《百家語》，使天下無以古非今"。（《史記·秦始皇本紀》）這就是歷史上的"焚書"事件。

　　秦始皇"焚書"，並沒有焚掉所有的書。根據史籍記載，當時集中在宮廷的許多史書，以及諸子百家的各種書籍並未燒燬；那些"醫藥、卜筮、種樹之書"，明令不在燒燬之列。秦始皇在下"焚書"令後，還把許多"文學"之士召集到咸陽，"欲以興太平"。顯然，秦始皇的"焚書"，意在掃除障礙，發展適合秦封建統治所需要的文化。但秦始皇的"焚書"令是十分嚴厲的。據《史記·秦始皇本紀》記載：當時"有敢偶語《詩》、《書》，棄市（處死）；以古非今者，族（滅族）；吏見知不舉者，與同罪；令下三十日不燒，黥為城旦（罰作苦役）。"

　　就在"焚書"事件發生後的第二年（公元前 212 年），曾經以求長生不死藥騙取秦始皇信任的盧生和另一個姓侯的儒生，對"焚書"事件表示不滿。他們說秦始皇"剛戾自用"，"專任獄吏"，輕視儒士，"博士雖七十人，特備員弗用"，"以刑殺為威"。秦始皇聽到後很不高興，於是下令調查在咸陽的諸生"或為訞言以亂黔首"的人，並把查出犯有攻擊秦政權罪行較為嚴重的儒生 460 餘人，"皆阬之咸陽，使天下知之，以懲後"(《史記·秦始皇本紀》)。這就是歷史上的"坑儒"事件。

秦始皇的"焚書坑儒"事件，是一種殘暴和愚蠢的行徑。在政治上不能達到鞏固封建專制的目的；在文化上卻起了極大的破壞作用。

唐代大詩人李白曾以這樣的詩句讚揚秦始皇："秦王掃六合，虎視何雄哉！揮劍決浮雲，諸侯盡西來。雄圖發英斷，大略駕羣才。"(《古風》)秦始皇是封建時代的歷史人物。他所處的時代，正是中國歷史上封建初期，從諸侯割據稱雄的局面，逐步形成統一的多民族的中央集權君主專制的封建國家。但是，秦始皇畢竟是一個封建君主，他所採取的一切政策和措施，歸根到底是為了維護封建的經濟制度和政治制度，為了維護統治階級的根本利益的，因而必然對勞動人民進行殘酷的剝削和壓迫。

遠的不說，以秦國的"刑徒"為例。根據歷史記載，被徵發去建造阿房宮和驪山墓的"刑徒"就有 70 多萬人，被徵發到其他地方服勞役的"刑徒"也有幾十萬。總計"刑徒"超過 300 萬人，而當時秦的人口約 2000 萬左右，刑徒佔百分之十五，比例是相當大的。阿房宮是座規模宏大的宮殿，作為秦始皇的墳墓，從秦始皇即位後就動工，直到秦亡之日，尚未完工。可見秦始皇對人民盤剝之深重。

繁重的徭役，沉重的租稅，殘酷的刑罰，必然引起廣大農民的反抗。據史料記載，秦始皇時期，有六縣（今安徽六安縣北）人英布，就和驪山"刑徒"中一些徒長、豪傑聯合起來，跑到鄱陽湖一帶進行鬥爭。沛縣泗水亭（今江蘇沛縣東）的亭長劉邦，押送"刑徒"到驪山，路上很多人逃亡。他估計到咸陽時會逃得一乾二淨，索性在豐西（今江蘇豐縣西）澤中，把"刑徒"全部放走，自己帶同十多個"刑徒"跑到芒、碭（今河南永城東北）山溝裏造反去了。由此可見，在秦始皇時，地主和農民的矛盾已開始激化。

11 | 陳勝與吳廣
揭竿起義

"始皇既沒，胡亥極愚，驪山未畢，復作阿房。"（《史記·秦始皇本紀》）秦二世對農民的剝削和壓迫日益苛重。在賦稅方面，"不顧百姓之飢寒窮匱"，竟"收太半之賦"（《淮南鴻烈解》卷15）。甚至大規摸地"發閭左"充戍卒，實質上是使已獲得人身自由的農民重新淪為奴隸。趙高專權，殺戮尤甚，搞得人人自危，"黔首振恐"。加以"賦斂愈重，戍徭無已"（《史記·李斯列傳》），大規模地徵發農民服徭役。這些均為陳勝、吳廣起義的前提。

公元前 209 年 7 月，陳勝、吳廣同其他貧苦農民共 900 人，從淮河流域被強徵到漁陽（今北京市密雲縣西南）去服兵役。他們走到蘄縣大澤鄉（今安徽宿縣東南）的時侯，遇到連天暴雨，道路被沖毀，再也無法按期趕到漁陽了。按照當時的法律，誤了期要判死罪的。這時，陳勝、吳廣等經過多次籌劃和準備，決心從死亡中殺出一條生路來，於是帶頭殺了抽送他們的兩名將尉，率領九百名貧苦農民"揭竿起義"。

他們"斬木為兵，揭竿為旗"，提出"伐無道，誅暴秦"，"大楚

興，陳勝王"(《史記・陳涉世家》) 的號召。陳勝、吳廣起義後，
得到 "諸郡縣苦秦吏者，皆刑其長吏，殺之以應陳涉 (即陳勝)"。
"從之如流水"，很快就聚集了幾萬人。農民軍佔領了陳縣 (今河南
淮陽) 後，立即在那裏建立了農民的政權 —— "張楚"，陳勝被擁
立為王。在短短的幾個月內，起義軍就發展到幾十萬人，長驅直
進，一直打到離咸陽不到 100 里的戲 (今陝西臨潼) 地。

　　農民軍人數雖多，但因是短時期內發展起來的，沒有嚴密的軍
事組織，也缺乏作戰經驗。農民軍擴大以後，一些殘存的六國舊貴
族和官僚，也剩機混入農民軍的行列，一時泥沙俱下，魚龍混雜，
農民軍也漸漸複雜起來。農民軍領袖驕傲自滿，陳勝稱王後對昔日
的窮朋友以及妻女都傲慢無禮；對部下任意殺戮，鬧得眾叛親離。
由於上述原因，農民軍經過六個月的戰鬥，終於為秦軍所敗。這次
農民起義激起了反秦的浪潮，最終推翻了秦王朝。

12 | 項羽 與 劉邦
楚漢相爭

　　陳勝、吳廣起義失敗後，緊接着出現在中國歷史舞台上的是項
羽和劉邦的 "楚漢相爭"。

　　劉邦 (公元前 256 至前 195 年)，沛 (今江蘇沛縣) 人，出生於
農民家庭中，曾任亭長 (秦於郊野設亭，十里一亭，亭有亭長)。陳
勝、吳廣起義的消息傳到沛縣後，劉邦在蕭河、曹參、樊噲等人的
支持下，聚眾響應，佔領了沛縣，被推為沛公。手下有三千人。項

羽的叔父項梁起兵後，劉邦便率眾投奔項梁，勢力逐漸強大，成為一支主要的反秦力量。

項羽（公元前232至前202年），名籍，下相（今江蘇宿遷西南）人。楚國大將項燕之孫，其祖世為楚國將軍，即隨叔父項梁起義。項梁令項羽召吳中子弟8000人，渡江北伐，響應陳勝。陳勝犧牲後，項梁便立楚懷王的孫心為楚王，仍號楚懷王，作為號召。後來項梁被秦將邯所殺，項羽又在鉅鹿打敗章邯，消滅秦軍的主力；各路起義軍便擁項羽為"諸侯上將軍"。鉅鹿之戰後，項羽統率各路諸侯軍和秦朝降軍繼續向關中進發。但項羽怕秦軍入關後難於駕馭，便在進軍途中的新安（今河南澠池）城南坑殺秦軍20餘萬人，只帶章邯、司馬欣、董翳三個秦朝降將向關中前進。鉅鹿大戰是決定漢興秦亡的關鍵，項羽也因此取得了軍事上的威望。但他坑殺秦降卒20餘萬，失去了關中秦民的擁護，在政治上大大失敗了。

劉邦於公元前206年自武關入秦，用張良的計策，採取了符合民意的策略，招攬降秦官員，迂迴前進，避免攻堅。結果順利地進入咸陽。迫於形勢，子嬰殺趙高，投降劉邦。劉邦入咸陽後，申明軍紀，廢除秦的嚴刑苛政，與關中父老約法三章："殺人者死，傷人及盜抵罪"。（《史記·高祖本紀》）秦民大喜。劉邦在政治上收到了良好的影響。項羽隨後引兵四十萬破關而入，屠咸陽，殺子嬰，燒秦宮室，大火三月不滅，民居被焚毀無數。項羽軍又大肆虜掠，關中秦民對他極為憤恨。

項羽以為自己已得天下，遂驅逐楚懷王，自封為西楚霸王，建都彭城。他又分封諸侯，劃地分封了17個王。劉邦被封為漢王，並把章邯等三個降將封於關中，以阻劉邦東出。項羽把擄掠來的財寶美女攜歸彭城，並下令諸侯解散軍隊，各到封地。但是項羽分封諸侯，並不能使天下人心服，就連被封的人也不滿意，於是中國出現了新的混亂局面。

相反，劉邦接受蕭何、張良等人的獻策，發展農業，安撫百姓，訓練兵士，力量日漸強大。他乘項羽被牽制在混亂局面的時候，出兵統一關中。劉邦先出兵攻章邯等三個王，"秦父兄怨此三人，痛入骨髓"（《史記‧高祖本記》），幫助劉邦統一關中。劉邦得關中為根據地，便具備了同項羽爭奪天下的條件。劉邦揮師東進，佔領項羽根據地彭城。這時項羽正在出擊作亂的齊王，得知彭城失守，便親率三萬精兵，從前錢趕回彭城，大敗劉邦。劉邦退到滎陽，收拾潰軍。為了扭轉劣勢，爭取主動，造成反攻的有利形勢，一方面聯合各地反項羽的力量，在滎陽正面戰線採取守勢，與項羽相持，另一方面又派韓信攻佔齊趙之地，從側面打擊楚軍的附庸勢力，使項羽兩面受敵。韓信的側面進軍雖然不斷取得勝利，但漢軍在滎陽正面戰線上卻十分不利。劉邦採納了陳平獻計，進行離間活動，散佈謠言，使項羽對謀臣范增發生疑忌，從而使漢軍得到喘息的機會。此後劉邦又命令彭越在河南、山東一帶活動，擾亂楚國後方。項羽只好撤回大軍，東攻彭越。劉邦就利用這一有利時機，奪取成臬；楚軍大敗，項羽遂在廣武與劉邦對峙了幾個月，但因後方不斷受到騷擾，前線軍糧又發生問題，形勢越來越不利，只得與劉邦講和，約定以鴻溝為界；以西屬漢，以東歸楚。正當項羽打算撤兵東歸的時候，張良、陳平力勸劉邦趁機消滅楚軍，不要養虎貽患。公元前 202 年 12 月，劉邦約韓信、彭越等各路大軍，合力追擊楚軍，把項羽一直逼到垓下（今安徽靈壁東面）。為了瓦解楚軍鬥志，劉邦又命令士兵四面唱起楚歌。楚軍聽了，人人思鄉厭戰，軍心大為動搖。項羽悶在帳中，隱隱聽到從四面漢軍陣地傳來楚歌的聲音。他萬分驚疑，以為漢軍已盡得楚地。項羽被迫突圍，但漢軍窮追不捨。項羽逃到烏江邊上，只剩下自己一人一馬。但由於無面目見江東父老，最後在江邊自刎。

劉邦取得最後勝利，於公元前202年2月稱帝，建立西漢王朝。

楚漢相爭持續五年。五年間大戰 70 次，小戰 40 次。從軍事實力而言。劉邦遠不是項羽的對手，但他得到當時廣大人民，特別是關中人民的支持。加上蕭何對關中的經營，使劉邦有關中根據地為堅強的後盾。此外，劉邦能不拘一格用人，如張良是貴族，陳平是游士，樊噲是狗屠，周勃是鼓手，灌嬰是布販，韓信是游民，而蕭何、曹參等是秦的下級官吏，都被劉邦恰當地任用，使各盡其長。劉邦又能知己知彼，自知憑勇力鬥不過項羽，故採取避其所長，攻其所短的策略，與項羽鬥智不鬥力。而項羽是一介武夫，雖然身經百戰，所向披靡，但他作風殘暴，不能知人善用，任意殘虐百姓，失去民心，特別是他恢復分封制度，違反歷史發展規律。項羽失道寡助，終於徹底失敗。

13 | 張良 與 韓信
西漢立國功臣

(1) 張良 —— 諫封六國

劉邦即位初前，有一次對人説："夫運籌策帷帳之中，決勝於千里之外，吾不如子房。"（《史記·高祖本紀》）劉邦所説的子房，就是張良。

張良出身於"五世相韓"（《史記·留侯世家》）的韓國貴族家庭，他一家的命運是同韓國的命運緊密聯繫着的。秦始皇統一中國的歷史潮流，使張良從貴族階層跌落到黔首的地位，所以他對秦始皇有着不共戴天的刻骨仇恨。他"弟死不葬，悉以家財求客刺秦王，為韓報仇"（同上）。他曾僱刺客在博浪沙謀刺秦始皇，結果失敗，張良不得不"更名姓，亡匿下邳"（同上）。張良隱匿社會下層約十年之久。潦倒沉淪的生活，使他有機會廣泛地接觸社會各個階層，深刻了解社會情況。後來，他遇到"圯上老父"授給他《太公兵法》。張良對《太公兵法》常有誦讀。他既熟讀兵書，自能運籌策於帷帳之中，幫助劉邦打天下了。

張良是懷着為韓復國的政治目的來抗秦的。因此，當他聽到舊貴族景駒自立為楚王，竟迫不及待地"欲往從之"。後來在半路上遇見劉邦，兩人談得很投機，張良才決定參加劉邦的隊伍。可是張良還是忠誠於韓王成的。公元前 206 年，劉邦被封為漢王。張良送別劉邦後，立即回到韓王成那裏去，想藉自己的力量，幫助韓王立國。直至項羽"竟不肯遣韓王，乃以為侯，又殺之彭城"（《史記·留侯世家》）後，張良復韓的幻想徹底破滅了，才毅然投身到劉邦的營壘中。

張良歸漢後，給劉邦提供了許多好的策略。公元前 204 年，劉邦被項羽包圍在滎陽，軍疲糧乏，情況危急。在這緊急關頭，有一個名叫酈食其的人，建議劉邦"復立六國後世"（《史記·留侯世家》），授諸侯印璽。劉邦危急中不及仔細考慮，竟同意了這一建議。張良知道後，堅決反對。張良說：“今復六國，立韓、魏、燕、趙、齊、楚之後，天下游士多歸事其主，從其親戚，反其故舊墳墓，陛下與誰取天下乎？”（同上）這其實是一個飲鴆止渴的辦法，將導致中國重新出現分封的局面。劉邦聽了，恍然大悟，大罵酈食其：“豎儒，幾敗而公事！”立即下令銷毀六國封印。

張良諫封六國，是秦漢之際的一件大事，它關係到劉邦能否統一全國策略。張良跟隨劉邦轉戰南北，對西漢王朝的建立，起了重要的作用。

(2) 韓信 —— 功高震主

宋代司馬光說：“漢之所以得天下者，大抵皆信之功也。”（《資治通鑑・漢高帝十一年》）似乎漢勝楚敗和漢初統一，是由韓信所決定的。這是過分誇大了韓信的功勞。漢初統一局面的出現，單是政治、軍事上的大功臣便不下十多人了；而更重要是劉邦信用了蕭何、張良、陳平等謀臣的政策，施行符合人民利益、合乎歷史潮流的策略的緣故。

韓信最初投身項羽部下，當了個郎中（主管警衛的下級軍官）。他嫌官做得小，一氣之下跑到漢軍那裏投靠劉邦。劉邦命他做治粟都尉（軍需官），他還是不滿意，偷偷地跑了。漢丞相蕭何知道韓信有大將之材，其時又正在用人之時，遂把韓信追了回來。當時劉邦正在準備反楚戰爭，聽了蕭何的推薦，拜韓信為大將，並向他問策。韓信在對策中，數說項羽三大弱點：項王只匹夫之勇，婦人之仁；既失地利，又失人和；將士離心，黎民銜恨。他又建議劉邦奪取三秦，認為三秦既定，天下可圖也。韓信這個分析是有一定道理。劉邦聽後大喜。韓信又用明修棧道、暗渡陳倉之計，奉漢王出漢中，先攻章邯。

公元前 205 年，劉邦派韓信開闢北方戰場。韓信統率灌嬰、曹參等將領，打敗了魏王豹。後來，劉邦又派張耳率領三萬人前來增援，使得韓信能繼續打敗夏說、陳餘等軍，信領了代、趙等地。公元前 204 年，韓信擅自作主，奉張耳為趙王。劉邦出其不意奪了他們的印符，封韓信為相國。這是劉邦和韓信之間鬥爭的序幕。

公元前 203 年，韓信聽信了蒯通的話，率兵攻打已經降漢的齊國，佔領了三齊之地。他派人見劉邦，請封自己為假王。當時劉邦在榮陽前線與項羽抗拒，正面吃緊，聽到韓信據地稱王的消息，非常憤怒，但又不願在這關鍵時刻引起內部分裂，與張良、陳平等商議後，使用緩兵之計，允許韓信的請求，封為齊王，令他立即出兵擊楚。

公元前 202 年，漢楚戰爭剛一結束，劉邦於還軍途中，立即馳入韓信兵營，奪去韓信的軍權，“徙齊王信為楚王”（《史記·淮陰侯列傳》）。韓信做了楚王，雖然被奪去軍權，但楚佔有廣大土地，還有一定兵力，在漢初諸侯王中勢力最強。到了楚地後，“陳兵出入”，還私自收留漢軍戰犯鍾離昧。劉邦對鍾離昧恨之入骨，令韓信把他逮捕，韓信不理不睬。公元前 201 年，劉邦用了陳平“偽游雲夢”之計，假借要到雲夢那個地方狩獵，在樊噲諸將擁護下，大軍迅速開到楚的西界，把韓信捉拿了，鍾離昧被迫自殺。

劉邦把韓信帶到洛陽，因沒有韓信謀反的實據，只得赦了他的罪過，貶為淮陰侯，留在都中，不准離長安一步。韓信知道劉邦對他疑懼，託病不上朝。可是韓信在其被貶為淮陰侯的次年，暗中與陳豨勾結，策劃叛變。陳豨自恃官爵高（陽夏侯，趙相國），兵權重（鎮守邊疆），早已存心謀反。他與叛漢降匈奴的韓王信勾結，不服從漢朝召命，於公元前197年9月發動叛亂，"自立為代王，劫略趙、代"（《史記·韓信盧綰列傳》），控制邯鄲以北廣大地區。劉邦在這緊急形勢下，讓蕭何留守京都長安，親自率兵前往鎮壓。韓信聽說陳豨已反，便裝病不隨劉邦出征，並派人暗通陳豨。事為劉邦妻呂雉所知，召相國蕭何定計，將韓信逮捕處死，並夷三族。

上面已說過，劉邦在建國之初，消滅異姓諸王，雖然在做法上不無可議之處，但其最終目的，是為了維護國家統一、社會安定。這點是無可非議的，也是合乎當時人民的願望、歷史的潮流的。

14 | 漢武帝
雄才大略的君主

漢景帝於公元前141年去世，他的16歲的兒子劉徹做了皇帝，稱孝武皇帝，就是漢武帝，在位54年（前140至前87年）。這時，正是在"文景之治"之後，西漢王朝經過幾十年的休養生息，政治和經濟的實力都空前壯大，這為漢武帝施展其"雄才大略"（《漢書·武帝紀》）提供了深厚的社會基礎。

在中國歷史上，漢武帝是一個有作為的皇帝，他在掌權的半個多世紀內，打擊分裂割據勢力，發展社會經濟，鞏固中央集權，抵抗匈奴侵略……。漢武帝在中國歷史上是起了進步作用的。

(1) 打擊割據勢力

漢朝自高祖起，地方和中央的鬥爭不息，到武帝時，才真真正正成為一個中央集權君主專制的國家。漢武帝為了鞏固和完善中央集權制度，打擊、消滅分裂割據勢力，採取了一系列重大措施。主要的有以下幾項：

(i) **推恩分封** 漢武帝按照主父偃的意見，下令諸侯王分割一部分土地給非嫡長子弟，建立侯國，這些侯國歸郡統轄。這在名義上是皇帝的施恩德，實際是使 “藩國自析”（《漢書·諸侯王表序》）。這樣一來，諸侯王國越分越小，而中央集權的郡縣制相對擴大了。

(ii) **奪爵除國** 公元前 112 年，漢武帝以諸侯王貢獻祭祀的黃金不足份量為藉口，一次剝奪 106 人的爵位，並廢其封國，改為郡縣。

(iii) **設立刺史** 秦始皇時有監御史制度，監御史代表中央政府監督各郡。西漢前期沒有這個制度。漢武帝把全國分為 13 個監察區，設立刺史 13 人。刺史帶着皇帝的詔令，到各郡、國檢查諸侯王和官吏的不法活動。

(iv) **制定嚴密法律，以法治國** 漢武帝叫張湯等釐定一套肅整諸侯王的法律，使諸侯王在政治上、經濟上都受到重重限制，“惟得衣食租稅，不與政事”（《漢書·諸侯王表序》），與一般的大地主差不多。

中央集權和分裂割據勢力的鬥爭，始終是一場驚心動魄的鬥爭。淮南王劉安一方面寫書，造輿論，影射攻擊漢武帝的改革是

"暴行越知"（《淮南子》）；另一方面勾結衡山王劉賜等發動叛亂。漢武帝嚴厲地鎮壓了劉安、劉賜的叛亂，終於結束了西漢建國以來諸侯王一再叛亂的局面。漢武帝在政治上的各項改革，不僅在當時是完全必要的，而且對後世也有深遠的影響。

(2) 發展經濟

為了加強統一的中央集權的國家，還必須發展經濟，把財政大權集中到中央。

西漢前期，以諸侯王為代表的封建割據勢力和大工商業主在經濟上互相勾結，政治上串通一氣，進行分裂活動，反對中央集權，反對抗擊匈奴，反對任何改革的進步措施。例如漢景帝平滅七國之亂時，長安城中的大商人拒絕出錢資助軍費。又如漢武帝抗擊匈奴，一度兵員不足，車輛馬匹缺乏，朝廷下詔書號令諸侯王出人力、車馬。但是，"天下莫應，列侯以百數，皆莫求從軍"（《漢書·食貨志》）。在這種情況下，如果不改革經濟制度，中央集權制就無法鞏固。

漢武帝採用"重本抑末"的政策，以農為本，同時比較注意發展封建經濟。他任用張湯、桑弘羊等人進行了一系列改革：公元前119年，宣佈鹽鐵官營，剝奪商賈經營鹽鐵的權利。過了三年，又設立平準和均輸官，"貴即賣之，賤則買之"，使中央政權"盡籠天下貨物"，大商人不能賺大錢。同時，發佈算緡令，要大商人自報財產，以便徵稅。其後又頒佈告緡令，如果商賈隱瞞財產數目，若有知情者告發，查出來後，揭發者可得財產一半，餘下國家沒收，當時人判處戍邊服勞役。這樣一來，國家得到"財物以億計，奴婢以千萬數，田大縣數百頃，小縣百餘頃"（《史記‧平準書》）。許多大商人因而破產。

漢武帝的改革，有利於當時社會生產力的發展。農業方面，漢武帝大興水利，提倡新的耕作技術。如開陝西漕渠，長 300 餘里，可節省漕運時間一半，灌溉民田一萬多頃。漢武帝又推行趙過發明的代田法和耦犁、耬車等新農具。當時，主要的手工業，如冶鐵、煮鹽、絲棉織品的織造技術等都發展到很高水平。冶鑄技術已經發展到能夠煉鋼，並且傳到國外。絲織品更是聞名世界，當時的中國號稱"絲綢之國"。中國經西域通中亞、西亞及歐洲的商路，被稱為"絲綢之路"。由此足見絲織品業的發達。漢武帝時期，不僅國內商業貿易發達，由於中西交通線的開闢，中外經濟文化交流也開始了一個新紀元。

(3) 抵抗匈奴

對待中國北方匈奴人的侵擾，漢武帝堅決抗擊；同時通過一系列政治經濟的改革，為取得抵抗匈奴戰爭的勝利準備了物質條件。

匈奴是中國北方的一個遊牧民族。公元前一世紀，匈奴族的社會剛進入奴隸制階段，勢力不斷強大。匈奴的最高首領叫"單于"。匈奴族的野心很大，不斷侵入中原地區，掠奪人口財物，成為北方大患。

漢初，匈奴屢次侵入漢朝邊地，匈奴的騎兵曾南下到離長安僅 700 里的地方。公元前 200 年，匈奴大軍圍攻晉陽（今山西太原），漢高祖劉邦親率 32 萬大軍迎戰，但被冒頓單于率騎兵 40 萬圍困於平城白登山（今山西大同東北）達七日之久。後用陳平之計，重金賄賂冒頓單于的皇后閼氏，始得突圍。史稱"白登之圍"。從此，漢對匈奴採取和親政策，求得暫時的安寧。

西漢經過六、七十年的休養生息，社會經濟逐漸繁榮，到漢武帝時達到極盛階段。漢武帝的雄才大略有了施展的條件。武帝對匈奴的入侵，採取堅決抵抗的政策。

為了打贏對匈奴的反擊戰，漢武帝採取了許多重大的措施：從全國徵集了成百萬的民力，調撥了數以億計的金錢物質；派遣士兵和百姓守邊，建立邊防陣地；優待俘虜；獎勵軍功等等。漢武帝還把出身微賤的衛青和年輕驍勇的霍去病分別提拔為大將軍，讓他們指揮軍隊。衛青、霍去病英勇作戰，終於打敗了匈奴。經歷 40 多年的抗匈戰爭，終於取得了決定性的勝利。

抗匈戰爭的勝利，解除了秦朝以來來自北方的一個嚴重威脅，更贏得了"邊城不閉，兵車不用"的和平局面。

15 張騫
通西域　聯外族

張騫通西域，是漢武帝進行抗匈戰爭的一個重要的決策，它實現了攻其正面、斷其右臂的戰略部署。

在漢朝，玉門關、陽關（今甘肅敦煌縣）以西，包括中亞細亞以至歐洲的一些地方，叫做西域。那時的西域共有 36 國，其中較大的有大月氏（原在玉門關附近，後被匈奴趕到中亞細亞，在大夏國立國，大夏國在今阿富汗境內）、烏孫（在今新疆伊犁一帶）和

大宛（在中亞細亞，即今蘇聯烏茲別克共和國費爾干一帶）等幾個
國家。

　　漢武帝從匈奴降者的口中，知道大月氏和匈奴有仇，匈奴的冒
頓單于，曾將大月氏國王的頭骨做成酒杯，送給自己的兒子。武帝
便招募敢於冒險遠行的人，到大月氏去進行聯絡，夾擊匈奴。年青
的張騫，毅然應募，冒險西行。

　　公元前 139 年，張騫帶領 100 多人，從隴西出塞。他們進入匈
奴境內不久，便被匈奴人捕獲了，拘留 10 年，才得到機會走脫。
張騫沒有退縮，繼續西行，越過葱嶺，經大宛、康居等國，在大夏
國舊地找到大月氏人。這時，大月氏已定居，從遊牧生活改變為農
業生活，不願東來再與匈奴為敵。張騫逗留一年多，得不到結果，
只好回國。歸途中又被匈奴拘禁一年多。至公元前 126 年匈奴內
亂，張騫才脫身逃回長安。張騫出使西域前後 13 年，雖然未能完

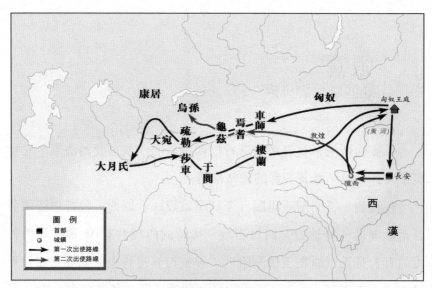

張騫出使西域路線圖

成原定的使命，但他向漢武帝提供了很多關於西域的消息，促進了漢朝與中亞各地人民友好關係的發展和經濟文化的交流。

公元前 119 年，衛青、霍去病揮軍北越大漠，取得了抗匈戰爭的勝利。張騫向武帝建議：匈奴雖被擊敗，還應及時與西遷的烏孫修好，叫他重回故土（今甘肅敦煌縣一帶），這樣既可割斷匈奴的右臂，又可招徠大夏等國。漢武帝很贊成。於公元前 115 年，張騫帶領 300 多人，第二次出使西域。張騫到達烏孫後，分遣副使到大宛、康居、大月氏、大夏等國，促進漢與這些西域國家開始正式的交通。此後，漢武帝連年派遣使者到安息（波斯）、身毒（印度）甚至遠達黎軒（今埃及亞歷山大港），還在西域巴爾喀什湖以東、以南地區設置了使者校尉。這對於中國建立統一的多民族國家，對於促進中國和外國的聯繫，都作出了貢獻。

16 | 王昭君
出塞和親

漢初，中國北方的匈奴強大，擁有騎兵數十萬，不斷向南侵擾漢河北、山西一帶。匈奴族的騎兵甚至入侵至今寧夏固原等地，離西漢京城長安不遠，致使長安震驚。

高祖建國後，由於漢王朝尚未穩定，社會經濟還沒有恢復，沒有足夠的力量和匈奴抗衡，只得委屈求和，採取了和親政策；以宗室女為公主，嫁給匈奴的單于，並以大量的絮、繒、酒、食物贈與匈奴。但匈奴仍不時侵擾邊境。

漢武帝時,經濟繁榮,國力強盛。於是向匈奴展開了大規模的反擊戰。經過前後 40 年的戰爭,終於將匈奴打敗。從此,匈奴退至蒙古大沙漠之北,勢力逐漸衰落。

宣帝時,匈奴內部因爭王位而發生混戰。呼韓邪單于決心歸依強大的漢朝,兩次到長安覲見漢朝皇帝,希望能得到漢朝的幫助,統一匈奴各部。漢宣帝給予極高的禮遇,並贈給呼韓邪黃金單于璽、漢式衣裳、冠帶等,表示對他的友好和支持。元帝時,漢西域都護、騎都尉甘延壽和副校尉陳湯出兵攻殺了另一個匈奴單于 —— 郅支單于。於是呼韓邪單于實現了重新統一匈奴的願望。

呼韓邪單于為了表示對漢朝的感謝,於公元前 33 年(漢元帝竟寧元年春正月),第三次到長安,朝見漢朝皇帝,並提出願為漢家女婿,復通和親之好。元帝立即表示應許,便以後宮一位姓王名嬙、字昭君的宮女嫁給匈奴單于為妻。

王昭君原是"良家(平民)子"出身,容貌美麗,知書達禮,深得呼韓邪單于的敬愛。王昭君隨呼韓邪單于到了漠北,獲封為"寧胡閼氏"。漢元帝很重視漢匈兩家的和好關係,下詔改元為"竟寧元年",表示取得了永遠和平相處的局面。王昭君後來在匈奴生活了幾十年。在她的影響下,她周圍的人和她的子女,都保持了和漢朝友好的關係。

昭君出塞,對漢朝和匈奴的友好關係,起了一定的作用。自從王昭君嫁呼韓邪單于後,大約有 50 年左右的時間,漢匈之間處於友好的狀態,出現了"邊城晏閉,牛馬布野"(《漢書‧匈奴傳》)的和平景象。

王昭君墓

17 | 王莽
篡西漢　建新朝

　　西漢從元帝劉奭（音試）開始，經成帝劉驁、哀帝劉欣至平帝劉衎，漢朝的政治經濟一代不如一代。

　　由於繁重的賦稅、徭役，嚴重的土地兼併和高利盤剝，使廣大貧苦農民過着牛馬不如的生活，全國各地農民被迫先後起義。成帝建始三年（公元前 30 年）前後，關中爆發了佽宗領導的農民起義。陽朔三年（公元前 22 年），穎川又爆發了申屠聖領導的鐵官徒起義。此後，公元前 18 年，蜀郡有鄭躬領導的鐵官徒起義。哀帝元壽二年（公元前一年），京城附近人民放火焚燒漢王朝的陵邑，煙火照見未央宮。在此伏彼起的農民起義不斷打擊下，西漢王朝已處於風雨飄搖之中，終於走上崩潰的道路。

漢王朝的內部，這時也處於分崩離析之中。西漢晚期，君主幼年登帝位，外戚專權，朝政腐敗，漢元帝的皇后王政君和外戚，自成帝起就逐漸專擅朝政，先後有九個人封侯，連王莽在內共有五個人當過大司馬。公元前一年，漢哀帝死，王政君就跟王莽合謀，立成帝的弟弟中山孝王九歲的兒子做皇帝，就是漢平帝。這時，王莽做了大司馬，取得朝政的實權，還得到"安漢公"的封號。王莽用大封官爵的辦法取得貴族、官僚們的擁護；又用小恩小惠對人民進行欺騙和拉攏，如出錢百萬、獻田三十頃分賑受災貧民等。

王莽假仁假義的手法，確能欺騙到一些人。據說，前後有 48 萬多吏民上書太皇太后（即王政君），要求重賞王莽。公元 5 年，平帝死後，王莽一方面挑選了皇室一個兩歲的嬰孩來作傀儡皇帝；另一方面又利用迷信製造輿論，說武功地方發現一塊白石，上面有"告安漢公莽為皇帝"八個紅字，要王政君下詔許他稱"假皇帝"（即代皇帝）。三年後，即公元 8 年，王莽正式做了皇帝，建立國號叫"新"。

王莽建立"新"朝後，想改革朝廷中的積弊，於是實行改制。他認為秦王朝"廢井田，開阡陌"是"壞聖制"，於是下令恢復"井田制"，把全國土地改稱"王田"，屬朝廷所有，不許買賣。他規定"其男口不盈八而田過一井（900 畝）者，分餘田予九族、鄰里、鄉黨。故無田今當受田者如制度。敢有非井田聖制，無法惑眾者，投諸四夷，以御魑魅。"他又把奴婢改稱"私屬"，不許買賣。王莽的改制，只是想暫時凍結土地和奴婢的買賣，以緩和土地兼併和農民奴隸化的過程，並非要改變封建的土地所有制。

　　王莽還制定了五均六筦，在全國六大中心城市長安、洛陽、邯鄲、臨淄、宛、成都等設"五均司市師"，還在各郡縣設"司市"，負責平抑物價，管理市場，徵收賦稅和錢銀賒貸等項職務，叫做"五均賒貸"。同時把官賣鹽、酒、鐵（主要是農具），和收山澤生產稅、官鑄銅錢以及五均賒貸六項總稱為"六筦"。

　　其實這些措施，除了五均賒貸以外，其餘諸項在漢武帝時都曾實施過。由於當時國家強盛，能夠控制大商人為國家服務。王莽也企圖利用大商人來實施他的政策。但王莽時國家衰弱，政府無力控制大商人，大商人乘機求利，"乘傳求利，交錯天下，因與郡縣通奸，多張空簿，府藏不實，百姓愈病。"（《漢書·食貨志》）其結果是百姓日趨貧困。

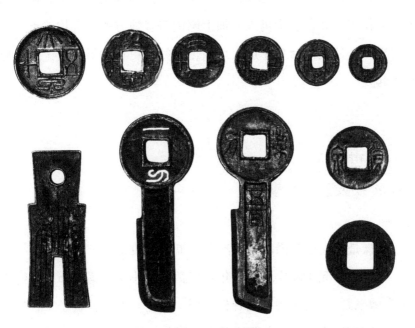

王莽發行的部分貨幣

　　六筦中對百姓危害最大的，莫過於幣制改革。王莽執政十多年間，五次改革幣制，居攝二年，恢復戰國時的古幣，鑄刀幣數種；始建國元年，又廢刀幣，改作金、銀、龜、貝、錢、布，名曰寶貨，凡五物（錢、布皆用銅，共為一物）、六名、二十八品。幣制不斷變化，造成金融混亂，工商失業，農民破產，食貨俱廢。百姓對王莽錢幣失去信心，私用五銖錢，結果坐罪者數十萬人，沒入為官奴。

　　王莽改制又嚴行法令，凡是觸犯其法令者，治罪極重；並規定連坐法，一戶犯法，五家鄰里連坐，罰為官奴。造成"民搖手觸禁，不得耕桑"，"民涕泣於市道"。王莽改制很快就失敗了。他為了轉移國內危機，發動對匈奴和東北、西南邊境各族的不義戰爭，並乘機搜刮民間金銀財物據為私有；又將國內囚犯、丁男和飢民送去邊境作戰，死傷幾十萬人。加上國內許多地方連年災情嚴重，凡此種種，都使國內社會予盾更加激化，社會更加動盪不安，災民遂相率起義。

18 | 曹操
挾天子以令諸侯

　　曹操是東漢末年傑出的政治家、軍事家和詩人。

　　曹操（公元 155 年至 220 年）字孟德，小字阿瞞，沛國譙縣人（今安徽亳縣）。他父親曹嵩曾任太尉，是宦官曹騰的養子。曹操年輕時"不修行業"，20 歲開始做官，歷任洛陽北部尉、頓丘令、議郎，後升任濟南相，大致在公元187年，遷東郡太守。他當北部尉時，打擊豪強，還打死了當權宦官蹇碩的叔父；他當議郎時，公開上書為由於反對宦官而被殺的世族官僚陳蕃、外戚竇武鳴冤，罵當權的宦官張讓為“奸邪”；當濟南相時，一下子摧毀了600多座祠堂，下令不得搞祠祀活動，還罷免了宦官包庇的貪污縣令，主張“平心選舉”（公平選拔人材）。因此“為豪強所忿”，曹操只好託病返回家鄉。這是曹操早年的經歷。

東漢末年，各地軍閥割據稱雄，各霸一方，造成了大分裂的局面。當時大大小小的獨立王國，不下幾十個。他們之間互相征戰，對社會造成了嚴重的破壞，出現了“名都空而不居，百里絕而無民”的悲慘景象。公元192年，曹操佔據兗州，分化、誘降青州黃巾軍的一部分，編為“青州兵”，逐步擴充了自己的軍事力量。他在兗州站穩腳跟後，接受了毛玠等人提出的主張：“宜奉天子以令不臣，脩耕植以畜軍資”。曹操遂於公元196年迎漢獻帝，都許（今河南許昌東）。這樣，曹操在政治上就處於優勢地位。得以“挾天子以令諸侯”。

曹操本人具有很高的政治才能和軍事才能。公元200年，官渡之戰以後，曹操實力增強，先後消滅了北方割據的羣雄，結束了中國北方的分裂狀態。他具有統一全國的大志和實力。但因孫權、劉備實力與之相當，使曹操在有生之年，未能完成統一全國的大業。但是，他統一北方，恢復和發展了中原地區的經濟，為後來西晉統一全國打下基礎。這是曹操在中國歷史上的功績。曹操晚年在總結自己一生事業時說過：“設使國家無有孤（封魏王後自稱），不知幾人稱帝、幾人稱王。”這是符合實際情況的。

　　曹操所以能夠戰勝袁紹，消滅北方羣雄，和他所採取正確的政治、經濟、軍事政策直接相關。

　　定都許昌以後，曹操接受了棗祗、韓詁的建議，推行了適合當時情況的屯田制度。他在向漢獻帝陳述自己的政治措施時，十分強調的一個指導思想，就是要“富國強兵，用賢任能”。他在《置屯田令》中明確宣佈效法“秦人以急農兼天下，孝武以屯田定西域”的耕戰政策，制定了“定國之術，在於強兵足食”的方針，大量招募流離失所的農民，首先在許昌屯田。不久，所屬各部也都在各級典農官的帶領下實行了屯田制度。

　　“屯田”分為官屯與民屯兩種。官屯就是組織士兵進行農墾，“戰不廢耕，耕不廢戰”，所獲全部歸公。私屯是招募流民充當屯田客。有牛者所獲官私對半分，無牛者國家貸牛，所獲按官六私四分。實行屯田制度的結果，基本上解決了當時嚴重存在的流民問題，有力地恢復了農業生產，供應了前線的軍食，節省了農民遠途運輸軍糧的勞苦，從而減輕了百姓沉重的負擔，同時也為曹操掃滅羣雄，統一北方的事業，打下了堅實的經濟基礎。

　　在實行屯田制的同時，曹操還大力改革東漢時期的許多惡政。他下令“重豪強兼併之法”，嚴厲管制世族豪強恣意兼併土地的不法行為。廢除東漢末年的許多苛捐雜稅，規定對自耕農“收田租畝四升，戶出絹二匹、綿二斤”（《三國志·魏志·武帝紀》注引《魏書》）。禁止世族豪強把租稅負擔轉嫁到貧窮農民身上，規定連他本人和他的從弟曹洪都得向國家繳租稅，郡主簿劉節的賓主也得服兵役。曹操又獎勵開荒，提倡改良農具，推廣稻田，興修水利，溝通了黃河、淮河、長江三大河流，適應了軍事運輸和農田灌溉的需要。由於採取這一系列措拖，農業生產得到迅速恢復和發展。

曹操還廢除了東漢時期以經術、德行、門第為依據的用人標準，採取"明揚仄陋"，"唯才是舉"的用人政策。他再三頒佈求賢令，公開宣稱要選用那些"負污辱之名，見災之行，或不仁不孝而有治國用兵之術"(《三國志·魏志·武帝紀》注引《魏書》) 的人材。這樣，他"拔于禁、樂進於行陣之間，取張遼、徐晃於亡虜之內，皆任命立功，列為名將"(同上)，還重用了郭嘉等人，為自己出謀策劃，南征北戰。

曹操精於兵法，著有《孫子略解》、《兵書指要》等書。他又擅長詩歌，所寫的《蒿里行》、《觀滄海》、《短歌行》等詩篇，氣魄雄偉，慷慨悲涼，既抒發了自己的政治抱負，又反映了漢末人民的苦難生活。

19 | 劉備
三顧茅廬

劉備 (公元 161 至 223 年)，字玄德，河北涿縣人。是漢景帝的兒子中山靖王劉勝的子孫。劉備的父親劉弘死得早，家境貧困，劉備就與母親織蓆子，賣草鞋，做點小買賣維持生活。劉備少年時曾與遼西公孫瓚一起，求學於名儒盧植。他雖有建功立業的抱負，並與關羽、張飛等名將結成莫逆之交，又以漢皇叔的名義作號召，但在 20 多年時間內，一直顛沛流離，寄人籬下。他投奔過公孫瓚、陶謙、曹操、袁紹等，又曾和曹操、袁紹鬧翻過，甚至"失勢眾寡，無立錐之地"，連她的妻子也一再當俘虜。劉備早期的坎坷經歷，與曹操統一北方的勝利形成鮮明的對比。

公元 201 年，劉備被曹操擊敗後，投奔荊州的劉表。劉表派他駐屯新野。屢次的失敗使他急切地尋找出路。當時，劉備訪世事於司馬徽。司馬徽說："儒生俗士，不識時務，識時務者，在乎俊傑耳。"並向他推薦了龐統和諸葛亮（孔明）。後來徐庶也向劉備推薦諸葛亮，並且告訴劉備若要請諸葛亮幫助，只有劉備"枉駕顧之"。

公元 207 年，劉備親自到南陽隆中（今湖北襄陽西）"三顧茅廬"。當時，諸葛亮年僅 26 歲。諸葛亮向劉備分析了天下大勢，指出：曹操已擁百萬之眾，挾天子以令諸侯，不可與爭鋒；孫權據有江東已歷三世，國險而民附，賢能為之用，此可與為援而不可圖也。他還指出，荊州形勢險要，但據守荊州的劉表懦弱無能；益州險塞，沃野千里，天府之土，但據守益州的劉璋"政令多闕，益州頗怨"。諸葛亮建議劉備："若跨有荊、益，保其巖阻，西和諸戎，南撫夷越，外結好孫權，內修政理，天下有變，則命一上將，將荊州之軍以向宛、洛，將軍身率益州之眾以出秦川。……則霸業可成，漢室可興矣。"這就是有名的《隆中對》。劉備欣然接納了諸葛亮的建議，請他幫助自己。從此，劉備之得孔明，如魚得水。後來，諸葛亮東聯孫權，在赤壁大敗曹操，由此奠定了三分天下的局勢。

公元 221 年，劉備在成都稱帝，國號漢；諸葛亮為丞相，負責管理蜀國的政治、經濟和軍事。

20 諸葛亮
治蜀鞠躬盡瘁

諸葛亮（公元 181—234 年），字孔明，東漢徐州琅琊郡陽都（今山東沂南縣）人。他的父親諸葛珪做過東漢泰山郡丞（郡太守的助手）。諸葛亮的父母早死，由叔父諸葛玄把他養大。袁術用諸葛玄做豫章（江西南昌）太守，諸葛亮跟隨着到了南方。後來諸葛玄丟了官，投靠舊友荊州劉表，諸葛亮也跟隨着到荊州去。諸葛玄死後，諸葛亮便穩居在南陽隆中（今湖北襄陽西）。過着晴耕雨讀的生活。但他留心世事，有才識，被稱為 "臥龍"。

諸葛亮早年經常自比於春秋時齊相管仲和戰國時名將樂毅，晚年親手抄寫申不害和韓非的著作以及《管子》等書，對劉禪（劉備的兒子）進行教育。諸葛亮還經常説："身逢亂世，志在統一"。早在他隱居隆中時，就 "抱膝長嘯"，好為《梁甫吟》（古詩名）。梁甫是泰山下的小丘，它和泰山同是古代帝王封禪之所，也是秦始皇、漢武帝完成統一事業後告天的地方。諸葛亮經常吟誦這首詩，不僅反映出他對秦始皇、漢武帝的思慕，同時也反映了他企求統一的志願。劉備之所以用諸葛亮，是出於他建立地主政權的需要；諸葛亮所以能出來幫助劉備建立政權，是由於劉備的親訪，並完全接受了諸葛亮為他制定的策略。我們從諸葛亮的《隆中對》中可以看出來：諸葛亮在建議用武力奪取荊、益時，問劉備："將軍豈有意乎？"劉備聽了以後，只回答一個字："善"。

諸葛亮輔佐劉備父子建立霸業，治理蜀國。關於諸葛亮的治國策略，陳壽在《三國志》中作了概括："科教（法令）嚴明，賞罰必信，無惡不懲，無善不顯，至於吏不容奸（不敢犯法），人懷自厲（自己警惕），道不搶遺，強不侵弱"。陳壽的話雖有些誇張，但也反映了諸葛亮推行法治、吏治嚴明的情況。

為甚麼當時要實行法治？諸葛亮有明確的回答："四海分裂，兵交方始，若復廢法，何用討賊邪？"（如果廢除法治，用甚麼同敵人作戰呢？）在紛爭割據的情況下，要打開局面，建立政權，爭取統一全國，一定要實行法治。

諸葛亮一生治理蜀國，功績顯著。

諸葛亮主張全國統一，但他所進行的統一事業，遭遇到蜀國內部分裂勢力的反對。如豪族地主雍闓，獨霸一方，起兵反叛；治中從事、儒生彭羕，煽動大將馬超企圖搞政變；前將軍李平，卡扣軍糧，擾亂軍心；長水校尉廖立，造謠誹謗，攻擊"北伐"。為了掃除這些統一全國的障礙，諸葛亮率兵平雍闓，殺彭羕，罷廢李平，流放廖立。他為了統一事業，"夙興夜寐，不敢自逸"；"深入不毛"，平定後方；"爰整六師"，多次"北伐"；對西南少數民族，採取和好政策，改善了彼此的關係。他真是做到了"鞠躬盡瘁，死而後已"。雖然由於種種原因，"北伐"沒有成功，但他一生所進行的統一事業，是促進社會前進的。

諸葛亮在蜀國實行"法治"。他親自"作八務、七戒、六恐、五懼，皆有條章，以訓厲臣子"。還和劉巴等人，制定蜀國法典"蜀科"，公佈於眾，要大家遵守。諸葛亮在韓非的"法不阿貴"的基礎上，提出了"私不亂公"的口號。在他給後主劉禪的上表中，具體闡述了這個主張："宮中府中，俱為一體，陟（升用）罰臧（獎勵）否（斥責），不宜異同。若有作奸犯科及為忠善者，宜付有司論其刑賞，以昭陛下平明之理，不宜偏私，使內外異法也。”（《三國志‧諸葛亮傳》）雖然這是上表，但在他掌權的情況下，就是明文規定的“法”。這些規定，革新了東漢末年的惡政，加強了中央集權。

諸葛亮總結了黃巾起義的經驗教訓，看到農民起來造反是因為官吏“無所不克，莫知其極，克食於民，而人有飢乞之變，則生亂逆”。他提出了“唯勸農業，無奪其時；唯薄賦斂，無盡民財”（見《十六策‧治人》）的措施，要重視農業，減少賦稅，達到“富國安家”的目的。

為了進行統一全國戰爭，諸葛亮建立了一支紀律嚴明、武藝熟練的軍隊。他發揮了孫子、吳起的治兵方法，“使法令明，賞罰信，士卒用命，赴險而不顧”。蜀國人較少，為減輕人民負擔，他主張“減兵省將”。在訓練軍隊時，着重紀律嚴明。他說：“有制之兵，無能之將，不可以敗；無制之兵，有能之將，不可以勝。”（《諸葛亮文集‧兵要》）據《華陽國志》裏記載，他“防兵講武”，“以八陣法教閱戰士”；訓練士兵們“出入如賓，行不寇，芻蕘（打柴）者不獵”；行動時“止如山，進退如風”；以至“兵出之日，天下震動而人心不憂”。為了彌補兵力不足的缺陷，諸葛亮“尤於巧思”，創造發明了著名的“八陣圖”，精巧的運輸工具“木牛流馬”，革新一發十矢的“連弩”等等，為中國古代軍事學增添了新的內容。

劉備臨終前，表示了對諸葛亮非常信任，曾對他說：劉禪（劉備的兒子）可輔佐就輔佐他，如果不才，“則代之”。可惜劉禪是一個懦弱無能、縱情享樂的人。他在諸葛亮死後，寵信宦官黃皓、陳祇等人，使蜀國政治日趨腐敗，終於把立國五十年的蜀漢輕易地斷送了。最終，劉禪投降魏國。

21 │ 孫權
生子當如"孫仲謀"

　　早在曹操統一北方的時候，孫策、孫權兄弟已先後消滅了劉縣、笮融、劉勛、黃祖等割據勢力，統一了江南，建立了東吳政權。

　　孫權（公元 182 至 252 年），字仲謀，吳郡富春（今浙江富陽縣）人，三國時期一位傑出的政治家。他雄才大略，多謀善斷。曹操曾感慨地說過："生子當如孫仲謀。"可見在曹操心目中，孫權是個十分了不起的人物。孫權統治東吳 52 年，使吳國從只有五郡地盤的小國，發展成為統一了江南半壁河山，能與魏、蜀鼎峙的大國。

　　孫權是孫策的弟弟，孫堅的兒子。他是在公元 200 年孫策死後即位的，時年僅 18 歲。那時正處在社會激烈動盪時期，接踵而來的軍閥混戰，造成了國家分裂、農業荒廢、工商業凋敝、民不聊生的嚴重局面。東吳所處的江南，雖受戰禍較少，但人口稀少，生產很不發達；少數民族地區尚未開發，世族豪強各霸一方。有的徘徊觀望，"頗有同異"；有的想另覓新的主人，對吳"未有君臣之固"；有的則想取而代之，如盧江太守李術在孫策死後，"不肯事權，而多納其亡叛"（《三國志‧吳主傳》）。東吳政權仍未穩固。

　　面對這一系列的嚴重問題，孫權一上台，就對招降納叛、蓄謀搗亂的盧江太守李術，採取軍事行動，一舉消滅了這股割據勢力。後來，又破獲和處理了結黨營私、陰謀反叛的張溫、暨艷等人；殺掉了謀叛的沈友。隨着吳國勢力的擴大，許多人主張實行分封制。孫權卻認為，"今天下未定，民物勞瘁，且有功者或未祿，飢寒者尚未恤”；對於那種“割土壤以豐子弟，崇爵位以寵妃妾”的主張，表示“甚不取”（《三國志·吳主傳》）。孫權堅持集權、反對分封的決策，對於那些妄圖借分封而搞獨立王國的豪強大族，是一個很大的打擊。

在經濟措施方面，孫權實行了耕戰政策。他認識到：“君非民不立，民非穀不生”（《三國志·吳主傳》），發展農業生產是當時迫切需要解決的問題。吳國處在江東，土地肥沃，雨量充足。但由於地廣人稀，生產水平非常落後。假如不改變這種面貌，要想以“吳越之眾，與中國（指中原地區）抗衡”（《三國志·諸葛亮傳》），只是一句空話。因此，孫權決定在今江西、安徽、江蘇、浙江一帶實行大量的屯田。當時，孫權把大批從北方到南方避難的農民組織起來，從事農業生產，既擴大了勞動隊伍，又把北方先進的農業生產技術應用到南方。無論是軍屯或民屯，主要是為了解決大量的軍餉，而且用時短，收效快。同時，孫權還根據東吳的實際情況和地方特點，實行“領兵制”和“複客制”。這些制度雖然帶有濃厚的封建依附關係，但和屯田有一定聯繫，是戰備與生產相結合，兵農合一的一種制度：平時生產，戰時打仗，既耕且戰，常備不懈。

經過大力的變革，吳國的經濟發展很快。當時太湖流域和錢塘江三角洲已成為經濟發展的富庶地區。農業的發展，必然促進商業和手工業的繁榮。當時吳國的絲織業和造船業很發達，巨大的船隊出海遠航。朱應等至扶南（今柬埔寨），還到其他亞洲國家。外國商家，甚至羅馬的商人，也到達建康吳都（今江蘇南京市），進行貿易。

孫權“任人唯賢”。他從行伍間提拔了出身卑微而有真才實學的呂蒙、潘璋、闞澤等人，這些人後來都成為戰功卓著的名將。對於有勇有謀的政治家、軍事家周瑜、魯肅、陸遜等，更是大膽使用，委以重任，使他們在政治舞台上充分發揮才幹。這樣一來，調動了部下的積極性，使他們"委心而服"，與孫權共同奮鬥，"共成大業"，在建立和發展吳國政權上起了重要的作用。

還值得一提的是，公元230年，孫權派衛溫、諸葛直率領萬餘人，浮海至夷州（今台灣）。據現在所知的材料，這是官方派兵去台灣的第一次（民間早有聯繫）。從此台灣人民和中國大陸人民的關係更加密切了。

孫權在統一和開發中國東南方的成就是巨大的，他不愧是三國時期傑出的政治家。

22 | 赤壁之戰
三國鼎立

赤壁之戰是中國古代的著名戰役。它是在戰略戰術上以少勝多、以弱勝強的典型之一，也是在中國歷史上，形成三國鼎立的決定性戰役。

公元200年，曹操取得官渡之戰的勝利後，統一了北方，勢力強大，遂南下奪取荊州，意圖先滅劉表、劉備，然後東向取孫權，以一統中國。

公元208年（漢獻帝建安十三年）7月，曹操領兵直指荊州，尚未交戰，劉表即病亡。劉表的小兒子劉琮以荊州牧的身份投降曹

操。曹操得荊州後，又進軍南陽。劉備在樊城得知消息，急忙向
江陵（今湖北江陵縣）退卻，並命令關羽率領水軍經漢水到江陵會
合。江陵是荊州的軍事重鎮，也是兵力和物資的重要補給基地。曹
操怕江陵為劉備所得，便親自率領 5000 輕騎，日夜兼程 300 里，
追趕劉備，在當陽（今湖北當陽縣）的長坂坡把劉備打敗，佔領了
江陵。劉備僅同諸葛亮、張飛、趙雲等幾十個人突圍出來，逃到夏
口（今湖北漢口），同關羽的一萬多水軍以及劉表的大兒子劉琦率領
的一萬多兵馬會合，退守長江南岸的樊口（今湖北鄂城西北）。

　　曹操佔領江陵後，打算順流東下，佔領整個長江以東的地方。
謀士賈詡向曹操建議利用荊州的豐富資源，休養軍民，鞏固新佔地
區，然後再強迫東吳投降。但是，曹操輕易地佔領了荊州，收降劉

赤壁

表的步、馬、水軍八萬多人，獲得了大量軍用物資，兵力增至20多萬，因而產生了驕傲輕敵情緒，沒有接納賈詡的建議。

曹操決定乘勝進兵江東，又寫了一封恐嚇信給孫權，説他訓練了八十萬水軍，要與孫權在吳地"會獵"（借喻會戰），企圖造成東吳內部混亂，迫使孫權不戰而降。

在曹操聲勢浩大的進軍聲中，東吳大多數官吏"響震失色"，"望風畏懼"，紛紛主張投降。只有周瑜、魯肅等人力主抵抗。魯肅利用為劉表弔喪之機，在長坂坡和劉備會面，建議共同抗禦曹操。劉備即派諸葛亮隨魯肅到江南，正式與孫權共商抗曹大計。

在曹軍直迫東吳的關鍵時刻，諸葛亮對孫權説明利害，並分析了曹操的形勢。諸葛亮指出：曹操雖兵多勢強，但遠來疲憊，北方兵不習慣水戰，新得的荊州降軍又"非心服"，弱點很多。只要東吳堅決抵抗，將東吳三萬之眾，與劉備、劉琦的兩萬兵馬聯合起來。以此五萬同生共死的精兵，與名不副實的八十萬疲兵較量，可以取得勝利，"如此則荊吳之勢強，鼎足之形成矣"。諸葛亮對形勢的正確分析，堅定了孫權的戰鬥決心，使劉備、孫權聯合抗曹的正確策略得到了實現。

公元208年10月，周瑜率軍沿江西上，到樊口同劉備會合後，繼續前進，在赤壁（今湖北嘉魚東北）與曹軍遭遇。初次交鋒，曹軍受挫，退回長江北岸，屯軍烏林（今湖北嘉魚西），與孫劉聯軍隔江對峙。

曹軍這時有人傳染疾病，又因為多是北方人，不慣於水上的風浪顛簸，便以鐵環把船隻連接起來。周瑜部將黃蓋根據敵強我弱和曹軍戰船相連等情況，建議出奇制勝，火燒曹軍戰船。周瑜定計，要黃蓋寫信給曹操，表示願意投降，欺騙對方。吳軍以蒙衝（一種蒙以牛皮的快速襲擊小船）、鬥艦（一種設有短牆的戰船）數十艘，裝滿了蘆葦和乾柴，灌入油脂，加以偽裝，插上旌旗，向曹軍戰船開去。曹軍以為黃蓋真來投降，毫無戒備。黃蓋順風放火，頓時曹軍戰船火焰彌漫，一直延燒到岸上的軍營，曹軍燒死、淹死的很多。周瑜乘曹軍潰亂的時機，及時投入主力，展開猛烈進攻，曹軍大敗。曹操倉皇率領殘部由陸路經華容（今湖北監利西北）向江陵撤退。孫劉聯軍水陸並進，一直追到南郡（今湖北江陵境內），曹軍死傷大半。曹操留曹仁、徐晃守江陵，樂進守襄陽，親自率領其餘的部隊逃回北方。赤壁大戰以曹軍慘敗而告終。

在赤壁大戰中，曹操以優勢力量，收降劉琮，佔領荊州，乘勝東下，企圖一舉吞滅東吳，來勢確是兇猛的。但諸葛亮、周瑜、魯肅等不為曹軍一時的強大嚇倒，能夠正確分析形勢，促使孫權果斷地採取聯劉抗曹的方針，使孫、劉都能擺脫勢孤力單的不利處境，加上戰術運用恰當，以長擊短，火攻破曹，從而贏得了戰爭的勝利。

23 | 三國盡歸 司馬懿

曹操晚年，晉封魏王，已經是"十分天下而有其九"。在"挾天子以令諸侯"的幾十年裏，始終以統一中國為自己的抱負。他執行"奉天子以令不臣"的政策，使蜀、吳不敢稱帝，在統一全國上是有利的。在著名的《碣石篇》中，他寫下了"老驥伏櫪，志在千里；
烈士暮年，壯心不已"的名句，表述了他的宏圖壯志。曹操死前還
在《遺令》中告誡他的繼承人："天下尚未安定，未得尊古也。"

　　公元220年，曹操死，子曹丕繼王位。曹丕為了換取豪門世族
對自己代漢而立的支持，採取與豪門世族妥協的政策。他接受了陳
羣的建議，明令規定"九品中正法"；各州設大中正官，各郡縣設小
中正官，評品本州本郡本縣豪族地主的等第。這個維護世族政治特
權的九品中正法，使一度受到摧抑的世族勢力重新得到發展。曹丕
也因此得到世族的支持，於是取消漢獻帝的皇帝名稱，搞了一套禪
讓的活劇，自己當了皇帝，就是魏文帝。

　　曹丕於公元220年稱帝後，劉備於公元221年在成都稱漢皇
帝，孫權於公元222年稱吳王，公元229年又正式稱吳皇帝。在廢

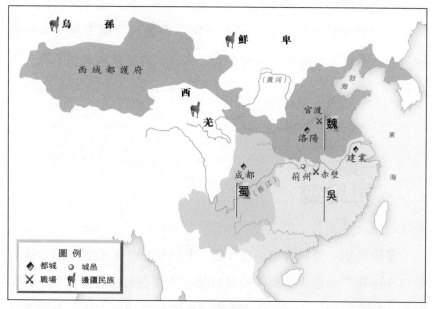

三國鼎立形勢圖

漢獻帝後，魏、蜀、吳三分天下的局面終於完成了。

曹丕稱帝後，由於採用"九品中正制"，導致後來形成"上品無寒門，下品無世族"的局面。曹丕還發佈"儒通經術，吏達文法，到皆試用"（《三國志·魏書·文帝紀》）的選官標準。

魏文帝建都洛陽，在漢宮遺址上興修宮殿。到魏明帝曹叡時，更是大造宮殿苑囿，掠奪民間美女，淫侈無度。從此庫藏空竭，百姓怨苦，曹魏政權進入衰落時期。公元 239 年魏明帝死，授命曹爽與司馬懿輔弼幼主曹芳。

司馬懿（公元 179 至 251 年），字仲達，河南溫縣人。他的父親司馬防曾任東漢政府的京兆尹，祖父司馬儁任潁川太守，歷代都做將軍、太守一類的大官。司馬懿歸附曹操後，受到重用，當了軍政參謀。在曹操統一北方、南征北戰的幾十年中，司馬懿一直跟隨曹操出謀獻策，成為曹操最得力的助手之一。司馬懿富有軍事才能，連他的對手孫權也不得不稱讚："司馬公善用兵，變化若神。"

公元 234 年，諸葛亮六出祁山伐魏，司馬懿統率大軍對抗。兩軍相持百多天，無論諸葛亮怎樣挑戰，司馬懿緊閉營門不出。這次戰爭，是兩大軍事家的鬥智。諸葛亮在赤壁大戰後，繼續採用"東聯東吳，北抗曹魏"的策略，屢次擊敗魏國。可惜關羽失守荊州，遂無法實現諸葛亮在"隆中對"所說的：以益州和荊州兩路同時出兵北伐的策略。諸葛亮只好單從益州，出秦川攻魏，這對於行軍和補給造成了極大的不便。司馬懿從魏國擁有比較雄厚的經濟、軍事力量的實際出發，胸懷全局，以"東西拒守，相機擊破"的戰略對付諸葛亮的聯吳抗曹。他利用蜀軍出師遠征、糧草不足的弱點，採取避免速戰，"以守挫攻"的方針，命令全軍只許據關堅守，不許急戰。諸葛亮也知道自己的弱點，正擬分兵屯田，準備久居，但不幸積勞成疾，病死於五丈原（今陝西郿縣西南，與岐山縣交界處）。漢軍只好退走，魏軍取得勝利。司馬懿因而在魏國聲望大增。

公元 220 年曹操死後，司馬懿繼續輔助曹丕，曹叡死前曾委托曹爽與司馬懿輔助年幼的曹芳。結果軍政大權都由曹爽獨攬了。司馬懿知道如不把曹爽去掉，就無法實現自己掌權的目的。於是他在公元 249 年（曹芳正始十年）發動一次突然襲擊，把曹爽及其黨羽一網打盡。從此，曹氏政權便轉到司馬氏的手裏。司馬懿和他兒子司馬師、司馬昭相繼專權。

公元 254 年，司馬師廢曹芳，立曹髦為魏帝。公元 260 年，司馬昭殺曹髦，立曹奐為魏帝。公元 265 年，司馬昭的兒子司馬炎執政。他執政的第一年，就廢了魏元帝曹奐，自己做起皇帝來，改國號曰晉。司馬炎就是為晉武帝，定都洛陽，歷史上叫西晉。

西晉建立前兩年（公元 263 年），司馬昭滅漢（蜀）；西晉建立以後，又於公元 280 年滅吳。中國將近一百年的大亂和分立的局面，到晉武帝時又得到暫時的統一。晉能最後統一中國，一方面主要是由於曹操為統一全國事業準備了物質力量；另一方面，當時漢（蜀）、吳已經衰落，所以不堪一擊。司馬炎當上晉皇帝後，雖然完成了全國的統一，卻不能鞏固統一，西晉政權在很短的時間內，又迅速瓦解。

24 | 隋文帝
統一中國

北周武帝死後，子宣帝繼位。周宣帝宇文贇是一個荒淫無恥的皇帝。他為了建造洛陽宮，竟下令把原來農民每年服役一個月的規定，改為45天；他還頒佈了「刑經聖制」，用法苛刻，使外自朝士，內至宮女，人人自危不保朝夕。周宣帝在位二年，於公元580年病死，他的兒子宇文闡繼位，為周靜帝。宇文闡年僅八歲，年幼無知，由外戚楊堅輔政。北方士族早已對宇文氏喪失信心，因此擁立楊堅做皇帝。公元581年，楊堅迫使周靜帝讓位，自立為帝，建立隋朝，定都長安（今陝西西安。後遷大興城，仍在長安附近），是為隋文帝。

公元589年，隋文帝派兵滅掉了南朝最後一個王朝 —— 陳，統一了全國，結束了東晉以來270多年長期分裂的局面。隋的統一，是全國各族人民大融合和南北社會經濟發展的結果。

統一的國家的重建，有利於全國經濟、文化的進一步發展。隋文帝即位後，實行了一系列新的措施，對當時社會的發展，起了積極的作用。

隋文帝首先加強中央集權，中央設三師、三公及尚書、門下、內史（中書）、秘書、內侍（宦官）五省。行政事務統歸尚書省，設尚書令一人，左右僕射各一人，下設吏部、禮部、兵部、都官、度支、工部六曹，每曹設尚書一人。規定全國地方官員，皆由吏部任命。還規定地方官員不得自用僚佐，縣佐必須選用別郡人。這樣削弱了門閥士族的權力，加強了統一的中央集權。

其次是整理戶籍，抑制豪強。漢末以來，士族豪強地主佔有大量的土地和農民，他們隱匿戶口，逃稅漏稅。隋文帝下令州縣編制鄉黨閭保，整頓戶籍，清查戶口。單是公元 583 年，隋政府在北方實行的一次戶口大檢查，就有 164 萬人口（其中 40 多萬是壯丁）新編入戶籍。這一措施，把門閥士族控制下的大量人戶，變為政府的編民，對鞏固中央集權，抑制門閥士族都非常有利。

隨著隋政權日益穩定，隋文帝還逐步減輕租調徭役，興修水利，發展農業生產，所以隋的經濟發展很快。隋文帝在位 24 年，《隋書》說他"躬節儉，平徭賦，倉廩實，法令行，君子咸樂其生，小人各安其業，強無凌弱，眾不暴寡，人物殷阜，朝野歡娛，20 年間天下無事，區宇之內宴如也"，雖然《隋書》這種褒辭，難免有溢美之處，但也不會離事實太遠。

25 | 隋煬帝
暴政亡國

隋的興盛是短暫的，隋文帝重新統一中國，勵精圖治，百姓安居樂業。公元 604 年隋文帝死，其子楊廣繼位，為隋煬帝。隋煬帝在位期間，積極探訪台灣，加速大陸對台灣的了解；另一方面，他又憑藉隋文帝時積累的巨大民力和財富，無限量地追求窮奢極侈的生活。最終導致亡國。

(1) 三訪台灣緊密連繫

中國人很早就發現中國東南部海上有一個美麗的寶島。這個島嶼在漢代叫"東鯷"；三國時代叫"夷州"；隋唐時代叫"流求"；明代以後叫"台灣"。

中國的少數民族高山族人很早就生活在台灣；他們的文化與東南沿海地區文化有密切的關係。在台灣的新石器遺址中，曾經發現彩陶器，紋飾同福建地區相似。台灣的幾何形印紋硬陶，也與福建地區的文化面貌完全相同。

西漢時，台灣屬於會稽郡，《漢書》、《後漢書》、《三國志》都記載有從台灣來的人同大陸通商往來的事。《漢書・地理誌》說："會稽海外，有東鯷人，分為二十餘國。"《後漢書・東夷傳》說：夷州"有數萬家，時至會稽市。"這段記載告訴我們，在後漢時，已經有台灣人經常到浙東會稽做買賣。《三國志・吳志・孫權傳》記載說：黃龍二年（公元 230 年），孫權曾派將軍衛溫、諸葛直率兵萬人，航行到夷州，而且還帶回數千人。這說明在三國時，大陸和台灣已開始大規摸接觸。

到了隋代，煬帝根據何蠻的奏章，於大業三年（公元 607 年）派羽騎尉朱寬和海師何蠻到流求"來訪異俗"，因為語言不通，只帶了一個流求人回來。第二年，朱寬又到流求進行撫慰，"取其布甲而還"。大業六年（公元 610 年），隋煬帝又派武賁郎將陳稜和朝請大夫張鎮周率兵萬餘人，從義安（今廣東潮州）出發，航海到了台灣。台灣人看到船艦，以為是來作買賣的，所以都到軍隊中來做買賣。

隋煬帝三次派人到台灣，對台灣的風土人情、政治和經濟情況作了詳細的調查和了解。《隋書・陳稜傳》和《隋書・流求傳》都記載了高山族與隋的關係，以及高山族的社會狀況、生產和生活習慣。那時候，高山族人民已能種植多種穀物，如稻、粱、禾、黍，飼養豬、鷄，織染色麻布和雜毛為衣，並且能織羅文白布。他們的武器有刀、矟(同槊，長矛)、劍和弓、箭等。已經有少量鐵武器，但"刃皆薄小"。生產工具仍使用石器。在隋代，高山族社會還在部落氏族社會階段。據記載，在以菠羅檀洞為中心的部落裏，有一個大酋長，所屬諸洞也各有酋長，大小酋長都由部落成員選舉最善戰的人擔任。沒有賦稅，公共費用由部落成員平均負擔；也沒有法律，犯罪的人由部落成員共同議決制裁。

從此，大陸人民對台灣的認識越來越清楚了，台灣同大陸的聯繫進一步密切，大陸移居到台灣的人也日益增多。

(2) 施行暴政

楊素利用隋文帝對他的寵信，發展自己的勢力，他"負貿財貨，營求產業，東、西二京，居宅侈麗"，家有童僕數千，外地邸店、水碓和田宅也"以千百數"，役使的農民更是無法計算，他的顯赫使"朝廷靡然，莫不畏附"，成為當時一大豪族(《隋書‧楊素傳》)。隋文帝的次子楊廣就是通過和楊素的勾結而被立為太子的。

楊廣繼位為隋煬帝後，楊素也藉此當上了宰相的高位。隋煬帝時期，士族豪強霸佔的土地越來越多，楊素一人先後得到的"賜田"就有130頃，而廣大農民卻"無尺土之資"。

隋煬帝剛繼帝位就下令遷都洛陽，徵用幾十萬勞力掘一條長塹，作為保護洛陽的關防。公元605年，他為了營建東京(洛陽)，每月徵用勞力200萬。同時，為了掠奪江南的財富，還役使百多萬人，開鑿以洛陽為中心的貫通南北的大運河(即今京杭運河，又名中國大運河，由北京到杭州，全長 4000 餘里）。當時，隋朝人口約 4600 多萬，光是這幾項工程，被徵作勞役的人就佔了全國人口的十二分之一，被徵的農民受官吏的迫害，死亡甚眾，農業生產受到嚴重的影響。

隋煬帝又利用運河來滿足他遊樂的慾望。公元 605 年秋，他出遊江都（今江蘇揚州），大河中船隊相接，首尾 200 餘里，共用挽船伕八萬餘人。巡遊隊伍所過之地，500 里內的人民都須獻食，很多人因而傾家蕩產。

公元 610 年隋煬帝還發動了侵略高麗的戰爭，向全國徵調的軍隊和民夫，共達 300 多萬，山東地區竟"掃地為兵"。許多被徵去造船的農民，"晝夜立水中，略不敢息，自腰以下皆生蛆，死者十三四"。

隋煬帝的暴虐行為，害得民窮財盡，社會經濟遭到極大破壞，導致"黃河之北則千里無煙，江淮之間則鞠為茂草"（《隋書·楊玄感傳》）、"行者不歸，居者失業，人飢相食，邑縣為墟"（《隋書·煬帝紀下》）的慘痛局面。廣大人民無法活命，終於掀起了全國性暴亂，許多貴族、官僚、豪強和地主，紛紛起兵，割據一方。

26 | 李淵
創立唐朝

(1) 創立唐朝

公元 617 年，在隋王朝土崩瓦解的形勢下，太原留守李淵，聽從他的次子世民的建議，起兵反隋。很快便渡過黃河，進軍關中。同年11月進入長安，立隋西京留守楊侑做傀儡皇帝。就是隋恭帝。

公元 618 年，隋煬帝死後，李淵廢掉隋恭帝，自己稱帝，建立新王朝 —— 唐朝。他大肆招羅隋朝的兵將，又得到巴蜀的歸附，並消滅了西北地區各路武裝割據勢力，發展成為能控制全國時局的最大力量。

與此同時，起義軍內部，卻發生了很大的變化，主要是瓦崗軍內部的舊貴族李密搞分裂，嚴重挫傷了起義軍的力量。李密的曾祖父李弼是西魏王朝的上柱國，掌管軍隊。他的父親李寬是隋王朝的"蒲山公"，是"知名當代"的顯貴。李密加入瓦崗軍後，漸漸博得翟讓的信任。公元 616 年他向翟讓建議：要他掃平天下，消滅"羣兇"，即首先吞併其他起義軍，建立封建帝王之業。李密的建議，當場受到翟讓義正詞嚴的駁斥。李密於公元 617 年 11 月，在酒席上暗害了翟讓，奪取了瓦崗軍的領導權，引起了瓦崗軍舊將的不滿。由於瓦崗軍內部分裂，於公元 619 年被洛陽隋軍打敗。李密投奔唐朝，又嫌待遇不夠高，逃跑反唐，最後為唐軍所殺。

繼瓦崗軍瓦解後，唐軍利用時機，於公元 619 年打敗江淮起義軍。接着於公元 621 年由李淵親自領兵攻打竇建德領導的農民義軍。竇建德重傷被俘，未幾被殺。至此，各路義軍相繼失敗。李唐王朝統一了全國。

(2) 玄武門之變

唐高祖李淵有四個兒子，三子玄霸早死，長子建成，次子世民，四子元吉，都跟隨李淵打天下，南征北戰。但是，從太原起兵一直到統一全國，李世民的戰功最大。因而李淵曾多次對李世民說：「事若成功，天下是你打下來的，當立你為太子。」可是李淵即帝位後，仍然按照嫡長制的慣例，立長子李建成為太子。這樣，秦王李世民和皇太子李建成之間，為爭奪皇位繼承權，雙方勾心鬥角，互相傾軋，而且越來越激烈。

他們各自收羅大批文武才智的人才作為羽翼。秦王李世民府中，文的有著名的十八學士，房玄齡、杜如晦多謀善斷；陸德明、孔穎達精通經學；姚思廉擅長文史；虞世南書法稱著，其他都是一時俊彥。武的也猛將如雲，尉遲敬德、秦叔寶、程咬金等都在他的麾下。太子李建成手下文官有魏徵、王珪等，武將李元吉地位聲望不及兩個兄長，沒有獨樹一幟的條件，元吉便和太子建成聯盟，共同對付李世民。

太子建成恐懼李世民奪取他的地位，多次設計毒害李世民。有一次，他夜間召李世民去喝酒，用毒酒謀害李世民，致使李世民心痛難忍，吐血數升，險些送了命。又有一次，李淵帶着三個兒子行圍射獵，要他們三兄弟馳射比賽。建成交一匹狂馬給李世民坐騎，這馬跑着跑着，狂性突發，把李世民摔下來，差點摔死。

建成、元吉接近高祖，經常在高祖面前說李世民的壞話。而高祖昏庸無能，對李世民猜疑，日漸疏遠。建成、元吉恃高祖的寵信，活動加緊。他們一方面不擇手段地用大量財寶收買李世民部下將校，如用一車金銀珠寶送給尉遲敬德，並寫了一封措詞極為謙遜的信：「願荷長者之寵眷，結為布衣之交。」企圖將尉遲敬德拉攏到自己身邊。另一方面不斷鼓動高祖把李世民的心腹調到外地做官，以削弱秦王府的勢力。

　　秦王府僚屬房玄齡、杜如晦等人知道情況日益危急，力勸李世民早下決心，殺死建成、元吉。終於演變成一場兄弟間自相殘殺的慘劇。

　　武德九年（公元 626 年）六月四日，高祖召集三個兒子上朝對質。李世民趁機率領長孫無忌等人，伏兵唐宮城的北門玄武門。當天守衛玄武門的將領叫常何，他原是太子建成的心腹，但已被李世民收買。建成不了解情況，鬆懈無備。當他與元吉進宮經過玄武門時，李世民、尉遲敬德等人突然衝出來，李世民射殺了建成，尉遲敬德射殺了元吉。東宮衛士和齊王府將士聞訊趕來，猛攻玄武門，形勢十分危急。李世民一面組織衛兵對抗，一面派尉遲敬德帶甲進宮，逼迫高祖下詔："諸軍並受秦王處分"。唐王朝這場內鬨迅速平息。歷史上稱這事件為"玄武門之變"。

　　事變六天以後，高祖只好立李世民為太子。八月，唐高祖被迫讓位，自稱太上皇。李世民當上皇帝，是為唐太宗。第二年改元貞觀。

27 唐太宗
貞觀之治

　　唐太宗在位執政 23 年（即公元 627 年至 649 年），採取了許多有利統一、加強中央集權的措施，在政治、經濟、軍事、文化等方面，進行了整頓和改革，如注意休養生息，繼續推行均田制，納諫任賢，發展科舉制度等。因而這個時期的政治比較清明，社會經濟的恢復和發展比較快，社會治安也比較安定。貞觀時期是中國封建社會歷史上少有的“治世”和“盛世”。史官就把這一時期稱為“貞觀之治”。

太宗君臣常常反覆引用這樣的古語來警誡自己：“君者，舟也；庶人者，水也；水則載舟，水則覆舟。”太宗還說：“天子者，有道則人推而為主，無道則人棄而不用，誠可畏也。”（《貞觀政要》）卷一《論君道》、《論政體》；卷四《論教戒太子諸王》等）太宗接受了隋亡的教訓，認識到要鞏固政權，就必須緩和與百姓的矛盾。而百姓之所以起來反抗，是由於“賦繁役重，官吏貪求，飢寒切身”引起的，所以太宗即位後，便實行“去奢省費，輕徭薄賦，選用廉吏”等政策，藉以與民休息。

太宗制定了“偃武修文，中國既安，四夷自服”的國策，對中國境內的少數民族也持平等對待的態度。故在貞觀時期，境內各族少有戰事，相率來歸的部族也不少。

太宗取得貞觀之治的政績，還在於他能夠納諫，善於用人。他能廣泛聽取僚臣的意見，注意判斷是非，擇善而從。大臣中，以魏徵最敢直諫，有一次，太宗問魏徵，人君怎樣才能明，怎樣才是暗？魏徵說：“兼聽則明，偏聽則暗”，要太宗兼聽廣納。魏徵常提醒太宗“居安思危”，“慎始善終”。魏徵直言進諫，即使引起太宗的盛怒，也還是神色不變，據理力爭。魏徵病死時，太宗大哭。他

唐太宗

説：“人用銅作鏡，可以正衣帽；用史作鏡，可以見興亡；用人作鏡，可以知得失。魏徵死去，我喪失一面鏡子！”直諫不易，納諫更難。太宗能納諫，是貞觀年間興盛的重要條件。

在用人方面，太宗能知人善任。他選拔官員比較注意德才，能夠打破士族門第的界限和親疏關係等舊觀念，主張“唯才是與，苟或不才，雖親不用。”（《資治通鑑》卷一九四）太宗把各州都督和刺史的姓名寫在宮殿的屏風上，隨時記下他們的成績和過失，以備提拔或貶降。他的著名文武大臣中，尉遲敬德當過鐵匠，秦叔寶原是小軍官；有一些曾經是太子建成的謀臣，如魏徵、戴胄、馬周等都得到重用。太宗的用人政策，在唐王朝的鞏固和繁盛的過程中，起了重要的作用。

唐太宗還採取了一系列有利於恢復和發展農業生產的措施。

貞觀元年到三年，關東、關中各地連續發生水旱霜蝗災害。關中受災嚴重，災民有賣兒賣女的。太宗當即令災區開倉救濟，准許災民到非災區就食。貞觀二年，太宗還拿出御府金帛，贖回因災荒賣掉的子女，歸還其父母，甚得民心。

太宗又併省了很多州縣，並把朝廷和地方的官員從 2000 多人精簡到六百多人，整頓吏治，緊縮國家開支。太宗還注意不奪農時，以利於農業生產的恢復。如貞觀五年（公元 631 年）二月，官吏要調動府兵為皇太子舉行“冠禮”（成年禮）的儀仗隊。當時正是春耕時候，太宗說：“農時最急，不可失也。”下令改在十月舉行。

上述措施，對社會生產的發展非常有利。在農民的努力下，唐社會經濟迅速好轉。貞觀四年，全國大豐收，流散的人都返回鄉里。以後又連年豐收，到了貞觀後前，社會經濟已得到恢復。

中國是一個統一的多民族的國家。唐初，國內各民族的關係，比西漢有更大的發展，唐太宗戰勝了突厥的侵擾，既加強了中國和四鄰諸國的聯繫；又鞏固了國內各民族的團結。

隋朝初年，突厥分成東、西兩部分。東突厥佔有大沙漠南北一帶，勢力很強，時常出兵入侵中原。隋文帝時，曾經打敗東突厥，到隋朝末年，國內發生混戰，東突厥又強盛起來。

唐朝建國後，對待東突厥入侵這個問題，內部意見不一。唐高祖李淵早年起兵太原，準備進取關中時，曾經向東突厥畢始可汗稱臣。唐建國後，又於公元 622 年，派鄭元璹向突厥求和。公元 624 年，東突厥頡利可汗大規模進犯關中，當時有人建議說：突厥之所以經常寇掠關中，目的是奪取長安積聚的財富，如果焚燬長安，突厥也就不來了。李淵居然聽從了這個建議，還派人到樊（今湖北襄陽縣北）鄧（今河南鄧縣）一帶，尋求可建都的地方。秦王李世民極力勸阻，親自帶兵出擊，把東突厥打敗，雙方訂立了和約，才制止了遷都這件事。

公元 626 年 8 月，李世民剛做上皇帝，頡利就帶領十幾萬大兵進犯，先鋒到達渭水便橋北畔，和長安只有一水之隔。李世民不慌不忙，只帶領六個大臣，到渭水南岸，和頡利對話，質問頡利為何違約入侵。說話間，唐軍從四面八方趕來，軍容鼎盛。頡利見唐軍事力量強大，只好引兵退走。而由於唐初的國力還不夠強大，故此沒有追擊。

公元 629 年，由於東突厥內部分裂，頡利的暴虐統治引起本部人民和被征服民族的反抗。唐太宗趁機派大將李靖、李勣帶領 18 萬大軍，進攻東突厥。次年，取得勝利，活捉頡利。此後，唐在東突厥舊地設置都督府，任命突厥人為都督。唐太宗採取的政策，既確保了農業地區的安全，又加強了漢族和突厥族的聯繫。

回紇人是維吾爾人的祖先。原來在色楞格河一帶過着遊牧生活。回紇部落曾受突厥貴族的奴役和勒索。唐朝初年，回紇部落在首領菩薩率領下，以 5000 騎兵大破突厥 10 萬之眾，這是回紇人正義鬥爭的勝利。回紇族採取聯合漢唐，反對突厥的策略。當唐朝解決了東突厥後，回紇部落逐漸南移，與唐保持友好的關係。回紇可汗繼位，總要漢唐加以冊封。回紇人在中原文化影響下，學會了建築城市，過着半定居的生活，唐朝後期，回紇人逐漸西遷，定居於新疆的天山南北麓，繼續與內地保持密切的聯繫。

閻立本〈步輦圖〉（唐太宗〔右〕接見吐蕃使者〔左〕的情景）

　　吐蕃是藏族的祖先，他出於羌族的一支。羌是中國西部的一個古老的遊牧民族，很早就和漢族有來往。

　　唐太宗即皇帝位以後，吐蕃的“贊普”（王）松贊干布，為了和唐朝建立友好關係，要求與唐通婚。唐太宗接受了他的請求，把宗室女文成公主嫁給他。貞觀十五年（公元 641 年），文成公主由唐朝的禮部尚書李道宗護送西行。松贊干布親自到柏海（在今青海境內）迎接，並以女婿的禮節和李道宗相見。文成公主到邏些（今西藏拉薩市）時，吐蕃人民穿着節日的盛裝，迎接這位遠道而來的聯絡漢藏民族友誼的“贊蒙”（王后）。唐和吐蕃聯姻，為漢、藏兩族的經濟文化交流創造了良好條件。吐蕃的貴族子弟到長安學習，漢族的農業和手工業技術對藏族的發展也起了積極的作用。

　　和文成公主嫁吐蕃的同一時期，中原地區的農具製造、紡織、繅絲、建築、造紙、釀酒、製陶、碾磨、冶金等生產技術和曆算、醫藥等科學知識也傳入吐蕃。藏族人民傳說，文成公主帶到吐蕃去的糧食蔬菜種子有成百成千種，隨行工匠的人數是五千五百名，帶去的牲畜數是 5500 頭。這些傳說的數字不一定準確，但反映了中原文化在唐初大量傳入吐蕃的歷史事實。

　　唐和吐蕃也曾發生過衝突，但這不是歷史的主流。公元 821 年，唐和吐蕃會盟，停止衝突。事後，吐蕃人立了一塊“唐蕃會盟碑”，以為紀念。這塊碑至今還矗立在拉薩大昭寺門前，作為漢藏民族團結的見證。

　　太宗死時 53 歲，他是中國封建帝王中最傑出的人物之一。

28 武則天
中國唯一的女皇帝

武則天（公元 624 至 705 年）名曌，并州文水（今山西文水縣）人。貞觀十一年（公元 637 年），她 14 歲被選入宮。太宗聽說她貌美，封才人。太宗死後，按當時制度出家為尼。高宗時，復被召為昭儀。公元 655 年，唐高宗立她為皇后。她"兼涉文史"，精明能幹，頗有抱負。當時高宗體弱多病，於是她參

武則天無字碑（陝西西安市郊）

預朝政，觀掌政權。由於政績顯著，公元 674 年，她與高宗被羣臣尊稱為"二聖"，實際上武后"勝高宗十倍"（李贄：《藏書》）。公元 690 年，她突破了太后臨朝稱制的慣例，正式登上皇帝之位，改唐為周，改元"天授"，稱號為聖神皇帝。

武則天的父親武士彠（音獲），出身木材商人，雖則做過工部尚書、利州都督等大官，然從關隴、山東門閥士族的眼光看來，門第仍屬於寒微一流。永徽六年（公元 655 年），高宗冊封武則天為

皇后。因為武則天出身寒微，圍繞着廢立皇后的問題，在朝廷中激起了一場大風波。反對派都是唐王朝的元老重臣，其中包括太上國舅長孫無忌和顧命老臣褚遂良等。結果，武則天當了皇后，參與朝政。公元 655 年褚遂良被黜逐；公元 659 年長孫無忌自殺，反對派官員 20 餘人被罷官。

公元 683 年，唐高宗病死。第二年，英公徐敬業以唐中宗被廢為借口，打出"匡復"唐室的旗號，在揚州起兵。在朝廷，中書令裴炎也暗地裏密謀策動政變，企圖"乘太后出游龍門，以兵執之"。在這緊急關頭，武則天臨危不亂，一面發兵 30 萬，迅速平息了揚州叛軍。一面以迅雷不及掩耳的速度，逮捕了裴炎，並懲處了他的黨羽。接着，在公元 688 年，又以同樣果斷措施，一舉殲滅了越王李貞，瑯琊王李沖父子的叛亂。

武則天是極貪權勢、有很大野心的人。為了爭奪王位，先毒死太子李弘（武則天親生長子），立次子李賢為太子。李賢處理國政頗有才幹，曾注范曄著《後漢書》，聲望日高。公元 680 年，武則天以皇太后名義臨朝稱制。不久，又廢中宗為廬陵王，立四子李旦為睿宗皇帝。並改官名稱職。這些都是她為自己登上帝位所做的準備工作。公元 690 年，武則天遂宣佈改唐為周，正式登位稱帝。

武則天執政以後，為了適應社會發展的需要，並為了鞏固她的統治，曾在政治、經濟等方面實行了一些改革。她堅決打擊士族地主勢力，竭力提高庶族地主的社會地位和政治地位。公元 659 年，她授意高宗重新修改"姓氏錄"，把后族武家列為第一等。更重要的是規定"得五品官者皆升士流"，於是"兵卒以軍功致五品者盡入書限"（《舊唐書・李義府傳》）。這樣，大量的庶族地主可以通過軍功或其他途徑，獲得較高的社會地位。

武則天主張任人唯賢，曾多次下"求賢詔"。要求用人"務取實材真賢"（《新唐書·后妃傳》），大力提拔庶族地主出身的官吏。她積極推行科舉制，不分門第，都可參加考試。公元 676 年，她指示南方各府要注意選送人才充使，稱為"南選"。公元 685 年，她頒佈了一條詔令："詔內外文武九品以上及百姓咸令自舉"。公元 702 年，她特開"武舉"，吸收有武藝的人，培養一批名將，充實軍事部門。因此，她當政時期，"英賢亦競為之用"，朝中的政治家和軍事家如狄仁傑、姚崇、宋璟、李昭德、杜景儉、唐休璟、婁師德、郭元振等，對鞏固中央集權和國家統一都起了重要的作用。

在經濟方面，武則天獎勵農業生產。在她的施政綱領"建言十二事"中主張"勸農桑，薄賦徭"（《新唐書·后妃列傳》）。公元 684 年下令各地方官獎勵農桑，如果能使"田疇墾辟，家有餘糧"的，即可升官；反之，誰要是"為政苛濫，戶口流移"，就要受到降職處分。在她執政期間（永徽三年至神龍元年，即公元 652 年至公元 705 年），全國人口從 380 萬戶增到 615 萬戶。

武則天在加強國防，改善唐和邊境各族的關係方面，也做了不少工作。他執政時，收復了被吐蕃佔領的安西四郡，並置安西都護府；又和吐蕃恢復和親，使雙方關係得到緩和。公元 702 年，為了進一步鞏固西北邊疆，在庭州（今新疆吉木薩爾）設立了北庭都護府，管轄天山以北，包括阿爾泰山和巴爾喀什湖以西的廣大地區。

武則天畢竟是一個封建帝王，她執政時許多措施的消極方面，加深了封建社會的矛盾。如她尊崇佛教，興建明堂，大修廟宇，"日役萬人，揉木江嶺，數年之間，所費以萬億計，府藏為之耗竭"

（《資治通鑑》卷 105）。她又任用酷吏，濫殺無辜。她晚年更寵信和放縱武氏親屬，讓姪兒武三思把持朝政，武三思又和武則天的男寵張易之、張昌宗等勾結，把朝政搞得烏七八糟。武氏親屬和一批新貴在武則天的縱容下，成為新的特權階層。

公元 705 年，武則天病重，大臣張柬之等乘機帶兵進宮殺張易之等，擁立中宗復位。同年 11 月，武則天病死。

武則天自參政、稱帝至被迫讓位，執政共 50 年左右，貞觀以來經濟發展的趨勢，仍在繼續，對後來玄宗"開元之治"的封建全盛時代起了承先啟後的作用。武則天在中國歷史上的功績，應該給以肯定的。

29 | 趙匡胤
黃袍加身　創立北宋

(1) 陳橋兵變

周世宗柴榮死後，他的兒子柴宗訓繼位。柴宗訓這年只有七歲，由他的母親符太后掌管政權，後周政權內正醞釀着一場宮廷政變。殿前都點檢（皇帝親軍的最高長官）趙匡胤，看到後周孤兒寡婦當政，暗地裏和其他後周將領，如石守信、楊光義、王審琦、李繼勛、劉守忠、劉廷讓、王政忠、韓重贇、劉慶義等，結成義社十兄弟，再加上趙匡胤的謀士趙普，李處耘，胞弟趙光義等的輔助、策劃，準備奪取後周的政權。

柴宗訓即位第二年（公元 960 年）正月初一，當後周的君臣們正在大排筵宴，歡慶新年的時候，突然接到緊急邊報，說北漢和遼合兵，大舉南犯。符太后和執政大臣們不辨真假，倉卒決定派遣趙匡胤等率軍前往抵禦。

大軍出發前夕，東京（河南開封）大街小巷有一種流言，說出師之日，就要改朝換代，新皇帝就是都點檢。於是民間惶恐萬狀，有些敏感的人，已準備搬家，逃出城外避禍；紛紛攘攘，大有山雨欲來風滿樓之勢。外面情勢雖如此緊張，可是後周內廷卻一點兒消息也沒有聽到。

趙匡胤統率的軍隊出了東京，浩浩蕩蕩開至陳橋驛（開封東北 40 里），安下營寨。趙匡胤當晚喝了幾杯酒，在微醺中睡去。這時，趙匡胤軍中諸將，召開了緊急會議，在趙光義、趙普的策動下，發動兵變，聲言擁立趙匡胤做皇帝。當晚趙普一方面分部諸將，環甲執戈，等待着天明；另一方面派部將郭延贇飛馬回京，向留守京城的石守信、王審琦通風報訊，要他們作好戒備，防止反對派的反攻。

第二天天明，趙匡胤猶在被酒高臥，而趙光義和趙普已率領諸將擁進趙匡胤的寢所，大聲說：「諸將無主，願冊太尉（即趙匡胤）為天子。」說罷便把一件黃袍加在趙匡胤的身上，當下諸將向他跪拜，齊呼萬歲！

趙匡胤黃袍加身後，立即回師東京，廢掉了後周柴宗訓，自己正式做了皇帝。因為趙匡胤是歸德軍節度使，歸德是宋州，所以定國號為「宋」，都城仍在東京，歷史上稱為北宋。趙匡胤就是宋王朝的開國皇帝宋太祖。

清代人查初白有兩句詩：「千秋疑案陳橋驛，一著黃袍便罷兵"。趙匡胤做了皇帝，也不再出兵抵抗北漢與遼合兵犯境事。據《宋史》記載，遼與北漢知道趙匡胤做了皇帝，即率軍遁走。但《遼史》上並沒有這一年出兵南侵的紀錄。所以趙匡胤出征，成為千古疑案，也就是說，根本沒有這回事，只是謊報軍情，借以造成陳橋兵變罷了。另一個可疑點，是當時只有皇帝才可以穿着皇袍，而陳橋兵變，立即就有一件現成的黃袍加在趙匡胤的身上，如果不是事先有預謀，倉卒間豈能製成？實際上，五代時期，類似這樣的兵變已發生過三次。所謂"黃袍加身"，無疑是早有預謀的。

(2) 杯酒釋兵權

趙匡胤還算是一個有作為的皇帝。他即位後，首先考慮的是如何加強中央集權的問題。趙匡胤鑒於唐和五代以來，藩鎮跋扈專橫、割據稱王的風氣很盛，如果不加強中央集權，新建立的政權就很難鞏固。事實上，宋朝建立不久，就先後有昭義節度使李筠、淮南節度使李重進起兵叛亂。叛亂雖然很快就被平定，但藩鎮仍舊操縱着國家的軍政大權，這點正是趙匡胤所憂慮的。

為了加強中央集權，趙匡胤採納了趙普的建議，採取了"強幹弱枝"的政策，削減藩鎮的軍權、政權、財權。

公元 960 年，趙匡胤剛即帝位，立即下令各州長官把地方精壯士兵選拔出來，送到京師，充作禁軍。同時，還創立"更戍法"，命令禁軍經常輪流到各地去守衛，表面上說是讓士兵"習勤苦，均勞逸"，實際上則是利用這種辦法，以達到"兵不識將，將不專兵"的目的。

次年秋天，趙匡胤舉行宴會，邀請掌管禁軍的將領石守信、王審琦、高懷德、張令鐸、趙彥輝等一起飲酒。大家酒興正酣的時候，趙匡胤摒退左右，對這些將領們說："我若沒有你們的幫助，怎能當上皇帝？不過，做皇帝實在沒有做節度使快樂。以我而言，終日不能安枕，可知皇帝不易當了。"石守信等聽了忙說："陛下為甚麼說這樣的話？現在天下已定，誰還敢有異心？"趙匡胤說："我知你們沒有異心，但你們的部下仍有貪圖富貴的人，一旦將黃袍加在你們身上，那時就不容你們不做了。"石守信等聽知趙匡胤話裏有因，忙說："臣等愚昧無知，望陛下指出一條生路！"趙匡胤說："生路當然有，人生不過幾十年，無非是求得富貴，多積金錢，自己享受不盡，還留下萬貫家財給子孫，如此而已。你們何不把兵權交給國家，出守藩鎮，多買些田地房產，為子孫長久打算，你們也可以蓄養歌兒舞女，盡情享受，以終天年！如果能夠這樣，我可以和你們結為姻親，君臣之間，兩無猜疑，豈不是好！"石守信等聽了，只好照辦。在第二天都自動告病，請求朝廷解除自己的兵權，趙匡胤一一批准，並都分派到地方任節度使，這就是歷史上所說的"杯酒釋兵權"。

這樣，趙匡胤直接掌握了禁軍，大大加強中央集權。此外，公元963年，北宋政府命令各節度使所領的"支郡"都直屬中央政府，不再受節度使管轄。中央選派文臣做各州縣長官，又在諸州中設立通叛，名義是幫助地方官辦事，其實是監視地方官。同時，還令各州的稅收金帛財物，都要上繳中央，集中了財權。趙匡胤採取這一系列措施，大大削弱了藩鎮的勢力，有效地改變了藩鎮割據的局面，維護了國家統一，在當時是進步的。

但是，趙匡胤的這種政策不免失之偏頗，使地方上兵弱財

乏，遇有外敵入侵，或局部發生變亂，各地方官府完全沒有抗禦的
能力。

(3) 北宋統一中國

"杯酒釋兵權"之後，宋王朝內部比較鞏固。但是，中國地方
廣大，由於五代十國時期藩鎮割據、四分五裂，到宋朝初年南方依
然有南唐、吳越、荊南、湖南、南漢，西方有後蜀，北方有北漢等
割據政權存在。他們還在稱王稱帝，如果不把它們消滅，中國就不
能重新統一了。

趙匡胤認識到，有這些割據政權存在，宋王朝就不能鞏固，因
此他時刻感到有"一榻之外，皆他人家"的惶恐。所以當朝廷內部
稍為穩定時，就立即策劃出征的計劃。

當時各地的割據政權，分佈中原政府的南北。到底是先南取，
還是先北征呢？這個問題，後周的兵部郎中王樸在給周世宗的《平

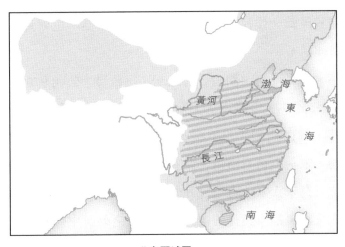

北宋疆域圖

邊策》中指出過：“攻取之道，從易者始。”接着他分析：“當今惟吳易圖，東至海，南至江，可撓之地二千里。……彼人怯弱，知我師入其地，必大發以來應，數大發則民困而國竭，一不大發則我獲其利。彼竭我利，則江北諸州乃國家之所有也。既得江北，則用彼之民，揚我之兵，江之南亦不難而平之也。如此，則用力少而收功多。得吳，則桂、廣皆為內臣，岷、蜀可飛書而召之。如不至，則四面並進，席卷而蜀平矣。吳、蜀平，幽可望風而至。惟井（指北漢）必死寇，不可以恩信誘，必須以彊兵攻，力已竭，氣已喪，不足以為邊患，可為後圖。方今兵力精練，器用具備，羣下知法，諸將用命，一稔之後，可以平邊。”（《新五代史・周臣傳・王朴》）周世宗就是照着王朴這個策略，取得了江北十四州。

趙匡胤對王朴的才能，也是極為欽佩的。王朴的統一中國的藍圖，趙匡胤也採之以為根本的策略。他曾對弟弟趙光義説：“中國自五代以來，兵連禍結，帑藏空虛，必先取巴蜀，次及廣南、江南，即國用富饒矣。河東與契丹接境，若取之，則契丹之患我當之也。姑存之以為我屏翰，俟我富實則取之。”這一番話，也就是根據王朴的策略引伸的。

公元 962 年，宋平荊南、湖南，公元 964 定西蜀，公元 970 年取南漢，接着於公元 975 年滅南唐，奪吳越。這樣，江南基本統一。公元 976 年，趙匡胤乘勝進兵太原，但北漢主向契丹求救，契丹派大軍援助，宋軍不得不撤退。就在這一年，趙匡胤死了，由弟弟趙光義即位，為宋太宗，直至公元 979 年，宋太宗滅北漢。這時，除了石敬瑭時期，割與契丹的幽、雲十六州之外，中國的領土完全統一在北宋王朝的政權下面了。

30 | 楊家將
抗遼保家國

北宋時期，中國北方的古老民族契丹族建立了遼政權；西北部的古老民族黨項族亦建立了西夏政權。契丹族和黨項族人民，後來同漢族人民融合在一起，對中華民族的發展和中國疆域的鞏固，作出了重大的貢獻。但在當時，遼和西夏的軍事政權不斷對中原農業地區發動掠奪性戰爭，對北宋社會經濟發展帶來嚴重的損害，對宋王朝造成了嚴重的威脅。

(1) 宋、遼的戰爭

宋、遼之間曾經先後發生過三次較大規模的戰爭。

第一次戰爭發生在宋太宗太平興國四年（公元 979 年，即遼景宗乾亨元年）。這一年，太宗趙光義滅了北漢政權，準備乘勝收復幽、雲十六州。當宋軍逼近幽州時，遼軍以強大的兵力援救幽州。由於宋軍連續長期作戰，兵將沒有好好的得到休整，戰鬥力十分疲弱，在高梁河被遼軍打敗。七月高梁河戰役剛剛停下來，九月遼軍又向鎮州（今河北正定）進攻，這一次被宋軍趕走了。第二年（公元 980 年）的 3 月，遼派 10 萬大軍向雁門關（今山西代縣北）進攻，氣勢洶洶。雁門關的緊急戰報傳到代州時，代州刺史楊業手下只有數千名騎兵，無法和十萬遼兵硬拼。楊業帶領數百名輕騎兵，從雁門關西側的羊腸小道繞到雁門關以北，從遼兵的背後殺出，殺死了遼朝駙馬蕭多羅，活捉了遼將軍李重海，打亂了遼軍的攻勢，取得了勝利。

這位楊業就是歷史上有名的"楊家將"中的楊令公。他的祖先是麟州人(今陝西神北),到楊業時已遷往太原。他父名楊信,是五代時的抗遼名將,楊家祖孫四代,都是優秀的愛國將領。楊家將抗遼的英勇事跡,在中國歷史上留下了美名。

楊業的妻子折氏,也是一個很有軍事才能的人,出身自雲州(今山西大同)的大族。他的祖父折從阮,五代後唐時擔任府州(陝西神木東北)的防務。她的父親折德扆(音以)、兄弟折御勛、折御卿,在五代後周和北宋初年,先後鎮守過府州,多次與契丹交戰,保護北方的邊防。今山西保德折富村還有楊業妻子折太君墓。在元曲和傳統戲曲裏,都作"佘太君",可能是"折"與"佘"讀音相近的關係。她善騎射,曾幫助楊業屢建奇功。

在北漢時期,楊業為北漢大將,做過建雄軍節度使,鎮守今山西代縣。由於他勇敢善戰,人稱"楊無敵"。北宋建國後,楊業曾勸說北漢王劉繼元歸宋,共同抗遼。劉繼元沒有這樣做。公元979年,宋太宗滅北漢後,任命楊業為代州(今山西代縣)刺史,鎮守北方邊疆。

經過雁門關這次出奇制勝的襲擊,當時北方形勢暫時穩定下來。公元982年,年僅12歲的耶律德隆當了遼朝的皇帝。太宗想利用這個時機,出兵收復幽、雲十六州。終於在公元986年(雍熙三年),宋、遼爆發了第二次大規模戰爭。

第一次軍事行動,是太宗親自指揮的。他派遣軍隊從山西、河北分三路出兵:曹彬、崔彥進、米信率領的東路軍是主力,從雄州(今河北雄縣)出擊,採取緩行軍的戰術,虛張聲勢,向幽州進發,牽制遼兵的主力;中路軍由田重進帶領,出飛狐(今河北淶源北);西路軍由潘美和楊業帶領,急速出雁門關,收復關北廣大地區。

北宋的反擊戰,得到北方人民的支持和響應。起初進行很順利,戰爭的形勢本來是很好的。但由於東路軍大將曹彬貪功冒進,軍糧供應不上,擾亂了宋軍的作戰計劃,終於在離涿州西南40里的岐溝關地方,被遼軍打得大敗。

太宗趙光義得悉東路主力軍慘敗的消息,心裏發慌,連忙下令全線撤兵。遼軍乘勝追擊,以10萬人馬進攻寰州。楊業在朔州與遼軍苦戰,不幸受傷被俘。楊業被俘後,遼軍雖然百般威脅利誘,但他堅貞不屈。最後絕食三天,壯烈而死。

楊業死後,他的兒子楊延昭繼承父業,曾擔任莫州(今河北任丘)刺史,亦是宋朝守衛北方的一員名將。

31 | 宋真宗
訂立澶淵之盟

宋真宗景德元年(公元 1004 年,即遼聖宗統和二十二年),遼皇帝耶律隆緒和他的母親蕭太后,趁秋高馬肥的時候,親帥 20 萬大軍南下。開始了宋、遼第三次大規模戰爭。

在遼軍攻擊的危急情況下,告急文書不斷傳到都城汴京(今河南開封),北宋君臣議論不一。副相王欽若主張遷都金陵(今江蘇南京),大臣陳堯叟主張遷都到成都,宰相寇準則堅決主張抵抗,並要求宋真宗親自出征督戰。

　　同年冬天，遼軍深入到離開封以北不遠的澶州（今河南濮陽）。怯懦動搖的宋真宗，在寇準和廣大軍民要求抗遼的壓力下，勉強親自出征。車騎剛到韋城（今河南滑縣東南），在王欽若等投降派的慫恿下，宋真宗又想南逃。這時，寇準嚴肅地對宋真宗説："現在敵人已經迫近國都，全國人心惶惶。陛下只可前進，不可後退，如果陛下的車子後退幾步，就會使前線軍心動搖。那時，敵人乘勢進攻，你想退至金陵，也辦不到了。"殿前都指揮使高瓊在旁，也説："寇準的話，句句是良言。"宋真宗至此，只好下令前進。這時，遼軍孤軍深入，到處受到宋軍和民兵英勇反擊。而當時宋軍結集在澶州附近的兵力增加到幾十萬，士氣非常旺盛，遼主將蕭撻覽又被宋軍射死，遼軍士氣低落。遼王朝估計勝利無望，轉而向北宋議和。

　　宋真宗本來沒有抗敵的決心，見遼有意議和，自然求之不得。他拒絕了寇準等主戰派要求乘勝進軍的意見，在投降派的策劃下，於公元 1005 年 1 月，在澶淵（湖澤名，在今河北濮陽縣西南）這個地方和遼國達成和議，史稱"澶淵之盟"。和議規定，宋每年給遼絹 20 萬匹，銀 10 萬両。從此宋朝年年向遼輸納銀、絹，使人民又平添了一筆巨大的負擔。

　　澶淵之盟後，宋朝派楊延昭防守保州（今河北保定），後又調到高陽關（今河北高陽東）。楊延昭的兒子楊文廣，也是一位愛國將領。楊文廣曾把收復失地的軍事計劃，連同作戰的陣圖送給宋朝政府。可惜一直到楊文廣去世，也沒有聽到宋朝廷的反應。楊文廣的一片愛國心，如同石沉大海。

　　楊家將的故事在民間流傳很廣，後來戲曲、小説等文學作品中塑造的楊宗保、穆桂英等英雄人物，則是虛構的，歷史上並無其人。

32 | 王安石
熙寧變法

　　北宋中葉，土地兼併現象日益嚴重。據宋英宗治平年間（公元1064至1067年），北宋政府的《會計錄》所公佈的數字，當時納稅土地為440餘萬頃，約佔實際墾田數額的百分之三十，而官僚大地主卻利用其特權，霸佔了北宋百分之七十的耕地。他們還將賦役轉嫁他人，使廣大的貧苦佃農日益赤貧化，自耕農和中小地主也紛紛破產。另一方面，北宋政府一直實行僱傭兵制和"養兵"政策。宋仁宗在位中期（約公元1045年左右），軍隊已達140萬人，每年軍費開支佔全年財賦收入的六分之五。這種狀況使社會矛盾日益尖銳化，引起了北宋王朝的財政危機；同時，遼的威脅未除，西夏的侵擾又來，使民族矛盾也尖銳化了。在這種形勢下，只有變法革新，抑制土地兼併，抗擊遼和西夏的侵擾，才能發展生產，鞏固宋朝政權。王安石變法就是在這種情況下發生的。

　　王安石（公元1021至1086年），字介甫，撫州臨川（今江西臨川縣）人，出身中小地主家庭。他早年在浙江做地方官，很有政治才能。宋仁宗時，他上過萬言書，主張改革政治，但沒有被採納。宋神宗熙寧二年（公元1069年）被任為參知政事，次年被任命為宰相。在宋神宗的支持下，他積極展開變法活動，對當時的財政、經濟、軍事等制度進行了改革，被譽為"中國十一世紀時的改革家"。

王安石變法，其根本目的是要通過變法"救國家積弱之勢，振累世因循苟且之習。"（《王荊公年譜考略》卷六）雖然，某一些變革措施產生了反效果，但從當時的社會矛盾的全局來分析，變法運動的進步作用，是應當肯定的。

王安石變法的主要措施包括：

(1) **青苗法** 在青黃不接時，由政府向農民貸放錢糧，收利息百分之二十，在收成以後償還。以抵制地主豪紳的高利盤剝，抑制豪強兼併。

(2) **募役法** 北宋時差役繁重，當役人受苦不堪。募役法規定：凡當役人戶按等第出"免役錢"，就可以不再充役；原來享受免役特權的官僚貴族和大地主，也要按財產多少出"助役錢"；再由政府用免役錢和助役錢僱人充役。這樣可以使更多的農業勞動者免除差役，回到農業生產上去，以利發展農業，同時也限制了官僚貴族、大地主的特權。

(3) **農田水利法** 鼓勵開墾荒地，興修水利，積極發展農業生產。同時，明文規定要做到"均濟"與"疏通"，矛頭明顯地指向壟斷水利的大地主階級。

(4) **方田均稅法** 丈量全國土地，按土地的數量、肥瘠等情況徵收賦稅，藉以糾正豪強人家"有產無稅"，貧窮人家"產去稅存"的不合理現象。

(5) **均輸法** 由政府設"發運使"，統一購置"上供"物品，免除富商大賈從中操縱的弊端，另一方面也收到"便轉輸，省勞費"的效果。

(6) **市易法** 政府設"市易司",平衡物價,使富商大賈不能壟斷市場。

(7) **將兵法** 要求有作戰經驗的將領,對各地區軍隊進行訓練。

(8) **保甲法** 組織民戶,十家為一保,五十家為一大保,五百家為一都保。一家有壯丁二人的,出一人為保丁。保丁在農閒時集中進行軍事訓練,平時擔任巡邏、放哨、維持地方治安,戰時保衛疆土。

王安石發起的變法革新運動,在短短的六、七年內,就取得了顯著成效,它初步扭轉了北宋"積貧積弱"的局面,使北宋政府的"中外府庫,無不充衍"。由於推行"將兵法"和"保甲法",使農村的多數壯丁都受到了軍事訓練,正規軍的作戰能力也有所提高。變法的實行,從宋神宗熙寧二年到元豐八年 (公元 1069 至 1085 年),前後共 17 年。宋神宗死後,頑固派司馬光等上台,新法立即被推翻了。

33 | 岳飛
民族英雄

岳飛 (公元 1103 至 1142 年),字鵬舉,出身相州湯陰 (今河南湯陰) 一個農民的家庭,是南宋著名的抗金名將。早年從軍,在金兵開始南犯時,當一名小軍官。他跟着宋軍逐漸轉移到江南。當時,南宋的將領逃的逃,降的降,岳飛卻堅持戰鬥,在宜興收編散兵，組成一支能單獨作戰的隊伍。公元 1130 年，金兀朮南侵江南時，在江南人民的反擊下，被迫渡江北撤。南宋抗金將領韓世忠在鎮江附近的黃天蕩嚴密戒備，截擊金兵歸路，取得了一些戰果。岳飛也率領軍隊攻擊金軍後路，收復建康（今江蘇南京）。岳飛的名聲從此大震。

以後，岳飛駐兵鄂州（今湖北武昌）。他的部下將士，有不少出身於北方抗金義軍。岳飛受了他們的影響，也比較注意北方人民的抗金鬥爭，經常派人到金軍後方活動，做聯絡義軍的工作。由於他堅持抗金，與義軍的目標是一致的，所以義軍也願意與他保持聯繫。

公元 1140 年夏天，金兀朮再次興兵南侵，戰線東起淮河下游，西到陝西。南宋朝廷派岳飛帶兵到河南去抵抗。這時，在東路，南宋將領劉錡在順昌（今安徽阜陽縣）大敗金兵主力；在西路，吳璘堅守扶風（今陝西扶風縣），金兵屢攻不下；北方的義軍，在金兵後方非常活躍。這些對岳飛都是非常有利的。

岳飛北上以後，把大本營駐扎在郾城（今河南郾城縣）。在大舉進攻之前，岳飛一面派遣部將牛皋、張憲等人，分路收復河南各地；又派遣義軍首領梁興等人重返太行山區，組織和領導河北地區的義軍，策應北上。在很短的時間裏，宋軍先後收復了潁昌（今河南許昌）、鄭州、洛陽等地，聲威大震。

金兀朮為了阻止岳飛的進攻，親自率領精銳的“鐵塔兵”和“拐子馬”一萬五千餘騎，從開封南下，向郾城反撲。“鐵塔兵”是金兀朮的侍衛親軍，士兵“皆重鎧全裝”，看起來好像鐵塔一樣。“拐子馬”指的是左右翼騎兵。岳飛看見金兀朮親自率兵來攻，於是命令自己的士兵，和敵人的騎兵交戰時，各人都手持麻扎刀、大斧，上砍敵人，下砍馬腿。由於宋軍的英勇作戰，終於把金兀朮的"鐵塔兵"和"拐子馬"打敗了。

岳飛乘勝收復了開封附近的朱仙鎮，河北義軍紛紛響應，抗金形勢空前大好。正當岳飛準備渡河北伐的時候，宋高宗和秦檜下令撤兵，向金求和。岳飛後來被賣國賊秦檜以"莫須有"的罪名害死。死時才 39 歲。

岳飛手書"還我河山"

岳飛墓（浙江杭州）

　　岳飛是中國歷史上抗金的民族英雄。他所訓練的岳家軍，軍紀嚴明，戰鬥力強，能做到"凍死不拆屋，餓死不鹵掠"，對人民秋毫無犯，深受人民的愛戴。岳飛的一生，主要是在抗金戰鬥中度過的。他所處的時代，及其所受的封建教育，使他具有濃厚的忠君報國思想。因此，當宋高宗命他鎮壓楊么起義時，他服從了；當他北伐抗金正在勝利進軍，眼看不日可直搗黃龍府時，高宗一日連下十二道金牌，嚴令他迅速退兵，他雖然惋惜"十年之功，廢於一旦"，但還是下令退兵。對岳飛的這種"忠君"思想，我們只能用歷史的觀點來看待，而不應苛求於他。

34 | 秦檜
策劃議和

　　早在金人擄走徽、欽二宗時，金國已積極佈署滅宋的三項措施。第一項，要在中原地區樹立一個傀儡政權；第二項，選擇一個與金國親善的南宋人，混入南宋朝廷，取得政治地位，積極和金國的軍事進攻相配合，促使南宋投降；第三項，掃蕩兩河的起義民兵，強化地方治安，而後掠奪川、陝，控制長江上游，制南宋朝廷於死命。

　　第一項很快實現了，金人"冊封"賣國賊劉豫為偽齊皇帝。接着派金兀朮再次西犯，佔領了關陝、西蜀大部分地方，第三項措施也接近完成。至於第二項措施，選擇一名得力的奸細混入南宋朝廷，此事不易實現。金國君臣上下，經過嚴密的調查、研究、考察，終於物色到一個人，這個人就是秦檜。

秦檜，字會之，江寧（今江蘇南京市）人。北宋末年，金兵第一次南侵時，金國大將斡離不圍攻汴京，要宋朝割讓中山、太原、河間三鎮。當時，北宋王朝中的投降派主張與金議和。秦檜曾慷慨陳詞，反對割讓三鎮。後來，三鎮還是割了，秦檜還當上求和的使者。北宋滅亡後，金人把秦檜扣押起來，和徽宗、欽宗一起擄往燕京。從此，秦檜就死心塌地投降金國。公元1129年，金大將撻懶帶兵由山東向南侵犯，秦檜被派作撻懶的軍事參議，一同隨軍南下。金兵圍攻楚州（今江蘇淮安縣）時，所發佈的勸說楚州軍民投降的文告，都是出自秦檜的手筆。公元1130年冬天，這個金國的奴才，奉主子之命，攜帶全家大小，由連雲港（今江蘇連雲市）出海，回到杭州。

秦檜回到南宋時，杭城頗為轟動，流傳着甚麼當年反對割讓三鎮的宋室忠臣秦中丞（秦檜被擄時為北宋御史中丞），殺了金人監使，逃回南方的謊言。而很多正直的官員都紛紛議論，説秦檜是奸細。可是秦檜的活動，正和宋高宗的投降思想相吻合，無怪乎宋高宗和秦檜會面後，曾對人説："朕獲秦檜，使朕幾夜不能入寐。"因此，秦檜很快得到宋高宗的信任，在他回到南宋的第二年，就當上了宰相。

當岳飛在郾城大敗金兵取得決定勝利時，秦檜認為這對自己的主子很不利；宋高宗也想岳飛渡河北伐，直搗黃龍府時，必然會把欽宗請回來，那時自己的皇帝就當不成了。因此，在一日之間發下十二道金牌，催促岳飛迅速班師。岳飛曾憤慨地説："十年之功，廢於一旦；所得諸郡，一朝全休；社稷江山，難以中興；乾坤世界，無由再復！”一年以後，岳飛又被秦檜以“莫須有”罪名害死。

這時，宋高宗在秦檜的策劃下，與金人訂立了賣國投降的和約“紹興和議”。其中規定：一、宋國割京西唐、鄧二州及陝西商、秦之半為金國領土。二、宋、金兩國東以淮水、西以大散關（今陝西寶雞西南）為界，其北歸金，其南歸宋。三、宋國向金國年年進貢，歲貢為白銀 25 萬兩，絹 25 萬匹。四、宋國為金國的屬國，子孫萬世，永作藩臣，金國封趙構為宋國皇帝。和議成立，秦檜總攬軍政大權，摧殘抗金力量；凡主張抗金的，同情岳飛的，均被“誅鋤略盡”。經此，南宋王朝更加怯懦，無力恢復失地，終南宋之世，“偏安江左”。

35 鐵木真
成吉思汗

早在公元 9 世紀，蒙古族人已經遊牧於斡難河（今鄂嫩河）和怯綠連河（今克魯倫河）一帶漠北草原。公元 12 世紀後期，分佈在額爾古納河和蒙古草原一帶的蒙古各部逐漸興起。蒙古族也稱韃靼族。

蒙古族的遠祖，據説名叫青狼，他與一個名叫白鹿的女子結婚，一代代的流傳下來。到了北宋年間，已傳了十幾代，當時他們還過着原始生活，形成一個個的部落，推選身強力壯的人做酋長。後來，幾個部落組織成部落聯盟，聯盟的大酋長就稱為“汗”。公元 10 世紀後，蒙古各部先後受遼和金的統治。

　　蒙古族各部落以遊牧、漁獵為生，居無定處，隨牛羊牲畜逐水草而居，住的房子是篷帳式的蒙古包。為了爭奪水草牧地、牛羊和奴隸，各部落之間常常發生戰爭。金朝為了便於控制蒙古族，亦從中挑撥各部落的關係。

　　公元 12 世紀，蒙古族一位酋長合不勒，被部落聯盟推為"汗"。在蒙古高原東部，有一個名叫塔塔兒的民族，時常與蒙古族發生戰爭，終合不勒之世沒有停止過。合不勒死後，由他的堂弟俺巴孩繼汗位。俺巴孩與塔塔兒族繼續作戰。有一次，俺巴孩戰敗被俘，塔塔兒族首領將他送往金國。其時，金國極強盛。金熙宗完顏亶製了一個木驢，把俺巴孩釘死在木驢上。金熙宗非常憂慮蒙古族的強盛，每年都派兵北剿，名曰"滅丁"，就是要消滅蒙古族的壯丁。但是這個倔強的民族依然強盛起來。俺巴孩死後，由他的姪兒忽圖剌繼汗位。忽圖剌饒勇善戰，在他居汗位的歲月中，連續與塔塔兒族發生了 13 次大戰，與金國也斷斷續續打了很多仗。忽圖剌死後，他的姪兒也速該繼汗位。公元 1162 年，也速該打敗了塔塔兒族一個叫鐵木真的部落，擒捉了鐵木真的酋長。就在凱旋的歸途中，也速該的妻子生了一個男孩，也速該即為其子取名鐵木真，以紀念這一次戰鬥。後來，塔塔兒族假意投降。設宴款待也速該，暗中下毒將也速該毒死。這時，鐵木真年幼，蒙古族部落聯盟出現了渙散的現象，首先是其中一個名叫泰亦赤兀的部落脫離，其他各部落也相繼離散。

　　鐵木真長大後，經過不斷的努力，克服了重重困難，終於重新統一蒙古各部，結束各部之間長期紛爭的混亂局面，被蒙古部落聯盟擁戴為汗。這時，金國已經衰敗不堪，貴族之間終日爭權奪利。

金貴族愛王大辨與金章宗完顏璟發生矛盾，請求鐵木真相助，鐵木真對金國懷恨已久，一旦有復仇的機會，當然是一口答應。於是立即派大兵，以助愛王大辨為名，深入金國腹地。當時，鐵木真深知滅金還不是時候。金章宗也感到鐵木真不易對付，派使臣到蒙古議和，賜封鐵木真為金國的前鋒大總管，鐵木真也權宜受下來。公元1206年，鐵木真的羽翼已成，便建立蒙古大汗國，受蒙古各部首領推戴為蒙古大汗，號稱成吉思汗（即強有力的眾汗之汗），"建九斿（音由）白纛"（意即九幅大白旗），在杭愛山之東的和林（今蒙古人民共和國首都烏蘭巴托的西南）建立都城。這時，鐵木真已50多歲了。

公元1208年，金章宗病死，由衛紹王完顏永濟繼位。完顏永濟是個庸才，曾出使蒙古，鐵木真看不起他。當金國新皇帝即位的國書送到蒙古時，鐵木真驕橫地往金使臉上唾吐，還未聽完就策馬跑了。從此金蒙經常發生戰爭。

公元1211年，鐵木真大舉南下，擊敗了金兵40萬眾，直入居庸關，距離燕京僅180里，金兵屍橫遍地。蒙古遊騎已達燕京郊外，鐵木真向金國索駱駝三萬匹、牛羊各五萬頭。衛紹王不允，蒙古兵便加緊攻城。幸而當時金兵守城部隊使用的是火藥大砲等武器，是蒙古兵所沒有的，所以才能守住燕京。適值金國河東總管完顏及領兵趕到，擬襲擊蒙古後方，鐵木真方始退兵。

金國由於戰敗，金貴族之間發生內閧。大將胡沙虎殺了完顏永濟，另立完顏珣為帝，是為金宣宗。公元1213年，鐵木真再次領兵進攻金國，破金90多郡，兩河、山東數千里，被蒙古兵殘酷焚殺殆盡，城郭丘墟，慘不忍睹。金宣帝只好遣使求和，願以金公主與鐵木真結為姻親，並送大量金帛、馬匹。鐵木真接受了金宣宗的條件，退兵居庸關。

金宣宗考慮中都燕京距離蒙古太近，不能固守，遂遷都到汴京開封府，以躲避蒙古帝國的鋒芒。不料這一遷都，引起鐵木真的憤怒，說：“既然講和了，還要遷都做甚麼？可見完顏珣講和是假的，其實對我有疑，對我有憾，講和為緩兵之計。”於是，他又一次領兵南下，攻破燕京，盡取黃河北岸金國土地。金宣宗再次求和。鐵木真說：“和是可以的，但要將河北、山東未被我佔取的州郡，全部獻出；並去除帝號，俯首稱臣，我封你為河南王。”這個條件，金宣宗無法接受，便出全力與蒙古作戰。鐵木真屢攻潼關不下，才暫時把滅金的戰爭擱一擱，掉轉兵鋒，向西方各國掠奪。

鐵木真舉行了三次震驚世界的西征。首先進攻西夏，接着攻打西遼，馳騁在中亞地區，征服了阿富汗與伊朗高原上的花剌子模國，還逾印度河，至格里斯河下游，深入到裏海與黑海間的高加索地區，過欽察草原，與俄羅斯作戰，直抵伏爾加河，建立起一個橫跨歐亞的蒙古大汗國。回師後，就滅亡了西夏（西夏國的領土，在今中國西北甘肅、寧夏、陝西一帶）。鐵木真打算滅西夏後，接着滅金。怎料就在這時他得了重病，在彌留時對他的重臣說：“金國的精兵在潼關，難以攻破。如假道於宋，宋金世仇，必能許我。我兵下唐、鄧，直搗汴京，金急，必調潼關兵回防，我乘其行軍疲憊而擊之，金必破。”鐵木真死時 72 歲。

36 | 文天祥
留取丹心照汗青

　　元軍攻陷臨安後，南宋的軍隊一觸即潰，各地大小官僚多半望風迎降；只有少數官員如姜才、李庭芝、張世杰、陸秀夫、文天祥等，繼續領導江南人民堅持抗元鬥爭。

　　文天祥（公元 1236 至 1283 年），廬陵（今江西吉安）人。原名雲孫，字宋瑞，號文山，生長在一個儒士的家庭。公元 1256 年參加進士考試，中了狀元，曾提出過一些改革政治的主張。公元 1259 年，忽必烈領蒙軍進攻鄂州。南宋的宦官董宋臣主張遷都逃跑，文天祥就上書宋理宗，要求殺掉董宋臣，並且提出了禦敵方案，但沒有被接受。

　　忽必烈建立元朝後，派大軍攻打南宋。公元 1275 年，元軍在安徽蕪湖大敗宋軍，迅即迫近臨安。這時，文天祥在贛州（今江西省內）做知州。為了挽救危局，他立即起來號召人民抵抗，並組織一支軍隊，要去保衛臨安。次年，元軍攻到臨安城郊，南宋朝廷不得已任文天祥為右丞相，派他去元營談判。文天祥在元營中，不怕威脅，當面指責元軍主帥，要元軍退兵議和，結果被扣留。就在這時，南宋朝廷向元軍投降了。元軍進入臨安，俘擄了南宋的皇帝和許多王公大臣。

　　十多天後，元軍把文天祥押解去大都。在途中，文天祥乘間逃走，經歷許多艱險，到了永嘉（今浙江溫州）。不久，張世杰、陸秀夫在福州另立趙昰為皇帝，稱宋端宗。文天祥前來會合，重新組織軍隊，準備繼續抗元。

公元 1278 年，趙昰死去。張世杰、陸秀夫又立趙昺為皇帝，並且把政府遷到厓山（在廣東新會縣以南海中）。文天祥則領兵在廣東潮陽一帶駐守。不久，元將張弘範領大軍攻入廣東。在一次戰鬥中，文天祥戰敗再次被俘。

文天祥被俘後，張弘範勸他招降張世杰，他堅決拒絕了，並寫了一首《過零丁洋》詩，表示自己不屈的意志，詩的最後兩句是："人生自古誰無死，留取丹心照汗青。"

公元 1279 年春，張世杰、陸秀夫率領宋軍，在海上同元軍展開大戰，結果宋軍戰敗。陸秀夫背起趙昺投海而死。張世杰召集殘軍繼續戰鬥，兵敗突圍，遇到颶風，坐船被巨浪打翻，全部犧牲了。至此，南宋滅亡。

文天祥被送到大都，監禁了四年，多次拒絕了元的誘降。終於公元 1283 年正月十七日，文天祥在大都柴市（今北京交道口南）英勇就義。

37 | 忽必烈
統一中國　建立元朝

公元 1260 年，忽必烈從鄂州撤兵北歸，到達開平（今內蒙古多倫東南），為的是與阿里不哥爭奪汗位。阿里不哥與忽必烈同是蒙哥的弟弟，而阿里不哥是奉蒙哥之命留守都城和林（今蒙古首都烏蘭巴托）的，所以蒙哥的死訊傳到和林，一些蒙古王公大臣就準備擁立阿里不哥繼汗位。而忽必烈先發制人，在開平召開了蒙古貴族會議。會議決定推忽必烈為大汗。與此同時，阿里不哥也在和林即汗位，並且聯合了一部分貴族和忽必烈作對。這樣，蒙古貴族內部，爆發了長達四年之久的內訌。

忽必烈為了增強自己的力量，大量利用漢族地主武裝，並起用一批漢族官僚，終於打敗了阿里不哥，在爭奪汗位的鬥爭中，獲得了勝利。公元 1264 年，忽必烈遷都燕京（今北京市）。公元 1271 年正式定國號為“元”，改稱燕京為“大都”，後世稱他為元世祖。

忽必烈在北方穩定了自己的地位，又經過了幾年的準備，於公元 1268 年開始大舉進攻南宋。他接受南宋降將劉整的意見，一方面圍取南北交通要衝的襄陽、樊城，另一方面利用南宋降將在漢水前線造戰船，編練水軍，準備由漢水入長江，水陸夾攻，以便一舉掃平南宋。

怎料襄、樊一役，遇到了南宋守將呂文煥、范天順據城固守，打了一場歷史上少見的長期的攻防戰。直到公元 1273 年才攻陷襄、樊。在這六年的戰鬥中，出現了無數可歌可泣的英雄事跡，其中最著名的是：“三千勇士救襄陽”。

當宋將呂文煥守襄陽進入第五個年頭時，城中吃的鹽、燒的柴都沒有了。南宋朝廷在漢奸賈似道的把持下，不予救援，眼看襄陽就要失守。這時，出現了一支民兵隊伍，在張貴、張順的率領下，集中了襄、郢驍勇善戰的勇士三千人來救襄陽。勇士們是抱必死的決心而來的，他們以戰船百餘艘，船上置火槍、大砲、熾炭、巨斧、勁弩，於黑夜出江，乘風破浪，向圍困襄陽的元軍衝去。他們銳不可當，斬斷元軍戰船的鐵索，轉戰百餘里。元軍見民軍銳利，多不敢接戰，避其鋒芒。民軍戰船終於駛抵襄陽城下。城中守軍絕援已久，忽聞援軍至，勇氣百倍，開城迎接援軍。原來在奮戰中，張順已中箭落水，數日後始尋獲他的屍體。張貴在戰鬥中失散了，終因寡不敵眾，和他率領的部分民軍，全部壯烈犧牲。

最後，襄、樊守軍力竭。元軍又獲得了一種新式的大砲（大型發石機），用大砲打塌了城牆，攻陷樊城，才結束這場襄、樊之戰。元軍攻佔襄、樊後，水陸並進，由漢水入長江，沿江東下，於1276年攻陷臨安，五歲的宋恭帝趙㬎和謝太后、全太后投降，被元軍擄走。南方許多地區的軍民，繼續抗擊元軍的進攻，又堅持了幾年。

公元1279年南宋滅亡後，元王朝在全國範圍內建立了政權。元朝是中國歷史上多民族統一國家的發展。元朝的統一，結束了唐宋以來南北長期對峙的局面，同時陸續在邊疆地區設置行政機構，加強邊疆地區和內地之間的聯繫。元世祖忽必烈在至元九年（公元1272年），設置吐番（西藏）等處的宣慰司都元帥府，歸元朝中央政府的宣政院直接管轄。接着又在台灣地區設置了澎湖巡檢司（南宋時，澎湖直隸福建晉江縣），管理台灣等島嶼。各族人民在政治、經濟、文化上的關係更加密切了。

元朝的政權，是以蒙古貴族為主，聯合漢族和其他民族的地主貴族的統治。元王朝施行種族歧視的分化政策，把全國各族分為四等：最高是蒙古人；其次是色目人；第三等是漢人（包括契丹人、女真人和北方的漢人）；最低的是南人（包括南方的漢人和其他少數民族）。另外還設置各種禁令："蒙古人與漢人爭，漢人勿還報"。蒙古人殺了漢人不償命，只罰錢或出征，而漢人殺了蒙古人或色目人，則處以死刑。漢人及南人不准集會、結社，不准習武和收藏武器。實際上這些區別只適用於普通民眾。南北的漢族貴族，除了在高級官署中不能擔任正職長官外，很少受到別的歧視。

忽必烈還算是一位有魄力的政治改革家。他在統一中國後，迅速承襲了宋、金以來中國封建政權組織的全部體制，並根據當時的需要加以變化、發展，對以後的明、清兩代有相當的影響。忽必烈廢除了蒙古族地方長官的世襲制度，整頓了地方豪強的混亂政制；對蒙古諸王在封地內的專擅行為，也進行了某些限制。

蒙古入侵初期，蒙古貴族如別迭等曾認為："漢人無補於國，可悉空其人，以為牧地。"他們大量屠殺勞動力，並圈地為牧場，結果破壞了中國封建社會高度發展的農業經濟。忽必烈迅速糾正了這個破壞行動，成立了司農司，採取了一系列保護和發展農業生產的政策，並且先後組織人力開鑿了會通河（由今山東平縣至臨清縣的運河）和通惠河（由今北京至通縣）。這些措施，對安定久經戰亂後的社會秩序、發展生產和繁榮經濟來說，是起了一定的積極作用的。

元朝統一中國後，國內各民族在新的形勢下加強了聯繫，全國各地區的經濟交流更加緊密，各族人民進一步融合起來。經過元朝的幾十年統治，過去內遷到黃河流域的女真人、契丹人和北方的漢人，在勞動生產、語言、教育等方面，已經沒有甚麼區別了。這個多民族統一的國家建立後，通過勞動人民長期的艱苦努力，社會經濟也有了恢復和發展。

38 ｜ 朱元璋
改革朝政

公元 1368 年，朱元璋正式建立明朝，做了明王朝的開國皇帝，年號洪武，定都南京。朱元璋就是後世所稱的明太祖。同年九月，元順帝從大都逃走，徐達等率領大軍進入大都，至此元朝滅亡。

明太祖朱元璋還算是一個有作為的政治家。在重建統一的封建國家之後，進一步調整中央和地方各級機構，加強中央集權。

朱元璋首先從地方制度的改革開始。在元代的行省制度下，行中書省的長官代表中央政府執行行政、軍事和監察事務，職權太重，中央難以控制。朱元璋即位不久，明令改行中書省為承宣佈政使司，設左、右布政使各一人，他們的職權範圍只限於民政和財政；地方司法行政另設提刑按察司來管理，軍事則由都指揮使司掌管。合稱為 "三司"。這樣，民政、司法、軍政三權分立，直接由朝廷指揮，就易於控制了。這一改革，大大消除了地方勢力割據的可能性，加強了中央對地方的控制，使全國政權的統一集中又前進了一步。

接着，朱元璋又改革了中央機構。他廢除了中書省，不再設丞相，把原來屬於中書省的吏、戶、禮、兵、刑、工六部的地位和職權提高，每部設尚書一人，左、右侍郎各一人，分別掌管全國官吏任免考核、戶口田賦、禮儀祭祀、軍官任免和軍隊訓練、司法、工程造作等等事務。這些部都直接向皇帝負責，奉行皇帝的命令。這樣，政權便完全集中在皇帝一個人手裏。軍事方面，把軍政機關大都督府分為左、中、右、前、後五軍都督府，各設左、右都督一人，職權僅僅限於掌管軍籍、軍政，不直接統帶軍隊。遇有戰事，由皇帝任命統帥，統率衛所兵出征（明軍隊組織分作“衛”、“所”兩級，大體上以 5600 人為一“衛”，下分五個“千戶所”，每一“千戶所”為 1120 人）。戰事結束，統帥把印交還，兵仍歸衛所。軍隊的調遣權歸兵部，統帥的任命和總指揮權歸皇帝，這表明了皇帝對軍事力量控制的加強。在監察方面，將御史台改為都察院，設左、右都御史，下面還置許多監察御史，直接對皇帝負責，監察糾劾全國官吏的行動。

明朝中央機構的改革，主要精神是使行政、軍事、監察三者分別獨立而又互相牽制。在這樣的統治機構中，六部、府、院都直接隸屬於皇帝，造成中國歷史上皇權絕對專制的局面。

朱元璋即位後，制定了《大明律》。這是中國歷史上一部比較完整的刑律。還頒佈了《大誥》三編，其中記載了有關打擊豪強、懲治貪官以及防止人民流亡的事例和律令。

明初的政治改革，在澄清元朝末年的社會紊亂局面，恢復社會經濟，加強國防力量等方面，均起了進步作用。

但是，自宋以後，中國封建社會已走向沒落，明朝時則加甚。因此，朱元璋在改革政治的同時，實行了“刑用重典”。為了鎮壓人民的反抗，《大明律》規定；凡僱工、佃農對地主豪紳不滿和反抗的，都要受到最嚴厲的處分。官吏有權逮捕“逃戶”。明朝的酷刑名目繁多，有凌遲、剝皮等，用來壓迫人民，維持封建秩序。為了加強對臣下的控制和對人民的監視，朱元璋設立了錦衣衛等特務機構，作為皇帝的耳目。此外，朱元璋為了鞏固一姓王朝，局部恢復分封制，封子孫 25 人為王，分據要地，諸王雖不掌握地方行政權，卻都擁有武裝力量。為後來燕王朱棣的叛變埋下了引線。

在經濟方面，朱元璋認識到農業是封建國家的經濟基礎。他曾說："天下初定，足食在勸農桑"。因此，朱元璋把保證農民的一定生產、生活條件作為安定民心，鞏固明朝統治的重要措施。為了發展農業生產，朱元璋實行了獎勵墾荒、移民屯田，以及徙富民、抑豪強，減免賦役、釋放奴隸、興建水利、鼓勵種植經濟作物等政策。這些措施都有利於當時社會生產的發展。

移民屯田，就是把大批農民從人多地少的地方，遷移到人少地多的地方去。當時淮河流域和黃河下游地區，遭受戰爭的破壞最嚴重，勞動力最缺乏。因此，明政府就有計劃地向這些地方移民。例如公元 1370 年（洪武三年），遷移蘇州、松江、嘉興、湖州、杭州等地的無地農民 4000 多戶到鳳陽種田。第二年又把沙漠遺民（蒙古人）三萬多戶遷移到北平（今北京）附近各州縣屯墾。後來，又遷江南農民 14 萬戶到鳳陽；遷移山西澤州、潞州無地農民到彰德、臨清、歸德等地。對墾荒的移民，明政府在經濟上給以種種優待，一般都由政府供給耕牛、農具、種子、食糧等。還規定開墾期間，免三年租稅。同時，朱元璋還下令兵士兵田，要軍隊自己解決軍餉問題。邊地駐軍，十分之三守城，十分之七種地；內地駐軍，十分之二守城，十分之八種地。這樣，不但解決了軍隊的給養問題，還大大節省國庫開支。

明初政府很注意興修水利。公元 1368 年（洪武元年）修築和州（今安徽和縣）銅城堰閘。公元 1372 年，修治廣西興安縣靈渠。公元 1373 年，開上海胡家港，以通海船。公元 1376 年，修四川都

江堰。經過 20 多年的建設，全國開堰四萬多處，修治河道 4000 多
處，陂渠堤岸五千多處。這些水利工程的興修，對於減少自然災
害，恢復和發展生產起了很大的作用。

　　明初，戶口和土地的實際情況，跟簿籍上的紀錄不符合。豪強
地主隱瞞了大量的土地，逃避國家的賦稅。為了清查土地和戶口，
保證國家田賦的收入和徭役的供應，朱元璋下令普遍丈量土地，
清查戶口，並制定了《賦役黃冊》（戶口清冊）和《魚鱗圖冊》（耕
地清冊）。這一措施，抑制了豪強對土地的兼併，增加了國家的收
入。但在另一方面，它也限制了農民的自由，把農民牢固地束縛在
土地上。因為登記了的戶口便不准遷徙；全國交通要道設有關卡，
持有政府路條的人才能放行，否則以逃民論處。

　　此外，朱元璋還注意了工商業的發展。他減輕了"匠戶"（元時
把各種工匠編制起來，另立戶籍，稱為"匠戶"）的服役，把服工役
分為"住坐"和"輪班"兩種。"住坐"是住在北平或南京的，每月
十天，不去上工，可納銀代役。"輪班"是各地工匠分班輪流到都
城服役，三年一次，每次一月。工匠不在服役的時候，可以自由支
配時間，製成的手工業品可以在市場上出售。這樣，原來沒有人身
自由的工匠，得到了部分自由，刺激了手工業工人的生產積極性，
促進了手工業的發展，帶來了商業的興旺。

　　從總的情況來看，朱元璋這一系列措施，有利於恢復和發展社
會生產。在廣大勞動人民的辛勤勞動下，明初社會生產迅速地得到
發展。

39 | 張居正
變法革新

　　張居正(公元 1525 至 1582 年)，字叔大，號太岳，湖廣江陵(今屬湖北) 人。是明朝著名的政治家。他一生經歷了明後前嘉靖、隆慶、萬曆三個朝代。他目睹明代後期的腐朽政治，要求"杜私門"(抑制豪強)，發展生產，鞏固國防，主張積極變法革新。

　　張居正 22 歲中進士，開始仕途生涯。當時的進士大都陶醉在吟詩作賦的悠閒生活中，而他卻專心致志地攻讀史書，總結歷朝興亡盛衰的經驗，聯繫當時的社會現實，力圖振興衰弱的明王朝。他的改革主張，早在嘉靖二十八年 (公元 1549 年) 就提了出來，但未被採納。到了隆慶元年 (公元 1567 年) 張居正任內閣大學士，特別是萬曆元年，明神宗朱翊鈞只有 10 歲，張居正擔任了內閣首輔，才大力實行改革，卓有成效。

　　張居正變法的主要內容有下列三個方面：

　　(1) 加強戰備

　　如何對待從日本來的海盜侵擾？如何對待國內蒙古貴族的騷亂？在明王朝內部長期存在兩種態度。投降派藉口"兵不多，食不足，將帥不得其人"，反對抵抗，主張讓步投降。張居正等改革派則主張堅決抵抗。他說："不一創之，其患不止"。要打仗，就必須加強戰備，"無恃其不來，恃吾有以待之"。為此，他加強練兵擇將，清軍隊，明賞罰，給將帥以實權。經過整頓，明軍戰鬥力加強，屢敗日本海盜的入侵和蒙古貴族的騷亂，鞏固了國防。

(2) 發展農商

要加強戰備，必須注意發展生產。張居正適應了當時中國資本主義萌芽的需要，提出了農業與工商業並重的主張。他首先實行清丈全國土地，清查大地主隱瞞的莊田，抑制豪強，使明王朝徵稅的土地由 420 多萬頃，增為 700 萬頃。接着推行"一條鞭法"：即把差役，賦稅合一，按耕地的多寡而分派，並且把賦稅由徵收實物改為徵收銀兩。"一條鞭法"的以貨幣交賦稅和以土地多少作賦稅徵收的尺度，是賦稅制度上的一次重大發展，直接影響着清初"攤丁入畝"的制度。由於張居正的改革，明穆宗後期至明神宗初期的前後 20 年中，明朝社會經濟有了很大的好轉。據明史記載，政府太倉的藏粟和國庫積銀都有所增加。這也説明社會財富從私方轉入公方，改變了明朝財政入不敷出的狀況。可見改革收到了實效。

(3) 整頓吏治

為了進行改革，就需要一批支持改革的官吏。張居正提出"立賢無方，唯才是用"的主張。大膽起用水利專家潘季馴治理黃河，解除了多年的水患。又使用名將戚繼光、譚綸主持軍務。相反，對那些守舊的官僚，先後罷了他們的官，對一些違法亂紀的，還治了他們的罪。

張居正變法，觸犯了一大批貴族、官僚的特權，因此"豪猾率怨居正"。其中以禮部尚書陸樹聲、萬士和、工部尚書朱衡、左都御史萬守禮等最為猖獗。他們有的採取不合作態度，有的指着鼻子罵，有的寫信進行攻擊，有的在大街上貼出黑貼子，更嚴重的是有人對革新派採取武裝狙擊等。張居正對此進行了堅決的反擊。

張居正粉碎了守舊派形形色色的圍攻，堅定的表示，要"堅持初意”，決不因“區區浮議，可得而搖奪”。守舊派在一切手段失敗後，就立意趕張居正下台。萬曆五年（公元 1577 年），張居正的父親死了，守舊派利用張居正不辭職守喪的機會，惡毒攻擊他“不修匹夫常節”，背“萬古綱常”，並大罵他是“禽獸”。在這一場嚴重的政治鬥爭面前，是按封建禮教的規定，辭職回家守喪，還是“奪情”呢？（當時規定官吏遇到父母之喪，必須辭職回家守喪三年，如經皇帝特許，照舊任職的，稱之為“奪情”）這實際上關係着變法是半途而廢，還是堅持到底的大問題。張居正堅決走後一條路，並把反對“奪情”的守舊派革了職。

萬曆十年，張居正病死。明神宗朱翊鈞執政，他廢除了張居正的新法，張居正推行新法重用的官吏，如戚繼光、潘季馴等，皆被“斥削殆盡”。守舊派人物則重新上台。不久，張居正的家被抄，其子女有的被逼死，有的被充軍，連張居正本人，也幾乎被剖棺戮屍。明神宗在位的幾十年中，“無敢曰居正者”。

經此大變以後，明朝更加腐朽，無可藥救了。

40 ｜ 戚繼光
平定倭寇

明朝以前，外來的侵略勢力，都是從中國的北面和西面大陸上進來的。但是到了明朝中葉以後，在中國東南海面出現了新的侵略勢力，就是日本海盜，明朝人稱之為“倭寇”。

明朝時候，日本正處於封建割據的“戰國”時期；在諸侯混戰中，許多失意的戰士、政客以及一部分浪人和商人，在日本一些封建勢力的支持下，進行走私搶劫，殺人越貨的活動。從元末明初時起，他們經常集結至數萬人，騷擾沿海地區，有時甚至入犯內地，攻城掠地，給中國人民造成了深重的災難。同時也危及明王朝的統治。公元 1523 年（明世宗朱厚熜嘉靖二年），有兩批日本商人在寧波發生了武裝衝突，乘機大肆焚掠。他們焚掠寧波、紹興一帶，綁走了明朝的官吏。於是明政府採取對策，廢除了寧波、泉州兩個市舶司，停企了對日本的貿易。但是，日本的浪人和海盜商人仍不斷來福建、浙江沿海一帶走私劫掠，並且和中國的大官僚、大地主勾結，甚至中國的奸商也參加了倭寇的海盜活動。這樣，倭寇為患便越來越厲害。

公元 1553 年（嘉靖三十二年），倭寇大規模地登陸侵擾，到處勢奪財物，屠殺人民，東南沿海人民奮起抗倭，有力地打擊侵略者。公元 1555 年，名將戚繼光奉調到浙江駐防。戚繼光（公元 1528 至 1588 年），山東東牟（今山東萊蕪）人，武藝出眾，治軍嚴明，是明朝著名的抗倭愛國將領。他到任以後，看到當地官軍腐敗，就親自到義烏，招募了 3000 多人，主要是礦夫和農民。經過兩個多月的訓練，編成一支新軍。隨後他又在台州等地招募漁戶，編成水軍，戚繼光的軍隊，紀律嚴明，對百姓秋毫無犯，人們稱為"戚家軍"。他根據江南特殊地理情況，創造了一種適合在水湖澤地帶作戰的陣法 —— 鴛鴦陣。這種陣法以 12 人為一作戰單位，長短兵器互相配合，指揮靈活。戚繼光的軍隊遂成為一支遵守軍紀、精通戰法、武藝高強、銳不可當的勁旅。

公元 1561 年，倭寇兩萬人，焚掠浙江台州。戚繼光率領大軍，在台州附近和倭寇血戰，打了一個多月，在台州人民的幫助下，終於把入侵的倭寇殲滅。台州大捷後，戚繼光升任都指揮官，他再增募義烏民兵 3000 人，使戚家軍擴充到 6000 人。

次年，倭寇又大股侵入福建，到處燒殺搶掠。戚繼光奉命率領精兵，從浙江馳往福建，抗擊倭寇。戚家軍到福建後，第一仗就收復了被倭寇侵佔達三年之久的橫嶼。接着，乘勝進軍，攻克了牛田、興化（今莆田縣），搗毀了倭寇的巢穴，取得了重大的勝利。

就在戚繼光返回浙江防線不久，福建方面又來了大批新的倭寇。明政府命令俞大猷擔任總兵官，戚繼光為副總兵官，立即開赴前線。公元 1563 年，戚繼光從浙江率領了新補充的"戚家軍"一萬多人，和俞大猷在福建會師，把敵人打得大敗。此後，戚繼光被任命總兵官，於公元 1564 年，大破倭寇於仙游城下，全殲了侵閩的敵人。再於公元 1565 年至 1566 年，配合俞大猷肅清了入侵廣東的倭寇。至此，東南沿海的倭患解除。

戚繼光在人民的支持下，平定了倭寇，保衛了國家海疆的安全，保護了沿海人民生命財產，使東南沿海地區工商業得以發展，因而受到人民的愛戴。

41 | 努爾哈赤 與 皇太極
清帝國的建立

公元十六、七世紀之間，在明朝東北邊境上，女真族的勢迅速興起。它原是歷史上"金"的後裔，也就是 17 世紀後期開始統治中國的滿族的前身。宋朝時候，一部分女眞族隨着金朝佔領地區的擴大而遷入黃河流域；另一部分發展水平較低的女眞族仍居住在中國東北長白山與松花江上游的地方。明朝初年，明政府在西起鄂嫩河，東至庫頁島，北達烏第河，南瀕日本海的廣大地區，建立了幾百個各級行政機構，這些行政機構的官員，有漢族人，有女眞族人，也有中國其他民族的人。女眞族各部落都受這些行政機構的管轄。

明朝末年，女眞族逐漸強大起來。17 世紀初期，建州女眞部落的首領努爾哈赤，統一了女眞族大部分部落。在統一過程中，努爾哈赤創立了八旗制。八旗制度來源於女眞族的生產組織，他們在狩獵時，常以 300 人組成一生產單位，這種生產組織後來逐漸形成女眞族的軍事組織，但仍然保持着社會組織的性質。旗的組織是：每 300 人為一牛彔，設一頭領名牛彔額眞。五牛彔為一甲喇，設甲喇額眞一人。五甲喇為一固山，設固山額眞一人。固山額眞統率一旗（固山），即旗王。原來只有黃、白、紅、藍四旗。至努爾哈赤時，在四正旗的基礎上增加了四鑲旗，即鑲黃、鑲白、鑲紅、鑲藍四旗，一共八旗。還規定八旗要共同擁戴一個首領，改變過去分割的局面。公元 1616 年，努爾哈赤在赫圖阿拉（今遼寧新賓）即大汗位，國號大金（史稱後金），年號天命。同時制定八旗共同遵守的法規、官制，還借用蒙古文字母制定了女眞族的文字。

後金建國後，繼續兼併各部落，不斷和明朝發生衝突；在戰爭中，將 "降者編為戶口，所俘各照牛彔，派數上獻"。公元 1618 年，努爾哈赤率領大隊騎兵，乘明不備，攻取了撫順城。次年，在有名的薩爾滸之戰中擊潰了明朝遼東經略楊鎬指揮的四路大軍，衝

破了明朝的遼東防線，很快攻佔遼河以東廣大地區，並繼續向山海
關進發。

公元 1626 年，努爾哈赤在進攻寧遠、錦州的戰役後去世。他
的八子皇太極奪得汗位，年號天聰。公元 1636 年，皇太極仿照明
朝封建政制形式，設立了八衙門（吏、戶、禮、工、兵、刑六部，
加上都察院和理藩院），又設立了內閣形式的內三院（國史院、秘書
院、弘文院），同時，改族名為滿州（後簡稱為滿），改國名為清（清
即金的音轉），改元崇德。皇太極便從後金汗王進位為大清皇帝。

皇太極繼位初期，明、金（清）關係保持着暫時穩定。當時，
明朝內部正演着激烈的黨爭，全國各地在死亡線上掙扎的農民，已
經掀起了大起義的序幕。金（清）國的內部，也正潛伏着諸王爭位
的暗潮，它前面明軍的寧錦防禦森嚴，軍事不能進展。皇太極的策
略是：對內打倒政敵，加強集權，鞏固皇位，並大量招致明朝的降
兵降官，編成漢軍八旗，成為後來清兵入關的嚮導和先鋒；對外與
明接洽議和，爭取時間，同時征服背後的朝鮮，免除後顧之憂，征
服內蒙古，以通由長城入關的路徑。

42 | 吳三桂
引清兵入關

公元 1644 年，李自成領導的起義軍推翻了明王朝，在北京建
立大順政權。

山海關總兵吳三桂，他在北京擁有很多資產，還有成羣的妻和

歌妓。李自成進入北京的消息傳到山海關，在農民軍強大的軍事壓力下，他為了保全自己的財產地位，一度準備投降起義軍。但是，過了不久，他聽說農民軍殺貪官鬥土豪，他自己存在北京的家財也被查封了。同時，各地的地方武裝都在伺機欲動，正準備向農民軍反撲。在這樣的形勢下，吳三桂的氣焰又高漲起來，他以侍妾陳圓圓被擄為藉口，公開與農民軍作對。

吳三桂心裏很清楚，光靠他自己一點點力量，無論如何不是農民軍的對手。所以當農民軍乘勝向山海關推進時，吳三桂便無恥地當了漢奸，向關外的滿清貴族 —— 他負責防禦的敵人 —— 屈膝投降，引清兵入關，向農民軍進攻。

李自成親自率領 20 萬大軍到山海關征討吳三桂。由於漢滿地主貴族的聯合反撲，農民軍戰敗了，向北京退卻。就這樣，清兵在吳三桂的引導下，長驅直入。

公元 1644 年 5 月 2 日，清兵佔領北京城。據當時史書記載，清兵入城時，"城中百姓俱不知，……及至，則禿髮長髯，語言不同，官民皆相顧失色"，於是皆相率罷市。滿清貴族佔領北京城後，隨即在政治上和軍事上採取一系列緊急措施。在政治上，為了拉攏漢族地主階級，下令禮葬明崇禎皇帝，大量任用明朝舊文武官員；另外，為了緩和人民的反抗情緒，還宣佈廢除明末以來一些苛派和"三餉"（指遼餉、剿餉、練餉）。在軍事上，一方面派遣漢奸吳三桂等繼續追擊農民軍，另一方面派大軍南下，分別佔領黃河流域和長江流域的廣大土地。

這樣，剛建立起來的大順政權，在滿漢地主貴族的聯合反撲下，加上內部存在嚴重的弱點，終於失敗了。滿清貴族建立了新的

王朝 —— 清朝。

公元 1644 年 10 月，清王朝從瀋陽遷都北京。皇太極的兒子福臨，在滿漢貴族大臣的擁戴下，成為入關以後的第一個清朝皇帝，也就是順治皇帝。福臨這時還很年幼，國政由他的叔父攝政王多爾袞代理。順治在位 18 年，清兵先後進入蒙古、西藏、青海和天山南北兩路，把天山南北兩路一帶地方叫做新疆。這時，清朝的疆域東到海邊，西到葱嶺，北接西伯利亞，南接安南（即今印度支那），已成為龐大的帝國。但當時，全國反清鬥爭此伏彼起，始終沒有停止過。直到福臨的兒子康熙皇帝時，全國才歸於統一。

43 | 鄭成功
收復台灣

鄭成功（公元 1624 至 1662 年），原名鄭森，字大木，福建南安人，是明末福建總兵官鄭芝龍的兒子。南明王朝在南京建立時，鄭成功 21 歲，正在南京讀書。南明王朝垮台後，鄭成功回到福建。這時，明朝皇族唐王朱聿鍵在福州即帝位，建立隆武政權。鄭成功朝見了朱聿鍵，提出富國強兵、抵抗清軍的主張，朱聿鍵很喜歡他。

公元 1646 年秋，清軍攻陷浙江，接着大舉進攻福建。掌握隆武朝政大權的鄭芝龍準備投降清朝，故意撤掉仙霞關的守軍。清軍長驅直入，在汀州（今福建長汀）俘擄了朱聿鍵，隆武政權便滅亡。鄭芝龍降清後，鄭成功堅決和父親決裂，繼續率領部隊在福建、浙江、江蘇一帶抗擊清兵。

公元 1659 年，鄭成功聯合浙江海上的抗清力量，發動了一次沿長江上溯的進攻，其勢力一直達到南京近郊。江南人民紛紛響應。他們佔領了四川三府二十四縣，震動了北京的清朝政府。但這次聯合進攻最後為清軍所敗，鄭成功退回廈門。這就促使鄭成功考慮渡海收復台灣，以台灣作為抗清的根據地。

台灣自古以來就是中國的領土。公元 1624 年，荷蘭殖民者乘着明朝國勢衰落的時機，出兵侵佔了台灣。荷蘭殖民者對台灣的資源肆意掠奪，殘酷地壓迫台灣人民。台灣人民曾進行了多次的反抗鬥爭。

鄭成功向台灣進軍前，寫信給荷蘭殖民者的頭子揆一。信中指出：“台灣者，中國之土地也。久為貴國所踞。今余既來索，則地當歸我，珍瑤不急之物，悉聽爾歸。”揆一收信後，非常害怕，趕快派翻譯何廷斌來和鄭成功講條件。何廷斌是一個具有愛國思想的人，他把荷蘭侵略軍的情況報告鄭成功，還向鄭成功呈獻了一幅詳細的台灣地圖。台灣人民聽説鄭成功要收復台灣，都感到非常興奮，紛紛渡海前來投靠，願意為收復台灣出力。

公元 1661 年 4 月，鄭成功率領戰士 2 萬 5000 人，戰船百艘，在台灣鹿耳門一帶登陸。登陸後，跟荷蘭侵略軍展開了激戰。由於鄭成功指揮有方，士兵們英勇作戰，同時得到台灣的漢族和高山族人民熱情的支持，經過十個月的戰鬥，終於把荷蘭侵略軍戰敗了，公元 1662 年 2 月，揆一被迫向鄭成功呈遞投降書，帶着殘兵敗卒和官吏商人，退出台灣。

台灣終於回到了中國的懷抱。鄭成功收復台灣後，建立政府，奉行明的年號，制訂法律，開墾荒地，發展生產，努力建設。他還親自到當地高山族居住的地方進行訪問，派人製造了大批鐵製農具，在高山族人民中推廣使用。經過漢族和高山族人民的共同努力，台灣的經濟和文化都有了長足的發展。

鄭成功在收復台灣後不久就病逝了，這時他只有39歲。他的死，引起了人民的哀痛。人民將會永遠紀念這位從荷蘭殖民者手中收復祖國的神聖領土——台灣的民族英雄。

44 | 康熙皇帝
開創盛世

康熙（愛新覺羅・玄燁，公元1654至1722年）是清王朝入關後的第二個皇帝，在位61年。康熙即位以前，資本主義已經在西歐的一些國家內發展起來。葡萄牙、西班牙、美國、法國先後向海外殖民，對亞非拉地區進行侵略，擴大原始積累。地大物博的中國是殖民主義者心目中的肥肉。葡萄牙佔領了澳門，荷蘭一度侵佔台灣，西方殖民主義者形形色色的先遣隊也紛紛進入中國。沙俄也越過烏拉爾山向西伯利亞迅速擴張，侵入中國黑龍江流域。清朝初期，有相當數量的土地轉移到農民手裏，出現了有利於生產力發展和社會進步的形勢。康熙就是在這樣的時候登位。他在重建和鞏固新的王朝的同時，和國內保守、分裂勢力以及外國侵略勢力進行鬥爭。康熙勤奮好學，頗有才幹，他在位期間，生產上升，國力強盛，為清朝的強盛奠定了牢固的基礎，並開創了遷延至整個18世紀的"康乾盛世"。

公元 1661 年，清世祖順治皇帝病死，遺詔由八歲皇太子玄燁即位，由索尼、蘇克薩哈、遇必隆、鰲拜四位大臣輔政，改元康熙。1667 年，13 歲的康熙皇帝開始親政。當時，擺在康熙面前有兩個急待解決的社會問題。首先，是必須煞住一部分保守的滿族貴族頑固維持和繼續推行滿清入關前的早期奴隸制度，強制將漢族地區的先進生產力納入滿清落後的生產關係；另一方面是必須盡快醫治戰爭創傷，發展生產，改變生產倒退、經濟蕭條的狀況。

康熙親政前，滿族貴族還有相當力量。他們入關後大量圈佔土地，擴大旗地莊田制，把在戰爭中擄掠的人口、財物都視為戰利品，還製造藉口，"將良廬舍焚毀，子女俘獲，財物攘取"。在北京附近五百里內，進行了三次大規模的圈地，共圈了 14 萬 6766 頃肥田沃地。除役使東北遷來的"壯丁"外，還強迫漢人"投充"，編入莊內生產，補充和擴大隊伍。同時，防止農奴逃亡，制定了嚴厲的"逃人法"。滿族貴族大搞的"圈地"，"投充"和"逃人法"，嚴重阻礙了社會經濟的恢復和發展，加劇了滿、漢民族之間的矛盾。

在康熙皇帝的四位輔政大臣中，鰲拜是滿族貴族保守勢力的代表。鰲拜位尊權重，在朝中不少親信黨羽，根本不把年幼的康熙放在眼內，鰲拜簡直成了太上皇。很顯然，不清除鰲拜集團，康熙皇帝很難建立一個鞏固的統一的政權。公元 1669 年（康熙八年），鰲拜策劃了一場政變，企圖刺殺康熙，陰謀洩露，鰲拜沒有得逞。康熙立即組織反擊，將他逮捕，判令監禁終身。

康熙在清除了鰲拜集團後，下令："自後圈佔民間房地，永行停止"（《康熙車錄》卷 38），以後又修改"逃人法"，禁止掠奪人口和奴婢殉葬，削弱八旗旗主的權力，限制滿族貴族的特權，緩和滿族同漢族以及其他民族的矛盾。

康熙還採取了一系列有利於恢復和發展經濟的措施。如採用"更名田"。把原屬於明朝藩王的大量土地，在農民起義中已經轉移到農民手中，康熙規定這些土地"免予變價"，歸原種農民所有。獎勵墾荒，實行邊疆屯田。興修農田水利，治理黃河、永定河，改善運河交通。減輕田賦、商稅，減少關卡，放寬對外貿易的限制，同時又實行了"滋生人丁，永不加賦"的政策。國家的經濟實力因此大大增強。康熙在位時期，全國耕地面積從 527 萬頃增加到 851 萬頃，國庫存銀從 1000 餘萬両增加到 5000 餘萬両，為進一步平定叛亂、實現國家統一及反抗沙俄侵略，準備了物質條件。

清除鰲拜集團以後，接着出現了"三藩之亂"。所謂"三藩"就是指平西王吳三桂，平南王尚可喜，靖南王耿仲明。吳、尚、耿三人都是明末大官僚，後來降清，南下滅明時立下大功。清朝在北京建立中央政府後，便封他們為王，高官厚祿。當時派吳三桂鎮駐雲南、兼轄貴州；尚可喜駐廣東；耿仲明守福建，作為控制南方邊遠地區的藩籬。其中吳三桂權勢最大，他"用人，吏、兵部不得掣肘。用財，戶部不得稽遲"，甚至可以向全國選派官吏，稱為"西選"，"西選之官幾滿天下"（見魏源：《聖武記·康熙戡定三藩記上》）。吳三桂野心勃勃，"練士馬，利器械"，"養晦待機"準備叛亂。

康熙看到"三桂等蓄謀久，不早除之將養痛成患。"於公元 1673 年發出了撤藩的命令。撤藩令一下，吳三桂立即發動叛亂，其他兩個藩王也起兵響應。消息傳來，舉朝震動。要不要武裝平叛？

朝廷內展開了激烈的爭辯。理學名臣魏象樞提出要"以德服人"，舉舜感化苗民為榜樣，説"今不煩用兵，撫之自定"。達賴喇嘛則提出"莫裂土罷兵"的建議，企圖恢復分封制，把大片土地送給吳三桂，以迄和平。康熙拒絕了這些妥協退讓的建議，他表示了實現統一的決心，説："死生常理，朕所不諱。唯天下大權，當於統一"（《康熙政要》卷一），又説：吳三桂"構釁殘民，天下共憤，……豈容裂土罷兵"（《東華錄·康熙》），決定舉兵平叛。在舉國上下一片討聲中，於公元 1681 年（康熙二十年），清軍攻克吳三桂的據點昆明，經過八年戰鬥，終於平定了"三藩"叛亂。

康熙平定"三藩"後，又面臨蒙古準噶爾部上層分裂分子噶爾丹的武裝叛亂。準噶爾汗噶爾丹，是一個居心陰險、手段毒辣的人，他對周圍各民族各部落進行了一系列兼併掠奪戰爭，奴役新疆的維吾爾族，控制青海、西藏，攻打蒙古，騷擾甘肅，所到之處，燒殺搶劫。噶爾丹還和沙俄勾結，互派使者，往來不絕。沙俄給噶爾丹供應大批槍炮軍火，利用噶爾丹作為侵略中國的工具。

公元 1690 年到 1696 年，噶爾丹在內蒙地區發動了大規模武裝叛亂。在平叛過程中，理學家李光地為了阻撓康熙征討噶爾丹，裝神弄鬼，用《易經》給康熙算了個卦，鼓搗出一條最不吉利的下下卦，力勸康熙不可親征。康熙笑着説：你是給噶爾丹算卦的，你的卦應該在噶爾丹身上應驗，不該在我身上應驗。康熙堅持統一，決心平叛。於公元 1690 年、1695 年及 1696 年三次親征噶爾丹，叛軍大敗，噶爾丹走投無路，服毒自殺。

康熙維護統一，在平定三藩和噶爾丹的同時，於公元 1683 年派兵降服鄭成功的孫子鄭克塽，使孤懸海中、時刻為殖民主義國家覬覦的台灣島，重新成為中國中央政府直接管轄下的一個行政區域。

在反對噶爾丹戰爭的前夕，沙俄侵略者已經侵入黑龍江流域，大肆燒殺擄掠，嚴重地威脅着中國的領土主權。一場中國各族人民抗擊沙俄侵略者的戰鬥正在展開。

黑龍江流域，包括北至外興安嶺，東至大海的廣大土地，自古以來就是中國的領土。中國各族人民世世代代在這塊土地上勞動生息。17 世紀初，俄國侵佔了西伯利亞，向東擴張。17 世紀 50 年代到 80 年代，沙皇俄國利用清兵入關和在南方用兵，東北地區防務相對空虛的機會，侵入中國黑龍江流域，侵佔了一些據點。公元 1643 年和 1650 年，臭名遠揚的殖民主義先鋒波雅科夫和哈巴羅夫匪幫，最先侵入中國的黑龍江流域。以後，俄軍長期佔領了尼布楚和雅克薩，對當地中國各族居民大肆屠殺。

沙俄的侵略胃口極大，夢想一舉吞併全中國，公元 1670 年（康熙九年），俄國尼布楚將軍派遣使節到北京，帶來一封文件，荒謬地要求康熙臣服納貢，説甚麼 “彼中國皇帝可獨得歸依大君主陛下，處於俄皇陛下最高統治之下，永久不渝，並向大君主納人貢賦。” 公元 1676 年（康熙十五年），沙皇派到北京的另一個使團又狂妄地宣稱：“只要有二千名陛下的正規軍就不僅能征服整個達幹利亞地區（指貝爾湖以東），而且能夠征服所有地區，一直到中國的長城。”（見巴特雷：《俄國‧蒙古‧中國》第二卷）

黑龍江流域的各族居民為抗擊沙俄的侵略進行了長期的戰鬥。在人民鬥爭的推動下，康熙決心收復國土，驅逐俄國侵略軍。清兵和俄國侵略軍在雅克薩展開了戰鬥。公元 1685 年第一次雅克薩之戰，俄軍全部投降。公元 1686 年第二次雅克薩之戰，俄軍被包圍，幾乎全部被殲滅。

公元 1689 年（康熙二十八年），中俄雙方代表團在尼布楚進行劃界談判，在平等的基礎上簽訂了《中俄尼布楚條約》。中國收復了俄國侵佔的雅克薩，但也作了重大的領土讓步，允許將尼布楚一帶原屬中國的土地，讓給沙俄。《中俄尼布楚條約》明確地劃分了兩國的東段地界，從法律上肯定了黑龍江流域和烏蘇里江流域的廣大地區，都是中國的神聖領土。

康熙皇帝先後清除鰲拜集團、削平"三藩之亂"、擊敗噶爾丹叛亂，統一台灣，完成全國規模的統一，使中國形成一個疆域遼闊、民族眾多而且是牢固統一的國家。康熙還有效地遏止了沙俄殖民主義者對中國北方邊境的侵略活動。歷史清楚地表明，在即將到來的西方殖民勢力洶湧東侵的前夕，中國的統一和強大，對於中華民族抵抗侵略、保衛邊疆，有着巨大的作用和影響。

中國學術思想與文化

1 原始社會的 藝術

　　原始社會的藝術，早在新人階段已經產生。由於社會生產力的提高，物質生活的改善，使得人們在勞動之餘，還有一些時間和精力，從事文化活動。例如在山頂洞人的遺址裏，發現不少新人創造的原始的裝飾品：他們用白色石灰岩磨製成小石珠，並用尖狀器鑽出小孔；從河灘上揀來卵形礫石，在中間從兩面對鑽出小孔；還在青魚的眼骨上，在獾、狐、鹿的牙齒上，用尖狀器從兩面挖出小孔；還製造了刻着深溝的鳥骨管，穿孔的海蚶殼等。人們把這些石珠、獸牙、穿孔的介殼等塗上紅色，用繩索串起來，或掛在脖子上，或佩帶在身上，作為美的標誌。由此可見，新人的精神文化生活 —— 原始藝術和審美觀念發展起來了。

　　原始藝術是從勞動實踐中直接發展起來的。製作藝術品的材料，往往就是製作生產工具的材料。在製作技術上，二者也有密切的聯繫。如製造鑽孔的礫石、石珠，大概是由製造魚網的石墜和佩帶工具而引起的，後來才運用這種技術製成美觀的裝飾品。其他原始藝術品的發展大都如此。

　　原始的繪畫、雕塑，在新人階段的後期就出現了。如仰韶文化中最有代表性的繪畫，是畫在彩陶上的各種圖案，這些彩陶圖案，主要分有幾何線條和寫生圖畫兩類，有渦紋、三角渦紋、三角紋、條紋、圓點紋；還有奔馳的野鹿，飛翔的野鳥，用嘴銜魚的水鳥等，都畫得栩栩如生。近年在甘肅天水縣蔡家坪出土的人面形器蓋，陶質堅硬，形狀精美，這一件仰韶文化的典形遺物，顯示了當

勾葉紋彩陶盆 魚紋彩陶盆

時造型藝術的水平。此外，在龍山文化遺址中，曾發現象徵男性祖先崇拜的陶祖塑像，這是母權制向父權制過渡的反映。

2 | 甲骨文
信史的佐證

　　商王朝創建於公元前 17 世紀，以成湯建國到紂王亡國，共 17 代，31 王，歷 600 年左右。關於商王朝的存在，除有古籍記載外，還有大量的出土文物，包括有當時人們的文字記錄 —— 甲骨文，可資佐證。商是中國最早有文字可考的朝代。歷史學家把有文字記載的朝代稱為"信史時代"，商朝便是信史時代的開始。

　　甲骨文的發現是十分偶然的。公元 1899 年，北京有位金石學家王懿榮害了病，從藥舖買來一帖中藥，從中無意中發現一味中藥 —— "龍骨"的上面刻有一種不認識的文字。他就派人到藥店買了一批龍骨回來。經過他和一些學者研究，才知道這種"龍骨"有的是龜甲，有的是牛肩胛骨。後來人們把這種"龍骨"簡稱做"甲骨"，把上面刻的文字叫做"甲骨文"。

這些甲骨，原來是從河南安陽市西北洹河南岸的小屯村挖掘出來的。據《史記》說：秦末，項羽在漳河岸邊大敗秦軍以後，秦將章邯要求議盟，項羽約他在"洹水南，殷墟上"相會。這一段敘述表明，2000多年前商朝都城的廢墟，就在洹河的南岸，和小屯村的位置正好符合。近代的考古工作者在甲骨文上面又找到十多個商王的名諱。因此，有人推斷這些甲骨是商朝王室的遺物，並且認為小屯村就是商朝都城的廢墟。後來，在小屯村進行大規模的發掘，終於證明了這個推論是正確的。

原來商族在湯以前，是一個遷徙頻繁的流動部落。從商湯到盤庚的幾百年間，商朝的城都又遷了5次。黃河水患是被迫遷都的一個原因；而另一個原因是，盤庚以前的商代，主要經濟生產是粗耕農業，當地力耗盡，即須搬遷。盤庚遷殷後，因為殷地處黃河下游的北岸，土壤肥沃，加上當時農業上已由粗耕進入較為精耕的階段，這樣人們可在一地久耕，有利於定居。盤庚遷殷以後，商代以殷為都城達270多年。因此，"商"又稱"殷"，或稱"殷商"。從此商的經濟得到改善，社會政治穩定，文化迅速發展，成為商的中興時期。

小屯村附近的地區（殷），在當年曾是商朝政治、文化、經濟的中心。商亡後，經過漫長的歲月，小屯村一帶變成廢墟，逐漸湮沒在地下，後人稱為殷墟。由於甲骨文的發現，這座3000多年前的商朝國都，才重新為人們所注意。

3 卜辭
最早的文字記錄

　　文字是人類社會進入文明階段的一個標誌。中國的文字——漢字，相傳是黃帝的史官倉頡創造的，所以幾千年來流傳着倉頡造字的傳說。當然，這種傳說並不可靠。文字實際上是先民勞動的產物，而倉頡可能對文字進行過整理工作吧。

　　文字是怎樣產生的呢？在文字產生以前，我們的祖先曾經用結繩的方式來記事，還曾用符號、圖畫來幫助記事。近年在西安半坡等地出土的仰韶文化早期的一些陶器上，曾發現三、四十個各不相同的符號。有些古文字學家認為，這些符號可能是中國文字的原始雛形。如果這種設想能成立，那麼中國文字應有6000多年歷史了。

　　結繩和刻劃符號都不足以為人們表情達意的工具。人們發現圖畫能給人以具體逼真的印象，於是就出現了圖畫文字；後來這種圖畫文字越畫越抽象和簡單，到了約4500年前，中國同時出現了象形字和會意字。在山東南部出土的四件大汶口文化晚期的陶尊上各刻有一個文字："戉"（鉞）、"斤"（錛）、"旦"之簡體及繁體字等。商代及西周初流行的甲骨文，已是較完備的文字，也是中國目前能讀懂的最早的文字。甲骨文已經有三、四千年的歷史。

　　商王及貴族們非常迷信鬼神，任何事情都要向鬼神卜問，甲骨就是他們用來占卜的工具。占卜以前，先把甲骨削磨修整，然後在甲骨的背面鑽鑿一個淺凹槽。占卜時進行一定的宗教儀式，把要卜問的事情向鬼神交代清楚，再用燃燒着的木枝在凹槽的側旁燙灼。這時甲骨正面的相應部位，便會顯出裂紋。這種裂紋叫卜兆。占卜

　　的人根據這種卜兆來判斷事情的吉凶。占卜完畢，用刀子把占卜所
得的結果刻在卜兆附近。因此，甲骨文又被稱為"卜辭"。

　　甲骨上面的刻辭，內容非常廣泛，主要包括祭祀、天時、年
成、戰爭、農事、狩獵等等，還有記載着起居、夢幻等生活瑣事
的。因此，這些刻辭有助於我們研究商朝生產和社會生活等各方面
的歷史情況。

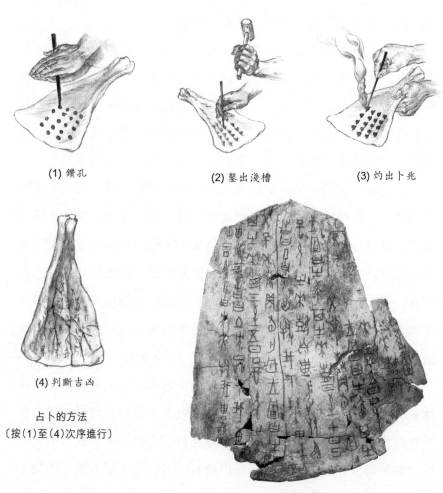

(1) 鑽孔　　　　　　　　　(2) 鑿出淺槽　　　　　　　(3) 灼出卜兆

(4) 判斷吉凶

占卜的方法
〔按(1)至(4)次序進行〕

龜甲骨卜辭

4 天命
商朝的哲學思想

奴隸主為要鞏固他們的社會地位，除用軍隊、刑法、監獄等直接進行暴力管治外，在思想意識方面亦需要與此相適應，由是產生商代上層社會的哲學思想。

商奴隸主宣揚宇宙間有一個至高無上的神，叫做"帝"或"上帝"。如殷墟甲骨卜辭有"甲辰，帝其令雨？""帝其降堇（饉）？""伐吉方帝受我又？""王封建邑（城），帝若（諾）。"這是說，風雨變化、年成好壞、戰爭、築城等等，都是由上帝的意志和命令決定的。但世人怎能知道上帝的意旨呢？當時就是通過"占卜"的辦法。卜、史、巫、祝這一類所謂文化官，做的就是溝通人神的工作。

商王還把"上帝"和他們的宗祖神結合起來，自稱是"上帝"的兒子。"上帝"既是至高無上的神，故人人要服從上帝；而"上帝"又是商王族的宗祖神，因之人們就要服從商王族，特別是作為王族代表的商王的統治。商王是"上帝"之子、地上獨一無二的王。

在中國的奴隸社會裏，種族血緣紐帶關係特別牢固，故倫理觀念很早就產生了。在商代就出現有"禮"、"德"、"孝"的思想。"禮"字在甲骨文中作豐，是在祭器"豆"上放兩串玉奉事上帝的意思。後來，"禮"從祭祀形式變成維護奴隸主貴族利益的上層建築。它通過加冕、結婚、喪事、宴會等禮節儀式來顯示尊卑貴賤的社會秩序和道德規範。"德"是"禮"的輔助，要有"德"的修養，才能達到"禮"的規範作用。"孝"有兩方面的作用，一方面要商族中人對祖先盡孝，以加強民族的團結；另一方面是藉此熏陶被奴役的人規規矩矩，不要反抗奴隸主的命令。過去，人們把倫理觀念說成是"天倫"，正是說明它既有天命的含義，又有血緣的含義。

5 天命靡常
西周的哲學思想

西周在思想方面基本上是承襲商朝的，如關於天命思想以及從天命思想所產生的德、禮、孝等倫理觀念，都繼承自商並有所發展。

周朝滅商後，同樣宣揚他們之所以取得政權，是由上天所授命的。如說"丕顯文王，受天有（佑）大命"（《大盂鼎》），意思是周朝偉大而顯赫的文王，是受上天的福佑，獲得代商的使命。又說"皇天上帝，改厥元子，茲大國殷之命"（《尚書·周書》），意思是上帝改派他的長子，接收殷（商）國的統治。像這樣的詞句，在《周書》、周詩中還有很多，都貫串着天命思想。

周初講天命，卻發生了一個問題，就是為甚麼以前上天授命於商，而現在又授命於周呢？天命不是不可靠嗎？這就使周人不得不講"天命靡（無）常"，即天命不是固定不變的。他們說"非我小國敢戈殷命，惟天不畀。"（《尚書·多士》）這就是說不是我們小小的周敢代殷（商）的統治，是天不保佑商。從商朝提出永恆的天命觀念，發展到周初的"天命靡常"的觀念，這一變化說明了天命論開始動搖。

　　國人暴動後，上天的權威隨着周天子厲王的被逐而動搖。這對
當時哲學思想的發展有很大的影響。西周末年，隨着周朝統治力量
日趨沒落，反映在意識形態上，出現了一片怨天、罵天的聲音。如
說："昊天上帝，則不我虞"，"則不我遺"。這就是埋怨天老爺不管
他們的困難，不讓他們活下去。還罵天"不平"、"不惠"，即既不公
平又不慈悲，怨天只是"降此鞠訩"，"降此大戾"，即給予人們這麼
多的災難。他們把各種不滿的情緒，都發洩到上天的頭上。

　　西周的人民已開始認識到社會上的事情，並不真地有甚麼天神
在支配，所以說"下民之孽，匪降自天；噂沓背憎，職競由人"（《詩
經‧十月之交》），他們認識到人民大眾所以受罪，並不是上天給予
的；所有紛爭與禍亂，主要是人造成的。這種觀點是對天命論的具
體否定，實質上宣揚了"天人相分"的唯物思想。

6 | 詩經
最早的詩歌總集

　　《詩經》是中國文學史上第一部詩歌總集。它鮮明地反映了西
周初到春秋中葉（公元前 11 世紀至公元前 6 世紀）這 500 多年的
複雜的社會生活。《詩經》分風、雅、頌三部分，共 311 篇，除《小
雅》有 600 篇有目無辭外，餘下 305 篇。其中："風"包括 15 國
風，共 160 篇；"雅"分《大雅》、《小雅》，共 105 篇；"頌"有
《周頌》、《魯頌》、《商頌》，共 40 篇。《詩經》在漢以前稱作《詩》，
"經"字是漢儒加上的。

　　關於這部書的編輯和整理過程，前人的說法很多，漢代有採詩的記載。如《漢書·藝文志》說："故古有採詩文官，王者所以觀風俗，知得失，自考正也。"《漢書·食貨志》說："孟春之月，羣居者將散，行人振本鐸徇於路，以採詩。"又有人反對這種說法，認為在先秦諸子的書中，都不見有採詩的說法，這只是漢人想當然的事。我們從《詩經》300 篇所反映的地域情況來看，就十五國風而論，已包括現今的陝西、山西、山東、河南、湖北的全部或部分。在古代交通不便的情況下，如果不是有計劃地採集詩歌，要想編輯像這樣體制完整、內容豐富的詩集，估計是不可能的。因此，採詩之說，我們認為是可信的。

　　採來的詩，必須經過刪改和修訂。有人說是孔子刪訂過，這是沒有根據的。孔子自衛返魯時，常說"詩三百"，可見其時，《詩》早有定數，孔子並沒有刪詩。《史記·孔子世家》說："古者《詩》三千餘篇，及至孔子，去其重，取可施於禮義，上采契、后稷，中述殷、周之盛，至幽、厲之缺，始於衽席。……三百五篇，孔子皆弦歌之，以求合韶、武、雅、頌之音。"司馬遷記載古詩原採得 3000 餘篇，及至孔子，只剩下 305 篇，孔子將這 305 篇在音樂上修訂，並沒有說孔子刪詩。同時，孔子多次罵過"鄭聲淫"，而《詩》中這類詩卻不少，即此也可見他未曾刪詩。對於《詩經》的刪改和修訂，很可能出自周王朝的史官和樂師之手。孔子把《詩》作為教育其弟子的主要科目。他說："不學詩，無以言。"《詩》能流傳到今天，不至散失，孔子也應該是有功的。

　　《詩經》，是周代的民歌精華，對中國文學，尤其是詩歌，有極其重大的影響。可以毫不誇大的說，在中國文學史上，凡是有成就的詩人，都曾經受過《詩經》的影響。《詩經》是中國文學史的光輝的起點。

7 | "五行"與"八卦"説
唯物自然觀

"五行"説是中國古代社會一種唯物的自然觀。它出現在商、周之際。儘管奴隸主貴族不斷編造有神論的天命思想，但由於他們的殘暴統治，奴隸們在不斷反抗的過程中，逐步覺醒。同時，人們在生產實踐中，也日漸累積了一些自然科學知識。如在天文曆象方面，就發達得比較早。從甲骨文中可以知道，商朝已能夠區分四季，設置閏月；《詩經·十月之交》中記載西周時的一次日蝕，是世界最早的日蝕紀錄。又如能夠用土圭觀測日影，測定冬至和夏至。當時的曆法已經相當準確了。這説明商、周時期，人們對自然世界的認識，已出現了科學思想的萌芽，給唯物主義的產生，提供了現實的可能性。

傳説武王伐紂，到商的郊邑，士兵們歡呼道："孜孜無怠！火水者，百姓之所飲食也；金木者，百姓之所興生也；土者，萬物之所資生，是為人用。"(《尚書·大傳》) 這段話的意思是：努力呀！水、火、金、木是老百姓所賴以生活的東西；土為萬物所出生，並為老百姓所使用。據史學家們推測，説這段話的是殷人。因當時有一部分殷人為周俘獲，並參加伐紂。他們在征戰中踏上自己的國土，自然倍感興奮；而在興奮當中，理直氣壯地呼出了"五行"

說，藉以對抗殷奴隸主及其關於"上帝意志"的宣傳和恫嚇。這一說法不管是否確切，但有一點可以肯定，即當時已把水、火、金、木、土這五種物質元素看成是人民生活中不可缺少的東西，而且這種樸素唯物的五行說已在民間流傳了。

這種思想到西周末年有了進一步的發展。如周幽王時，史官伯提出"以土與金、木、水、火雜以成百物"（《國語‧鄭語》），把五行看成是構成萬物的基本元素。用五種物質元素來解釋萬物的起源，這在哲學的根本問題上，是承認物質第一性。這是唯物主義觀點。但史官伯又承認天是萬物的主宰，這就把五行說披上一件神秘的外衣。這一方面由於當時科學尚不發達，人們對自然現象最終只能歸附於"天"；另一方面也說明，史官伯的認識論還是受他本身社會地位的局限，無法取得徹底的唯物主義觀點。

《周易》是中國古代最早的一部哲學著作。這本書反映了商、周時期辯證思想，在中國唯物主義哲學和辯證法思想的發展上，產生了長遠的影響。

《周易》的內容分兩部分：一部分是 64 卦的卦辭和 384 爻的爻辭，稱為《易經》；另一部分是對卦辭與爻辭的注釋和論述，有《十翼》，如篆辭、象辭、文言、說卦傳、序卦傳、雜卦、繫辭傳等，統稱為《易傳》。

《易經》從人們生活經常接觸的自然界中，選取了八種東西作為說明世界上其他更多東西的根源。它們是天、地、雷、風、水、火、山、澤。這八種東西，分別用八種符號來代表，又名"八卦"即乾☰、坤☷、震☳、巽☴、坎☵、離☲、艮☶、兌☱。八種自然物中，天地是總根，天地為父母，產生雷、火、風、澤、水、山六個子女。

《易經》認為八卦中每兩卦（如"乾"與"坤","震"與"离"……）都是對立的。自然界與人一樣，都是由陰陽兩種氣體互相結合交感而產生的。所以陰（--）、陽（—）又是八卦的根本。陽代表積極、進取、剛強等陽性特徵和具有這些特徵的事物；陰代表消極、退守、柔弱等陰性特徵和具有這些特徵的事物。八卦又以兩卦相疊演為 64 卦和 384 爻，從而進一步說明事物交感的觀念和發展變化的觀念。這種從正反兩面的矛盾對立來說明事物的變化發展，是一種樸素的辯證法思想。

但是《易經》這種辯證法思想有它的基本弱點，那就是神秘地、抽象地脫離了具體條件單講變化。結果變成人們無法駕馭的神秘的力量。人們不能自己掌握自己的命運，而要靠求神問卜，最後仍然跳不出神學的圈子。

據傳說《易經》的起源很早，所謂伏羲畫八卦、文王作《周易》。但這些傳說不一定可靠。《史記·周本紀》說，早期"八卦"說產生於商、周交替的時侯，並較長時間地在民間普遍流傳。這一說法大致是可以相信的。

8 諸子百家
學術平民化

春秋以來，社會的大變革，在文化教育方面，打破了"學在官府"的局面，湧現大量"私學"，學術下移，士人應勢而生。戰國時期，新舊階級為了爭奪政權，鞏固勢力，需要招攬大批士人為自己服務。由於這場社會大變革觸動了各個階層和社會集團，人們的思想非常活躍，對當時許多社會問題，從不同立場和不同角度提出自己的見解和主張。舊的、傳統的觀念已被衝破，而統一的中央集權的封建國家還未建立，封建的文化專制還未形成。所以不同的思想和學派有爭鳴的可能。於是出現了一個"諸侯異政，百家異説"，百家爭鳴的繁榮局面。

　　春秋戰國時代究竟有多少學派呢？西漢初期司馬談總括為儒、墨、名、法、陰陽、道六家。《漢書‧藝文志》中則總括為儒、墨、道、名、法、陰陽、農、縱橫、雜和小説十家。十家中除小説家外，其餘九家後人稱為"九流"。其實除了這幾家以外，自成一家之言的還很多。

　　在諸子百家中，主要的是儒、法、墨、道四家。儒家的代表人物是孔丘和孟軻，所以人們又把這個學派的思想叫"孔孟之道"。儒家講禮樂，講名分，講宗法，講孝悌仁義，企圖用改良的辦法來挽救西周。法家的代表人物有李悝、商鞅、韓非等。法家講變法，務耕戰，積極進取，主張法後王，代表新興階級的利益，促進封建制的建立。墨家的代表人物是墨翟。墨家主張"兼愛"，反對儒家的"仁"；主張"非攻"，反對兼併戰爭；主張"尚賢"，反對奴隸制的世卿世祿制度。墨家代表小生產者和小私有者的利益。道家的代表人物是老聃和莊周。道家主張"無為而治"，希望倒退到"小國寡民"的原始社會裏去。道家的學説反映了已經沒落的舊貴族的心理狀態。但是，道家提出"相反相成"的思想，則有樸素辯證法的一面。名家是當時以辯論名實問題為中心的學派，代表人物是惠施和公孫龍。陰陽家是宣揚陰陽五行説的一個學派，代表人物是鄒衍。農家主張君民並耕，反對不勞而獲，代表人物是許行。縱橫家主要從事外交活動，倡導"合縱"與"連橫"，奔走於諸侯之間，干祿爭權，代表人物是張儀、蘇秦。雜家出現在戰國後期，代表人物是呂不韋。雜家"兼儒、墨，合名、法"，使"諸子百家"逐漸融合，反映了由戰國時期的封建割據走向全國統一的趨勢。

9 孔子
儒家創始者

孔子（公元前 551 至前 479 年）名丘，字仲尼，是中國春秋末期儒家學派的創始人，著名的思想家和教育家。

孔子生於魯國陬邑（今山東曲阜），他的祖先原來是宋國的貴族，因政治變亂，遷居魯國。宋是商朝的後代，魯是周公的封地，這兩國保存商周文化最為完備。春秋末期，各國大夫觀禮、觀樂，都要到魯國。孔子在這樣的環境裏學習到了很多有關禮樂的知識。因為當時為貴族治喪贊禮的一批人都稱為"儒"，而孔子年青時曾幹過"儒"的工作，所以後來把以孔子為代表的學派，稱為"儒家"。

(1) 官運不濟

孔子在政治上是比較保守的。他讚賞西周的制度，説"周監於二代，郁郁乎文哉，吾從周。"（《論語·八佾》）。他一再表示："如有用成者，吾其為東周乎。"（《論語·陽貨》）就是説，誰要是在政治上起用他，他即興周道於東方。他十分重視維護西周的禮制，把春秋時代"禮壞樂崩"的社會現象看作是"天下無道"而加以抨擊，要求君臣父子都應恪守周禮，嚴格親疏、貴賤、尊卑、上下的區別。例如晉國鑄刑鼎，他咒罵人家"晉其亡乎，失其後矣"；"貴賤無序，何以為國？"（《左傳‧昭公二十九年》）他代理魯國宰相只七天，就把主張政治革新的少卯殺了，罪名是聚眾結社、鼓吹邪說、淆亂是非。他 71 歲病重在牀，聽到齊國田氏革新，殺齊簡公，公行封制，立即掙扎着從牀上爬起來，再三請求魯君伐齊。

正因為孔子的政見不合時宜，所以他的官運不濟，到處碰壁。他年青時做過管理倉庫和管理牛羊的小吏，50 歲才當個地方官（中都宰），後升任為大司寇（主管刑法的官），代理過三個月魯國的宰相，就被趕下台。

(2) 周遊列國

公元前 497 年，他帶着門徒周遊列國，希望找到新主人，推行周禮。他首先來到衛國。衛靈公按照魯國的標準給孔子和他的門徒吃用，並沒有重用他的意思，孔子住了幾個月，就離開了衛國。孔子來到黃河邊，想投靠晉國。就在這時，傳來晉趙簡子殺竇鳴犢、舜華兩個貴族的消息。孔子面對洶湧的黃河水，感嘆道："美哉水，洋洋乎！丘之不濟此，命也夫！"（《史記‧孔子世家》）。

晉國去不成，最西邊的秦國當然更去不得，孔子只在宋國逗留。宋太宰戴驩很看不起他，"視之猶蚤蝨之細也"（《韓非子‧說林上》），並拒絕引見宋君。宋司馬桓魋聽說孔子來了，要恢復周禮，便打算殺死他。孔子知道了，故作鎮靜地說："天生德於予，桓魋其如予何？"(《論語·述而》) 同時，急忙更換衣服，逃離宋境。

這以後，孔子又去了陳、蔡、葉、楚……等國，但到處"天下大亂"，孔子無法找到立腳之地。最狼狽的是在陳國絕糧，連孔子最得意的弟子子路也懷疑他們此行是否不仁。還有一次在鄭國，孔子和弟子們失散了，他一個人孤零零地蹲在城的東面。一個鄭國百姓看到子貢在找人，就對子貢說："你找人嗎？城東門有個古怪老頭，像一條喪家狗似地蹲在那裏。"子貢把鄭人的話告訴孔子。孔子也不得不承認："形狀，末也；而似喪家之狗，然哉，然哉！"(《史記·孔子世家》)

(3) 興辦教育

孔子在外遊歷了 14 年，一事無成，黯然返國，已屆暮年，此

孔廟大門（山東省曲阜縣）

後他專心興辦教育和整理、傳播中國古代文化，取得一定的成就。

中國自夏、商以至西周，文化被貴族壟斷；由朝廷上的官吏任教學官，接受教育的都是貴族子弟，學成後為宦為吏，形成政教不分的情況。孔子首創私人辦學。他40歲左右就廣收門徒，提出"有教無類"的主張，他的門徒除了貴族子弟外，有一部分是接近平民的"士"階層，還有個別出身於"賤人"、"野人"和"鄙人"的，而且各國人都有。據說孔子的門徒有3000人，而精通禮、樂、射、御、書、數六藝的高材生，有72人。這就打破了過去"學在官府"的那種貴族壟斷教育的局面。

孔子博學。他收集魯、周、宋、杞等國的文獻，整理出《詩》、《書》、《禮》、《樂》、《易》、《春秋》六經，為後人總結古代文化遺產提供了豐富的文化思想資料。

〈孔子事跡圖〉中的〈有教無類〉

(4) 關於 "仁" 的學説

在孔子的思想體系中,最重要的是他以 "仁" 為核心的道德倫理學説。

在《論語》中,孔子多次談到 "仁",從不同旳角度描述他心目中的 "仁" 的內容。他的學生樊遲問他, "仁" 是甚麼?孔子回答説, "仁" 就是 "愛人"(《論語·顏淵》)。孔子所説的 "愛人",並不是愛所有人,主要是愛貴族。孔子説得很清楚: "君子而不仁者有矣夫,未有小人而仁者也。"(《論語·憲問》)"君子學道則愛人,小人學道則易使。"(《論語·陽貨》)在孔子看來, "仁" 這一點德只有 "君子"(貴族)才有,小人(奴隸)是沒有的;講仁愛是君子的事,小人只有如何服從君子驅使的問題,是不配講甚麼仁愛的。

又有一次,子貢向孔子請教 "仁" 的涵義。孔子説: "己所不欲,勿施於人。"(《論語·衛靈公》)孔子把推己及人的 "恕道" 作為實行 "仁" 的一條根本途徑,貫串在 "仁" 的學説中。但是在階級對立的社會中,超階級的 "恕道" 是不存在的。孔子的學生子貢曾問他憎惡甚麼,他毫不猶疑地説: "憎惡在下位而毀謗在上位的人。"(《論語·陽貨》)可見孔子的 "恕道",其實質不過是教人不要犯上作亂,維護周禮代表的社會秩序和政治制度。

孔子最得意的弟子顏淵問 "仁"。孔子回答説: "克己復禮為仁。一日克己復禮,天下歸仁焉。"(《論語·顏淵》)這就是説,要照周禮來克制自己的慾望,約束自己的行動,如果大家都能這樣做,天下就達到 "仁" 的境界了。顏淵又問 "禮" 包括那些綱目。孔子説: "非禮勿視,非禮勿聽,非禮勿言,非禮勿動。"(《論

語‧顏淵》）總之，使自己的一言一行都符合周禮的原則，這就是
"仁"。可見孔子關於"仁"的學説，是為"復禮"這個目的服務的。

　　孔子關於"仁"的學説，後來經過歷代封建社會思想家的繼承
發揮和改裝粉飾，逐步形成了以"仁政"和"三綱五常"、"忠孝節
義"為內容的封建禮教思想，成為中國封建社會的思想核心，對後
世影響極大。

10 墨子
社會基層的聲音

　　墨子名翟，相傳原為宋國人，但長期住在魯國。他的生卒已不
可確考，大概後於孔子而先於孟軻（約公元前 480 至前 420 年）。
他出生於社會下層，搞過手工藝工作，自比"賤人"。他的門徒也
多來自社會下層。墨翟的言論，反映"農與工肆之人"的利益，成
為小生產者、小私有者的化言人。墨翟和他的門徒，結成一個嚴密
的團體，過着刻苦樸素的生活，有較嚴格的紀律。《淮南子‧泰族
訓》説："墨子服役者百八十八，皆可使赴火蹈刃，死不還踵。"
墨家流傳的著作有《墨子》一書，現存 53 篇，大部分篇章都是墨翟
的弟子或再傳弟子記述墨翟言行的集錄。《墨子》的主要組成部分
《墨經》，涉及到認識論、邏輯學、經濟學等社會科學範疇的廣泛內
容；還包含有時間、空間、物質結構、力學、光學和幾何學等自然
科學方面的多種知識，師承、發展了墨子注重實踐知識的唯物思想
傳統。因此，《墨子》是研究墨翟思想的可靠的材料。

墨翟從他參加生產的親身體驗出發，反對"天命論"，提倡"非命"，主張強力。他認為"命者暴王所作"（《墨子‧非命下》），就是說"天命"是暴君編造出來，用以欺騙人民的。因此，他提出"賴其力者生，不賴其力者不生"（《非樂上》），"強必治，不強必亂"，"強必飽，不強必飢"（《非命下》），認為人類要靠自己的力量，不能靠"天命"。這一點極有進步意義。

墨翟在政治上抨擊世襲制，反對儒家的"親親"，提倡"尚賢"。墨翟認為"官無常貴，而民無終賤"，要求破除等級制，向"農工肆之人"開放政權，"有能則舉之，交予之爵，重予之祿"（《尚賢上》）。這是當時小生產者和小私有者要求提高自己政治、經濟地位的主張。

墨翟在談到國家產生的問題時，認為最初沒有政治、法律，每人都有不同的是非標準，意見不統一，是互相爭奪，所以才選出賢者為"天子"和各級"正長"，統一是非，建立了國家。因而這些賢者都是兼愛的。推而廣之，人人都"兼相愛，交相利"，即所謂"有力者疾以助人，有財者勤以分人，有道者勸以教人"（《尚賢下》）。墨翟認為這種相愛相助的社會，可以去掉社會上的禍亂，使天下太平。而對那些侵犯別國的戰爭，他表示痛恨，主張"非攻"，教人們修城造械，制止以強欺弱的戰爭。

墨翟在認識論上，提倡"名以實取"，認為人們的認識是客觀事物的反映，他提出觀察事物的"三表法"，即：一要考慮前人的經驗；二要觀察眾人的耳目；三要看實際效果是否符合人民的利益。

在墨翟的思想中，有落後的一面。例如他認為"莫聞莫見則必以為無"（《明鬼下》），從"百姓耳目之實"，結果聽到有人說有鬼，

就得出"明鬼"的結論。又如他的"兼愛"、"非攻"等主張，不能
區別戰爭的正義與非正義性質，錯誤地認為一切禍害都由於人們
"不相愛"，以為"凡天下禍篡怨恨，其所以起者，以不相愛生也"
（《兼愛》）。

11 | 老子 與《德道經》
柔弱勝剛強

　　老子即老聃，傳說為道家的創始人，生卒年不可詳考，據《史
記》記載，他曾做過周王朝的史官，後退穩。《老子》五千言，成
稿於戰國時代，為道家的代表作，可能是老聃後學所編纂。《老
子》分《德經》和《道經》兩部分。漢朝以來，流傳各種版本，都
把《道經》作為上篇，《德經》作為下篇，所以通常又稱《老子》為
《道德經》。1972年長沙馬王堆三號漢墓出土的兩種《老子》帛書。
以及其他出土文物考證，應該是《德經》在前，《道經》在後，《道
德經》應稱《德道經》。

　　《老子》作為春秋戰國社會大變動時期的一種思潮的反映，不
是出自一人一時之筆。它的成書有一個過程。從《德經》的產生，
到《道經》的發展，恰好從一個側面反映了春秋戰國時期社會變動
和社會思潮的發展過程。

　　《老子》的《德經》是講兵的，但它不像《孫子兵法》那樣用
相當多篇幅去研討戰術，而是偏重於講戰略，把用兵之道上升到政
治鬥爭的戰略和策略思想，因而也就較《孫子兵法》更具有普遍意

義，比《孫子兵法》更前進一步。《道經》作為《老子》的下篇，把軍事、政治鬥爭的規律通通囊括進一個虛無縹緲的"道"裏。儘管其中具有一些樸素的辯證法因素，在方法論上有其肯定的價值，但從認識論上來看，實際已陷入了客觀唯心主義的泥坑。綜觀從《兵法》到《德經》，又從《德經》到《道經》的過程，我們可以清楚地看到，古代軍事戰爭實踐

馬王堆漢墓出土帛書《老子》

的發展，是怎樣推動古代軍事思想、政治策略的發展。

《老子》一書提出了"柔弱勝剛強"的戰略原則，這種思想是對春秋戰國時期社會大變動的一個概括。《老子》很喜歡用水來說明"柔弱勝剛強"的問題。他說"天下莫柔弱於水，而攻堅強者莫之能勝"（78章），這就是說，水是天下最柔弱的東西，也是天下最能攻堅摧強的東西。可見柔弱的東西能夠制勝堅強的東西。

從以弱勝強的戰略原則出發，《老子》提出了一套克敵制勝的戰術。它認為"將欲弱之，必固強之；將欲廢之，必固興之；將欲奪之，必固與之"（36章）。就是說，對敵人如果要削弱它，必先暫時增強它；要毀滅它，必須暫時興起它；要奪取它，必須暫時給予它。《老子》還強調"以奇用兵"，把靈活地變換戰術，看作是達到

戰略目的的不可少的條件。這是《老子》的作者們對春秋戰國時期一系列戰例的總結。

　　《老子》很多篇章比較系統地揭示出事物存在是相互依存的，而不是孤立的。如美醜、難易、長短、高下、前後、有無、損益、剛柔、強弱、禍福、榮辱、智愚、巧拙、大小、生死、勝敗、攻守、進退、靜躁、輕重等等，都是對立統一的；一方不存在，對方也不存在。《老子》說："有無相生，難易相成，長短相形，高下相傾，聲音相和，前後相隨"（二章）。《老子》還指出事物都向着它相反的方向變化，"禍兮福之所倚，福兮禍之所伏"（58 章）。這些關於矛盾統一和矛盾轉化的辯證觀念的形成，反映了當時人類對客觀事物的認識深化。

　　《老子》的作者們多是沒落的舊貴族，他們擔心戰爭給自己帶來可悲的命運。因此，他們拚命地反對戰爭，說甚麼"以道佐人主者，不以兵強天下"，"兵者不祥之器，非君子之器"（31 章）。當他們看到奴隸主舊貴族大勢已去的時候，便主張回到"小國寡民"的理想社會。"小國寡民，使有什伯之器而不用，使民重死而不遠徙。雖有舟輿，無所乘之；雖有甲兵，無所陳之；使人復結繩而用之。甘其食，美其服，安其居，樂其俗，鄰國相望，雞犬之聲相聞，民至老死不相往來。"（80 章）這是一種倒退思想，企圖把人類倒退回茹毛飲血，結繩記事的原始狀態。

12 | 名家
最早的辯論家

　　戰國時，有一個以辯論名實問題為中心的學派，當時稱"辯者"，至漢代稱之為"名家"，主要代表有惠施（約公元前 370 至前 310 年）和公孫龍（約公元前 320 至前 250 年）。名實問題即概念與事實的關係問題，是春秋戰國時期百家爭鳴的一個重要內容。當時，封建制開始形成，新舊事物交替，舊的"名"已不能適應新的"實"，出現了"名實不符"、"名實相怨"的情況。當時許多思想家對這個問題，都提出自己的意見。如孔子的"正名分"，墨子提出"取實予名"，老子提出"無名"說，法家提出"形名"說等。在當時爭論激烈，於是就產生了一批"辯者"，或稱為"名家"的學者。

　　《荀子‧非十二子》說：名家"不法先王，不是禮義"蔑視當時的道德規範。雜家的《呂氏春秋‧正名篇》指責名家"可不可而然不然，是不是而非不非。"名家提出的一些命題，如惠施的"合同異"，公孫龍的"白馬非馬"和"堅白石三"，曾被視為"怪說"。

　　名家的"審其名實"是唯物論觀點。《公孫龍子‧名實論》提出，"天地與其所產焉，物也"。即天地和天地產生的一切都是物。又提出"物以物其所物而不過焉，實也"。即具體事物都有它特定的內容和形成，是實在的。名家堅持是"實"決定"名"。這個觀點是和儒家的"正名"、道家的"無為"等唯心論相對立的。

　　名家具有辯證法思想。他們認為事物的大小、高低、長短、黑白等矛盾，失去一方另一方也不存在。惠施提出"物方生方死"，"南方無窮而有窮"，承認事物的相對性。公孫龍提出"離堅白"，

分析石頭、硬度、顏色是三種不同的概念，又叫"堅白石三"，認為
反映事物的概念不是一成不變的，在一定條件下可以轉化為另一含
義。名家對古代邏輯學的發展作出了貢獻。但是由於他們常常片面
地強調事物的某一方面，容易走向極端，有時陷入詭辯。

13 鄒衍
陰陽家學說代表

　　戰國末期，還有一個宣揚陰陽五行說的學派，名為"陰陽家"，
其代表人物是齊國人鄒衍（約前 305 至前 240 年）。他曾遊歷魏、
燕、趙等國，宣揚"五德終始"說，把春秋戰國時代流行的"陰陽"
說和"五行"說附會到社會歷史變動和王朝興替上。《漢書·藝文
志》著錄《鄒子》49 篇、《鄒子終始》56 篇，皆已失傳。現只能從《史
記·孟子荀卿列傳》和《呂氏春秋·應同篇》所述，了解這個學派
的大旨。

　　"陰陽"和"五行"本來是殷商、西周時期流傳的用唯物主義觀
點解釋自然現象的兩種學說。"陰陽"學說認為物質由陰陽二氣構
成，是樸素的辯證法；"五行"學說認為物質由金、木、水、火、
土五種原素構成是唯物論。到了戰國，一些人把陰陽和五行結合起
來，在陰陽五行之上冠以人格神的"天"，說陰陽五行受天命支配，
物質世界是天的意志的體現，從而建立了陰陽五行說的思想體系，
產生了一些"陰陽家"。

　　陰陽家鼓吹"五德終始"的歷史循環論。他們給"五行"賦予

道德屬性，把五行也叫作“五德”，以此來比附歷史上的王朝興衰。他們說，歷史的變化根據“五德轉移”，每一個朝代受一種“德”的支配；“德”有盛有衰，當這個朝代的“德”衰敗時，這個朝代也就滅亡，而被代表另一種“德”的朝代所代替。代替是依照五行“相勝”的次序，即木勝土、金勝木、火勝金、水勝火、土勝水，如此週而復始。他們編造説舜代表土，被代表木的夏所代替，夏又被代表金的商代替，商又被代表火的周代替。他們還説，“德”的盛衰在自然界會出現徵象，即統治者的行動可以感動自然界，使之出現正常或不正常的現象，這叫“符應”。

陰陽家多從方士演變而來。方士和儒家原來都是替貴族辦理祭祀的。方士專講鬼神迷信，兼事占卜、星曆。陰陽家將方士那一套系統化、理論化了。到了漢代，儒家與陰陽家合流，產生了董仲舒的“天人感應論”和“讖緯學説”。

14 子思與孟子
儒家的繼承者

孔子死後，戰國中期儒家的主要繼承者是孟子。孟子是孔子的孫子子思的再傳弟子。後人把子思、孟子作為一個學派來論述，稱為“思孟學派”。

(1) 子思

子思（約公元前 483 至前 402 年），姓孔名伋，是孔子的孫子、孔子門徒曾參的學生，大概和墨子同時。代表他的思想的有《中庸》。子思主要是繼承和發揮孔子關於"仁"的學說，提出一個"誠"字。他說"不誠無物"（《中庸》第25章），就是說沒有"誠"就沒有物質世界。那麼"誠"是從哪裏來的呢？他說："誠者，自成也。"（同上）即"誠"是人的本性，是人心所固有的東西。本來《中庸》開頭就說過"天命之謂性"，即"性"是天賦的。上天把"性"賦予人，成為人所固有的。子思把孔子的"仁"進一步主觀觀念化，說明"誠"是先驗的、主觀精神的東西。所以子思提出"存誠盡性"的命題。他說，人只要把握自身所固有的"誠"，充分發揮人的本性，就可以從盡"人性"到盡"物性"，終於達到"至誠通神"、"至誠通人"，進入神秘化的"天人合一"的境界。

因此，子思認為："至誠之道，可以前知。國家將興，必有禎祥；國家將亡，必有妖孽。……禍福將至，善必先知之，不善必先知之，故至誠如神。"（《中庸》第23章）子思不但發揮了孔子"生而知之"的認識論，還宣揚國家興亡會有天降禎祥或天降妖孽的迷信思想。

子思為要人把握"誠"，還提出"慎獨"，說"莫顯乎隱，莫見乎微，故君子慎其獨也"（《中庸》第一章）。意思是說，在無人的地方仍要謹慎不苟。"慎獨"，成為後世儒者的重要修身法條。

子思還發揮了孔子的中庸之道。所謂中庸，表面上是講不偏不倚，其實是要調和社會矛盾。子思的思想，主要是使儒家的學說逐步適應封建社會的需要。

(2) 孟子

孟子（約公元前 390 至前 305 年）名軻，山東鄒縣人，是魯國公族孟孫氏的後代。孟子繼承了孔子的學說，把孔子的“仁”發展為“仁政”，對後世影響很大。長期以來，人們把孟子看成儒家正統的繼承人，有“亞聖”之稱，與孔子並稱為“孔孟”。

孟子自稱他一生的願望就是要學孔子，“乃所願，則學孔子也。”（《孟子‧公孫丑上》）他像孔子那樣從事教育，廣收門徒。他像孔子那樣周遊列國，“後車數十乘，從者數百人”，四出奔走。他在齊威王在位時到了齊國，之後又到宋、魯、鄒、滕等國。在梁（魏）惠王晚年，孟子到了魏國，雖然受到禮待，但沒有得到重用。梁惠王死後，孟子再到齊國。齊宣王讓他任“客卿”，沒有實權。齊宣王伐燕後，孟子離開齊國。晚年返回鄒國，著書立說，傳世有《孟子》一書。

孟子生活在戰國中期，其時各國封建制已經確立。當時的情況是：“秦用商君，富國強兵；楚魏用吳起，戰勝弱敵；齊威王、宣王用孫子、田忌之徒，而諸侯東面朝齊。”（《史記‧孟子荀卿列傳》）。孟子雖然是站在封建君主的一邊，但由於他受孔子思想的影響，不能割斷與奴隸制千絲萬縷的聯繫。他反對商鞅等法家實行變法運動，主張在“法先王”的前題下，進行一些改良，以適應封建制的需要。這就是他的“仁政”學說的社會基礎。

孟子說：“不以仁政，不能平治天下。”（《孟子‧離婁上》）他主張實行“王道”，認為“以德行仁者王”；反對“以力服人” 的“霸道”（《孟子‧公孫丑上》）， 認為商鞅等人是“污吏”、

"好戰"，主張："善戰者服上刑，……辟草萊任土地者次之"（《孟子·離婁上》）。在孟子的心目中，凡是推行"法治"的，就是"霸道"；凡是實行"耕戰"政策，廢井田，開阡陌的，都要受刑罰。

怎樣才能實行"王道"，"仁政"呢？孟子說："夫仁政，必自經界始"（《孟子·滕文公上》）。就是說，實行"仁政"，必須首先從恢復井田制開始。孟子把井田制描繪得很差：每戶農民可以有"五畝之宅，百畝之田"（百畝相當於現在的三十多畝），養蠶養豬，老人可以吃肉，可以穿綢，人人有飽飯吃……。這就是孟子的"制民之產"的內容。孟子說："是故明君制民之產，必使仰足以事父母，俯足以畜妻子，樂歲終身飽，凶年免於死亡。然後驅而之善，故民之從之也輕。"（《孟子·梁惠王上》）其實，孟子的"制民之產"的主張，主要是希望封建君主給農民一些最必要的生活資料，把他們束縛在一小塊一小塊土地上，使他們"死徙無出鄉，鄉里同井"，永遠供封建君主驅使。

從"制民之產"出發，孟子還提出諸侯有三寶："土地、人民、政事。"（《孟子·盡心下》）進而提出了"民為貴，社稷次之，君為輕"（同上）的口號。孟子這個口號曾經迷惑了很多人，認為孟子有民主思想。其實孟子是說，只有保住土地和勞動力，才能有諸侯以至天子的政治統治。因此，治民的問題要比管理山川土地更重要，"君"的問題不大（"為輕"），這裏並沒有"民"比"君"尊貴的意思。後世人把孟子這句話曲解了。但應該肯定，孟子"民貴君輕"的主張，在中國歷史上是起了積極影響的。

孟子"仁政"的理論基礎是"性善論"。孟子認為性善是天給與人的本性，"仁、義、禮、智"是人生下來就具有的四個"善端"。而"人之所以異於禽獸者幾希，庶民去之，君子存之。"（《孟子·離婁下》）這就是説，人之所以不同於禽獸，就在於人有自覺的道德觀念（"善端"）。但是這種人類天生的本性，不是每一個人都能保持的，只有君子（主要指封建君主和貴族階層）才能保持，而庶民就不能保持，很快就喪失了。孟子的這些話，給他的"性善論"塗上鮮明的階級色彩。

儒家學説自孔子創始以來，經過子思、孟子的加工，在理論上比較系統化了。

15 | 農家許行
平均主義

在諸子百家中，有農家許行。許行的生卒年代不可考。關於他的事跡和主張，只能從《孟子·滕文公上》中略知一二。許行與孟子是同時代人，《孟子》記載他"自楚之（到）滕"，孟子罵他為"南蠻鴃舌之人"，可見許行是楚國人。許行有門徒幾十人。這些人生活極簡樸，穿普通的粗麻布衣服，靠打草鞋、編蓆為生。他們沒有自己的土地和房屋，過着流浪的生活，當是農村中的赤貧者。許行帶着門徒到了滕國，不求高官厚祿，只希望得到一塊土地，一間房子，能夠安居下來，從事耕種。當時許行的學説在社會上有一定的影響，以致使儒家陳良的門徒陳相和他的弟弟陳辛拋棄了儒家而拜許行為師。

　　許行的學說，我們從陳相轉述許行的話來看，主要有兩點：
一、主張"賢者與民並耕而食，饔飱而治"，意思是君主要與百姓一
起耕種，然後取得糧食，自己動手做飯，同時治理國家。二、提出
"市買不二"的價格論，主張實物交易，物品在數量上、重量上相
等時，價格亦應相等。

　　許行的學說，反映了勞動者對不勞而獲的不滿。但是，他想用
平均主義和否認社會分工來解決當時的社會矛盾，是不符合社會歷
史發展規律的，只能是一種幻想。

　　孟子抓住許行的弱點，指出了當時那種社會分工的必要性。孟
子認為，社會上必不可少的有兩種人，即"君子"和"野人"。孟子
說："無君子莫治野人，無野人莫養君子。""君子"就是君王、貴
族，"野人"就是在田野的勞動者。孟子認為君子是統治野人的，
野人是供養君子的。由此引申出一個結論："有大人之事，有小人
之事。……故目：或勞心，或勞力。勞心者治人，勞力者治於人；
治於人者食人，治人者食於人，天下之通義也。"孟子把"君子"
和"野人"的統治與被統治的關係，簡單地歪曲為"勞心者"和"勞
力者"的關係，而且還說這是"天下之通義"，這顯然是錯誤的。

16 荀子
儒家的批判者

　　荀子（約公元前 313 年至前 238 年）名況，戰國末期趙國人。
當時人稱他為荀卿或孫卿。荀子是中國古代傑出的思想家。他早

年遊學於齊，在齊國文化中心"稷下"講學，影響很大。後來又做過楚國蘭陵（今山東蒼山縣西南蘭陵鎮）令，還到過趙國議兵，去秦國考察政治，晚年定居於楚國蘭陵從事著作和教育。他的弟子很多，其中著名的歷史人物韓非、李斯均是他的學生。現存《荀子》共 32 篇，除書末六篇是弟子附加的以外，大都可以認為是出於荀子的手筆。

荀子本來出身於儒家，經過對"諸子百家"的思想學說進行比較和分析後，終於成為儒家思孟學派的批判者，建立起自己新的思想體系。

荀子支持秦國商鞅變法，他親自到秦國作實地考察，會見了當時在秦國執政的法家人物范睢。他對秦國人民生活情況、政治態度、各級政權實行法治的狀況，都作了調查。他以興奮的心情讚揚秦國的官吏執法嚴肅認真。不敢結黨營私；朝廷能統制全局，行政效率高。他得出結論說：秦已接近"治之至"（《荀子‧強國》），並且希望秦國能夠"令行於天下"（同上）。

荀子批評孟子的"仁政"是"呼先王以欺愚者"（《荀子‧儒效》），完全是騙人的東西。他反對孟子恢復"世卿世祿"制度的主張，明確指出這種制度是"亂"根源（《荀子‧君子》）。他不同意孟子關於商鞅行霸道的指責，讚揚商鞅是"善用兵者"。他認為秦在軍事上的勝利，是合乎社會發展的要求的，秦四代君主都打了勝仗，"非幸也，數也"，並把"四海之內若一家"，即統一中國的希望，寄託在秦的軍事勝利上（《荀子‧議兵》）。荀子贊成廢除井田制，主張"農分田而耕"（《荀子‧王霸》），提倡發展農村個體經濟，即封建社會的經濟基礎。

荀子和孟子在理論上的分歧，主要有三方面："制一命"還是"畏天命"，"法後王"還是"法先王"，"性惡論"還是"性善論"。

荀子宣揚"制天命"，反對儒家的"畏天命"。他指出："天"就是自然界，並沒有意志，要把天與人、自然與社會區別開來。他說："天行有常，不為堯存，不為桀亡。"（《荀子‧天論》）這就是說，日月星辰的運行，寒暑風雨的變化都是自然的現象，有它的客觀規律，不以帝王的更替、政治的好壞為轉移。人類對於自然界不是無能為力的，人類可以用自己的主觀努力去改造自然，使之為人類服務。他強調指出："從天而頌之，孰與制天命而用之？"（同上）就是說，順從"天命"去頌揚它，怎及得掌握自然的變化規律而利用它呢？荀子提出"戡天"（征服自然，人定勝天）的積極主張，是戰國時期諸子百家都沒有達到的認識水平。

荀子針對孟子"法先王"的口號，提出了"法後王"的主張。他說："欲觀聖王之迹，則於其燦然者矣，後王是也。"（《荀子‧非相》）他勸諸侯說："百家之說，一及後王，則一聽也。"（《荀子‧儒效》）

荀子針對孟子的"性善論"，提出了"性惡論"。他指出："凡人之性者，……君子之與小人，其性 也。""人之性惡，其善者偽也。"（《荀子‧性惡》）就是說，高貴者和卑賤者的自然本性都是一樣的，而且都是"惡"的，"善"（即合乎社會道德規範）是人為的結果。雖然荀子的"性惡論"，也是屬於抽象的人性論範疇，是錯誤的。但由於荀子主張人性"惡"，重視後天的積累，強調學習和環境的影響，在當時還是有一定進步意義的。

17 韓非子
法家集大成者

韓非（約公元前 280 至前 233 年），是先秦法家思想的集大成者。他出身於韓國貴族，是荀子的學生，著有《韓非子》一書，共 55 篇，代表作品有《五十蠹》、《顯學》、《定法》等。

戰國初年，申不害在韓國實行變法，但失敗了。韓國逐步成為秦國的附庸國。到韓非時已"事秦三十餘年"。正如韓非所指出，韓國對於秦國"與郡縣無異"（《韓非子·存韓》）。韓非曾多次建議韓王安實行變革，都未被採納，只好退而著述。

韓非在建立他的法家學說時，並沒有停留在韓國一國的經驗上。他從本國的實際出發，考察了其他各國的政治和思想狀況，提出了一套比較完整的法家學說。

戰國時，齊、楚、魏、趙、燕都曾稱霸一時，為甚麼很快就衰落下去，而原來落後的秦國卻越戰越強呢？韓非在總結七國的成敗經驗教訓後，得出一條"儒以文亂法"（《韓非子·五蠹》）的深刻結論。他把秦和魏、趙、韓三國作了比較，指出："慕仁義而弱亂者，三晉也。不慕而治強者，秦也；然而未帝者，治未畢也。"（《韓非子·外儲說左上》）魏、趙、韓三國以儒家的"仁義"治國，造成"弱亂"；秦國實行"法治"，所以能夠強大。但秦國在當時為甚麼還"未帝"（未能統一六國）呢？原因還是在於"治未畢"，即法治還未得到完全的貫徹。韓非又把秦國和楚國作了比較：楚和秦都實行變法，但吳起在楚變法時間很短，楚悼王一死，變法就失敗了。相反，商鞅在變法時間長，對奴隸主貴族的打擊比較有力，結果大不一樣，"楚不用吳起而削亂，秦行商君法而富強"（《韓非子‧和瓦》）。

韓非在比較了各國對待變法的不同態度後，具體地說明了各國在不同歷史時期，由於執行不同的治國之道，造成不同的後果，從而得出一個結論："明法者強，慢法者弱，強弱如是其明矣，而世主弗為，國亡宜矣"。（《韓非子‧五歸邪》）這種見解在當時是完全正確的。

韓非在總結各國變法的經驗教訓中，還認識到，以往各國實行變法往往失敗，除了貴族反對的因素外，還由於法治思想本身的不完善。

韓非認為商鞅強調"法"，申不害強調"術"，他們的變法"皆未盡善"（《韓非子‧定法》）；而慎到主張的"勢"，是不能單獨實施的；"勢"必須和"法"結合，"抱法處勢則治，背法去勢則亂"（《韓非子‧難勢》）。韓非總結了法家前輩們從事變法實踐的主要的經驗教訓，提出了一套"法"、"術"、"勢"相結合的法治理論。所謂"法"，指的是代表新興階級意志和利益的法令制度。他主張"法不阿貴"，"刑不避大臣，賞善不遺匹夫"（《韓非子‧有度》）。所謂"術"，就是任免‧考核、賞罰各級官吏的方法手段。他很重視因能授官、量功授爵的政策，強調"明主之吏，宰相必起於州郡，猛將必發於卒伍"（《韓非子‧顯學》）。所謂"勢"，就是君王的地位和權力。他主張"事在四方，要在中央；聖人執要，四方來效"（《韓非子‧揚權》），強調加強中央集權，反對分封割據。"法"、"術"、"勢"三者不可缺一，但其中最根本的是"法"。韓非強調"以法為本"（《韓非子‧飾邪》），"術"和"勢"的重要性，僅在於它們是保證"法"的實施的必不可少的條件。

韓非在他的著作中，痛斥了五蠹之民，並把儒家列為"五蠹"之首。韓非認為不對儒家的理論進行批判，新興的政權就無法鞏固。他明確指出："儒之所至，孔丘也。"(《韓非子‧顯學》)"仲尼之對，亡國之言也。"(《韓非子‧難三》)

《史記‧老莊申韓列傳》記載，韓非的著作，秦王政讀後十分欣賞，說："寡人得見此人，與之游，死不恨矣！"後來，韓非到了秦國，不幸為李斯、姚賈陷害，死在獄中。但他的法治思想為秦王所採用，對秦統一六國，建立統一的中央集權的國家，起了很大的作用。

18 | 蘇秦 和 張儀
合縱與連橫

戰國中後期，"合縱連橫"成了游士謀取功名的捷徑。蘇秦和張儀是這派的表表者。蘇秦主張"合縱"，張儀游說"連橫"，互相鬥智，為各國君主出謀獻策。後來，蘇秦先張儀而死，"合縱"失敗，"連橫"成功，為秦統一六國創造了一定的條件。雖然，一些史學家對這件事曾經表示過懷疑，如司馬遷在《史記‧蘇秦列傳》之後寫道"世言蘇秦多異，異時事有類之者皆附於蘇秦"，但苦無確鑿證據。

直到 1973 年，湖南長沙馬王堆三號漢墓出土了一批帛書，其中有一本《戰國縱橫家書》，保存了被埋沒兩千多年的關於蘇秦的書信和游説辭 16 條，才校正和補充了這一段歷史記載。

"合縱連橫"的鬥爭發生在戰國中後期。那時西方的秦國和東方的齊國國勢強盛，形成秦齊對峙、爭相統一中國的局面。強國要求兼併弱國，對弱國進行分化或拉攏；弱國為救自保，想阻止強國兼併。這樣就出現了"強者兼人而弱者圖存"的錯綜複雜的形勢。

在當時的弱國中，以三晉（魏、趙、韓）為主，北連燕，南連楚為縱；東連齊，或西連秦為橫。合縱可以對秦或對齊；連橫可以連秦對齊，也可以連齊對秦。韓非在《五蠹篇》中説："縱者，合眾弱以攻一強也；而衡（橫）者，事（投降）一強以攻弱也。"適應當時的形勢，出現了一批游士、説客，奔走於各國之間。他們的主張適合於合縱的，稱為縱説；適合於連橫的稱為橫説。歷史上把這些人稱為縱橫家。

(1) 張儀

張儀（？至前 310 年），本是魏國貴族的後代。公元前 329 年入秦，憑着他的辯才，取得秦王的信任，第二年就做了秦相。公元前 325 年，他幫助秦惠文公稱王，同時游説各國，迫使各國服從秦國。他為魏出了一個主意，"欲以秦、韓與魏之勢伐齊、荊（楚）"，實際上真正的意圖在於"欲令魏先事秦而諸侯效之"。這就是他的連橫政策。

張儀一生的主要活動，是破壞當時的齊楚聯盟。張儀以獻商、於 600 里地引誘楚與齊絕交。楚懷王昏庸無能，上了張儀的圈套，與齊絕交。齊王氣怒交加，不顧後果與秦結交。秦齊聯合，共同對楚。當楚使者向張儀要商、於 600 里地時，張儀反口説當時只答應給六里地。楚王大怒，發兵攻秦。誰知受到齊秦聯軍的東西夾攻，慘遭失敗，反被秦奪去了漢中之地。

張儀的連橫政策，對秦國強大有一定的幫助，為秦積聚力量，出了力氣。但張儀的活動距離秦始皇對東方六國各個擊破、最後使合縱盟約完全瓦解，還有很長的時間。因此他對秦統一六國所起的作用也是有限的。

(2) 蘇秦

蘇秦（？至前 284 年）是東周洛陽人。他的活動時間主要在齊閔王時（公元前 300 年至前 284 年），那時張儀已死去十多年。蘇秦是燕昭王的親信，一生主要為謀求燕國的強大。他在齊國從事反間活動，同時奔波於齊、趙、韓、魏等國之間，組織合縱攻齊及合縱攻秦。他的策略是使齊"西勞於宋，南罷（疲）於楚"，從而牽制齊的精力，轉移齊對燕的視線，以防齊國吞併燕國。

蘇秦約在公元前 311 年來到燕國，得到燕昭王的重用。他分析了燕國的處境，與燕王商定敵齊之計，去齊國搞反間活動。公元前 288 年，蘇秦第二次到齊國。他佯裝透露三晉想連燕謀齊的消息，表示自己對齊的忠心，取得齊閔（亦作湣）王的信任。進而極力慫恿齊閔王攻宋。這是一石二鳥之計。宋處齊南，燕處齊北，齊攻宋必然放鬆北疆的防衛，對燕非常有利。另一方面，楚、魏與宋接壤，必定會來爭地，與齊發生矛盾。而秦是極力保護宋的，攻宋必然與秦引起衝突，齊就處在一個四面樹敵的地位上。

在三晉和燕的援助下，齊第一次攻宋得勝，宋割地媾和。由於這樣，齊秦關係再次破裂。齊閔王打算聯合三晉、燕共同伐秦。

為了五國合縱伐秦，蘇秦做了許多工作。他四出活動，組織五國聯軍，後人稱為"蘇秦合縱"。

因為五國君主不齊心，合縱攻秦遲遲沒有開始。蘇秦暗中為燕串聯反齊力量，作攻齊的準備。公元前 286 年，齊第三次伐宋，吞滅了宋國。齊滅宋後，三晉等國感到自危，紛紛要求伐齊。燕昭王認為時機已到，立即到趙國，與趙惠文王商定五國攻齊的策略。由於齊閔王對蘇秦的信任，所以對燕毫無防備。當燕將樂毅率領五國軍隊攻齊時，齊大敗。弱燕終於戰勝強齊，齊國從此一蹶不振。但蘇秦的陰謀也完全暴露了，被齊閔王處以車裂之刑，死時 50 多歲。

蘇秦的合縱政策，同樣在客觀上為秦的統一中國創造了有利的條件。

19 《孫子兵法》
最早的兵書

春秋末年，天下大亂，連年戰爭不已。反映在軍事上，出現了中國最早一部兵書——《孫子兵法》。

綜合史籍記載，關於孫子的傳說是：孫子名武，齊國樂安（今山東惠民縣）人。他的家庭是齊國世襲貴族。他最初也在齊國做官，後來因避亂投奔吳國，成為一個流落異國的沒落貴族。這時，吳王闔閭任用楚國的伍子胥做謀臣。伍子胥同孫武交了朋友，後來便把孫武所著的《兵法》呈給吳王看。吳王讀了很是稱讚，要孫武在殿前試練女兵。孫武練女兵，軍紀嚴明。吳王有兩個妃子，恃受吳王寵愛，不服從軍令。孫武毅然將她們殺了。吳王失去了兩名愛妃，雖然非常心痛，但從此知道孫武會用兵，便讓他訓練全國的將士。公元前 506 年，吳王派孫武擔任大將，出動了三萬大兵，進攻楚國，五戰五勝。公元前 505 年，吳軍政佔了楚國的郢都。經過這次戰爭，吳國一躍而成為春秋末期的霸主。

孫武給後世留下的《孫子兵法》13 篇，約 6000 多字，它是春秋時期戰爭經驗的總結，專門講軍事戰略戰術，對戰爭規律以及如何運用這些規律作戰有不少精闢的見解。今天所見的《孫子兵法》13 篇，是經過東漢時曹操的選擇和刪削的。1972 年，在山東臨沂銀雀山漢墓出土了《孫子兵法》殘簡，除 13 篇外，還有《孫子兵法》佚文《吳問》等五篇，材料研究孫武的政治思想和軍事思想提供了新的材料。

《孫子兵法》中不乏辯證法思想。其中有一些名句，如 "攻其無備，出其不意"、"知彼知己，百戰不殆"、"兵無常勢，水無常形"、"避其銳氣，擊其惰歸"、"以兵待遠，以佚待勞，以飽待飢"、"投之亡地然後存，陷之死地然後生" 等，至今也常為人們所引用。

《孫子兵法》是兵家中最有影響的一部兵書，也是中國最早的優秀軍事著作。它不僅在中國軍事史上佔有重要的地位，而且在世界軍事史上也享有極高的聲譽。

20 | 《孫臏兵法》
戰國時期兵書代表

戰國時期，七雄對峙，各國之間發生了接連不斷的戰爭。隨着這種形勢的發展，出現了一批軍事家，孫臏是其中傑出的代表。《孫臏兵法》可以說是戰國時期各諸侯封建國家互相爭霸、爭取統一的總形勢下的產物。

孫臏的身世和事跡，《史記》有較多記述，《戰國策》、《漢書》等史籍也略有記載。孫臏生卒年月不可考。其生活和活動年代為公元前 380 年到 320 年左右，大致是齊威王、齊宣王時人，和商鞅、孟子同時期。按《史記‧孫子吳起列傳》記載，孫臏距孫武百餘年，生於阿、鄄之間（今山東省陽谷、鄄城一帶），是孫武的後世孫；一說是楚人，後至齊。

孫臏原名不叫臏，早年和龐涓同學兵法，後又同事魏惠王。龐涓 "自以為能不及孫臏"，借故對孫臏施以臏刑（去膝蓋骨）。因此，世稱他為孫臏。以後，齊國使者至魏，孫臏悄悄求見，使者知他有才能，將他秘密帶回齊國。齊將田忌和孫臏友善，推薦給齊威王，"威王問兵法，遂以為師"。其後，孫臏輔助田忌指揮齊軍打了許多勝仗。著名的有公元前 353 年 "圍魏救趙" 的桂陵（今山東范縣西南，一說鄄城東北）之戰，由此而 "名顯天下，世傳其兵法"。馬陵之戰以後，田忌為齊相鄒忌所迫逃往楚國，孫臏不知所終。

關於孫臏這個人在當時歷史上的作用，可以從《史記‧孟子荀卿列傳》中看出一個大致的輪廓：孟子 "游事齊宣王，宣王不能用。適梁，梁惠王不果所言，則見以為迂遠而闊於事情。" 而 "齊威王、宣王用孫子（臏）、田忌之徒，而諸侯東向朝齊。"司馬遷這段話清楚地說明，孫臏、田忌等人，以自己的才能，使他們所在國家富國強兵。

《孫臏兵法》曾久佚。《隋書・經籍志》已不載齊孫子（孫臏）之名。漢末曹操注《孫子兵法》時，也未論及孫臏的兵法。可見《孫臏兵法》那時已失傳。雖然，漢、唐以前史籍對孫臏其人都是確認的；但自宋以後至近代，則眾說紛紜，有人說孫武和孫臏同是一人；有人說《孫子兵法》源於孫武，成於孫臏……，莫衷一是。直至 1972 年，在山東臨沂銀雀山發掘兩座西漢墓，同時發現了《孫子兵法》和《孫臏兵法》的竹簡。這個失傳 1700 多年的《孫臏兵法》的重新發現，是中國考古學上巨大收穫。它解決了中外學術界長期懸而未決的一個大問題。

從《孫臏兵法》殘簡來看，孫臏繼承和發展了孫臏的軍事思想，在中國軍事史上有他的特殊地位。例如他認為要取得戰爭的勝利，不能只講戰術，講戰術只能說"知兵"；還要能"大道"，"大道"就是講戰爭的性質。這較之《孫子兵法》顯然是進一步。又如在戰略戰術的運用上，也有所發展。春秋時，《孫子兵法》是反對攻城的，認為得不償失。《孫子兵法》認為戰爭的利益在於"掠鄉分眾"，"廓地分利"（《軍事篇》）。到了戰國，《孫臏兵法》則主張攻城，這是由於當時各封建國家的經濟有了發展，各國出現了"萬家之邑"的大城市，城市成為經濟、政治、文化的中心，財富、人力都匯集在城市。再如《孫子兵法》中雖講到戰陣，但是不系統；在《孫臏兵法》中，就總結出幾種系統的陣法，這是適應戰國時大規模戰爭的需要的。

21 散文
戰國時期的文學藝術

《詩經》以後的 300 年，中國文學發展史上有一個明顯的特點，就是哲學、歷史散文的勃興代替了詩歌的地位。許多哲學家、歷史家處在那個激烈動盪的年代，都以不同的立場觀點，討論政治、經濟、哲學各個領域裏出現的各種問題。錯綜複雜的社會矛盾和人們逐漸豐富的思想意識，要求文學能充分反映現實，並要求文學把歷史詳細記載下來。這樣，詩歌已不能完全擔負這種繁重的任務了，散文這種新的文學形式的發展，正符合當時的需要。這是歷史給予文學的新使命。

戰國時期的散文分兩大類：一類是歷史散文，包括《左傳》、《戰國策》等；一類是哲學散文，主要是諸子著作，包括《墨子》、《老子》、《莊子》、《孟子》、《荀子》、《韓非子》等。這些作品通過歷史事實的敍述和政治人物的描寫，從正反兩方面反映當時社會現實和複雜的矛盾鬥爭。這時期的作品，文筆流暢優美，內容豐富，朝氣蓬勃，無論在寫人、敍事、體情、狀物各方面，都達到了很高的藝術成就。

戰國時期政治、哲學思想的蓬勃發展，新興散文的語言成就，以及民間歌曲的營養和影響，又為詩歌的發展提供了有利的條件。到了戰國後期，以屈原、宋玉等作的《楚辭》為代表，開始了中國詩歌史上繼《詩經》以後的第二個重要時期。屈原出身於楚國貴族，是一個具有愛國思想的詩人。他的作品無論在句法、篇幅、表現方法上，都較之《詩經》有許多的發展。像《離騷》那樣的波瀾壯闊、氣象萬千的長詩，以及它所表達的憂國愛民的思想，都是空前的。後人把屈原在《離騷》中使用的一種句法參差的靈活的新體裁，稱為"騷體詩"。屈原把瑰麗的文辭、深厚的感情、豐富的想像、戰鬥的精神匯合在一起，成為中國積極浪漫主義詩歌的先導。司馬遷在《史記·屈原列傳》中，譽屈原"雖與日月爭光可也。"魯迅先生也說："然其影響於後來之文章，乃甚或在'三百篇'以上。"（《漢文學史綱要》）

22 | 秦始皇"書同文字"
文字的統一

漢朝許慎編的《說文解字·敍》對秦始皇統一文字前後的情況有比較具體的說明。它說，春秋以後，"諸侯力政，不統於王，惡禮樂之害己而皆去其典籍，分為七國，田疇異畝，車塗異軌，律令異法，衣冠異制，言語異聲，文字異形。秦始皇初兼天下，丞相李斯乃奏同之，罷其不與秦文合者"。秦統一以前的幾百年間，佔據各地的諸侯國，政治、經濟、文化自成體系，在文字的形體結構上，也有很大差異。就是在各諸侯國內部，文字也相當混亂。

秦始皇統一中國的當年，就下達了"書同文字"的命令。秦國原先使用的文字——大篆，在當時是比較通行的，可以作為統一文字的基礎。李斯等人把大篆加以整理和改革，制定了一種新的字形——小篆，又叫秦篆。即實現了文字的統一，又進行了文字的簡化，在中國文字發展史上是空前的大事。

　　為了在全國範圍推廣統一的文字，秦始皇又命李斯等人用小篆編了《倉頡篇》、《爰歷篇》、《博學篇》，作為標準文字的範本和推廣識字教育的課本，頒發到全國，供人們學習。這些課本是代表秦政權統文字的作品，它有力地推動了統一文字的工作。此外，秦始皇還在全國各地立了許多用小篆寫的記功刻石，這些刻石在政治上宣傳了秦始皇的功績，宣傳統一和各項改革措施，在推廣小篆方面也是範本。

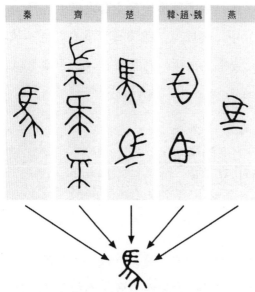

秦統一各國文字為小篆

字磚上的小篆

　　據《史記·秦始皇本紀》記載，秦始皇親理"天下之事"，每天要披閱文件"至以衡石量書"，就是說他一天要親自過目120斤抄寫在竹木簡上的文件。繁重的政務要求提高工作效率，所以秦始皇提倡並獎勵寫草篆。獄吏程邈，又將李斯等人所創的小篆加以簡化，研究創造出一種更加容易書寫的文字——隸書。因其書寫較小篆方便，秦始皇加以獎勵，並在全國推行。隸書至漢朝才廣為流行，它和今天的漢字很相像。有人認為隸書乃開今日漢文楷書之先河。隸書的產生在漢字發展史上是一次重大的變革。

23 | 漢與西方文化的交流

　　漢對匈奴戰爭取得勝利，使前往西域的道路暢通無阻。在這種新形勢下，中西文化的交流開始了一個新紀元。

　　從西方傳到中國來的，就物產方面說，家畜有汗血馬，植物有苜蓿、葡萄、胡桃、蠶豆、石榴等十多種。這些物產的輸入，給中國增加了新財富。就文化方面說，有樂器樂曲的傳入。張騫通西域，帶回來胡曲《摩訶兜勒》，樂府因胡曲更造新聲二十八解，朝廷用作武樂。西漢晚期，印度佛教與藝術，通過大月氏傳入中國。希臘、羅馬的繪畫也在一世紀中傳到天山一帶。這些西方文化的東來，大大影響了東方人的精神生活。

　　當時高度發展的漢文化，也大量傳播到天山南北以及更遙遠的西方。漢在西域設田官，督戍卒屯田；推行地下穿井的井渠法，使沙漠地區得到灌溉。據《水經注》所載，敦煌人索勱率兵士千餘人至伊循城屯田時，曾調集鄯善、焉耆、龜茲等國兵士三、四千人，把發源於崑崙山的注賓河（卡牆河）巨流橫斷，掘渠分水，灌溉農田，使許多瘠土變成了沃壤。不過三年，就積粟百萬石。這些進步的生產技術，傳到西域，對三十六國人民是有利的。

從中國傳到中亞以至歐洲去的貨物，主要是絲、絲織品、鋼鐵。煉鋼術的西傳更是對人類文明的一個貢獻。中國的絲和絲織品早在戰國時期，已成為世界著名的特產。公元前四、五世紀，希臘人稱中國為塞里斯（Seres），意思是絲國。自通西域後，漢與中亞的交通暢通，絲的輸出更多了。安息地當中亞和歐洲交通的要衝，中國的絲就通過安息轉到歐洲。《漢書・大宛傳》說：大宛以西到安息國都不產絲、漆，也不懂得鑄鐵器，後來漢的使官教他們鑄鐵造兵器。顯而易見，中亞各國煉鋼術都是在西漢通西域後，由中國傳過去的。

羅馬博物學者普林尼（公元 27 年至 79 年）在其著作中，對中國鐵器曾大加稱讚，認為是優良卓越的產品之一。印度加濕彌羅人納剌哈里著《藥學字典》中記有"鋼"字，其中之一的 "Cinaja"，譯意是"中國生"，這說明中國鋼曾傳印度。以當時中國和印度的交往，印度在漢朝時就獲得中國鋼是極有可能的。

24 董仲舒
罷黜百家　獨尊儒術

董仲舒（約公元前 179 至前 104 年），廣州（今河北棗強）人，是西漢中期的哲學家、春秋公羊學派大師，著有《春秋繁露》等書。

漢武帝建元元年（公元前 140 年），董仲舒提出"罷黜百家，獨尊儒術"的學說，這是有其深刻的社會背景的。西漢初年，國力虛弱，漢王朝採用黃老的清靜無為之學，經過幾十年的休養生息，社會經濟恢復了。景帝時鎮壓了吳楚七國之亂，中央集權制得到加強。到漢武帝時，國力已相當強大。加上武帝又是一個具有雄才大略的皇帝，他不再需要無為之治。他北擊匈奴、擴大疆域；內削諸侯王權，鞏固大一統局面。在這種情況下，他極需要有一種相應的思想、理論來統率全國，維護其封建秩序，達到"永世長存"的目的。董仲舒正處在這樣的時代背景下提出他的理論，正切合當時的需要。

武帝即位之初，舉賢良對策。董仲舒提出了適合武帝需要的《春秋》大一統思想，為武帝所賞識，遂召為相（封國之相）。董仲舒在對策中說《春秋》大一統者，天地之常經，古今之通誼也。今師異道，人異論，百家殊方。指意不同，是以上無以持一統。"又說："君者，國之元也。"他主張大一統要統到皇帝身上，使普天下的百姓，臣僚和四鄰各國，都"尊君"。這很有點先秦法家的君主專制的味道。他又將君比作陽，臣比作陰，陽永遠居於主位。所以，董仲舒所提出的"獨尊儒術"的主張，其實是以儒家學說為主，摻雜了法、陰陽五行，使之揉為一體的一套為封建君主所需要的理論根據。他又進一步提出了"諸不在六藝之科，孔子之術者，皆絕其道，勿使並進"的具體辦法，用儒學來統一封建統治的步調，加強對百姓的防範、控制。漢武帝接受了董仲舒的建議，"罷黜百家，獨尊儒術"。

董仲舒還提出"天人合一"的思想，並發展為"天人感應論"，使儒學神化了。他提出君權神授，把神權和王權、皇帝和上帝聯繫起來，說皇帝代表天意，理當君臨天下。在科學尚不發達的當時，這種論點對人民所起的欺騙和腐蝕作用是非常大的。

　　先秦韓非子説過：“臣事君，子事父，妻事夫……此天下之常道也。”常道就是綱。董仲舒把它發展為“三綱”，並和“天意”糅合一氣，提出了：“君為臣綱、父為子綱、夫為妻綱”，“王道之三綱，可求之於天”。他認為君、父、夫是臣、子、妻的絕對統治者，是維護封建統治的三條根本大綱。他還提出維護和調整三綱的五種道德原則，即“五常”：“仁、義、禮、智、信”。這樣“三綱五常”就成了封建社會統治制度的政治綱領。董仲舒又在“三綱”之上加了“天”，也就是在君權、父權、夫權之上又加了神權，就成了束縛臣民的四大繩索。這四大繩索綑綁了中國人民二千年，阻礙了中國社會的進步。

　　董仲舒在政治上反對“漢承秦制”，不主張完全依靠法治，主張有所“更化”。他認為既有“陰”、“陽”，就要有德和刑。因為陽為德，陰為刑。對百姓治理，既要“明教化”，又要“正法度”，也就是要以德治為主，又輔之以刑。這正如漢宣帝所説的：“漢家自有法度，霸、王道雜之”。

　　董仲舒提出的“罷黜百家，獨尊儒術”、“《春秋》大一統”、“天人感應論”、“三綱五常”等理論，組成了一整套封建專制統治的思想體系。其目的是為了鞏固封建的中央集權，這在武帝時代，對維護國家統一，曾起過一定的積極作用。

25 | 王充《論衡》
唯物論解釋

　　王充（公元 27 年至約 97 年），字仲任，會稽上虞（今浙江上虞縣）人，出身於一個從事農商的小地主家庭。據《論衡·自紀》記載，他的先祖曾立過軍功，封為列侯，但只一年就失去爵位，後以"農桑為業"。到他祖父時，在錢塘縣（今浙江杭州），"以買販為事"。後因受到豪門貴族的迫害，全家遷居上虞。所以他自稱出身"細族孤門"。他雖然曾在洛陽上過官方的"太學"，但"家貧無書，常游洛陽市肆，閱所賣書"（《後漢書·王充傳》）。他"仕路隔絕"，一生只做過地方小吏，晚年丟官在家，作"養性之書"。今天流傳下來的有《論衡》一書。《論衡》全書 85 篇、20 餘萬言。所謂"論衡"，意思是説他所論述的是銓衡真偽的道理。

　　在《論衡》裏，王充全面地批判了以神秘主義為特徵的漢儒思想體系，系統闡述了他的唯物主義思想。

　　王充否定了"上天"創造萬物、主宰人類社會的説教。他認為世間萬物都是由物質性的"元氣"構成的。至於天，也不過是"含氣之自然"，並無感覺器官。因而，天也就沒有意識性活動，不可能有目的地創造萬物。王充還認為，自然界的變異，只是"元氣"運動的結果，和人世間的變化根本不存在甚麼感應關係，"人不能以行感天，天亦不隨行而應人"。這就批駁了董仲舒的"天人感應論"。他並且認為，所謂帝王是天的兒子，代表"上天"的意志來統治人民以及"天做譴告"等等，都是虛妄無稽之談。

　　王充在《論衡》中，給人的生命現象以唯物主義的解釋，批駁了鬼神迷信思想。他認為，人和自然萬物一樣，由物質的"元氣"形成。生命能夠存在，是因為人"稟食飲之性"，要靠"食氣"來"吐故納新"。所謂人能得道成仙，不食而生，是不合道理的。王充斷然否定當時流行的"死人為鬼，有知，能害人"的說法。他說："物死不為鬼，人死何故獨為鬼？"他肯定地說："死人不為鬼，無知，不能害人。"

王充在《論衡》裏，還以唯物主義的認識論，批駁了當時讖緯迷信、宣揚神秘的先驗主義。當時的俗儒把孔子說成是大聖人，能"前知千歲，後知萬世"，"不學自知，不問自曉"的先知。王充認為，認識來源於人的感官對外界事物的接觸，"須任耳目以定情實"。他並列舉事實說明，即使是聖人，也不能例外。王充又進一步揭露，讖緯神學之實出偽造。

王充對於古代學者的各種論點，敢於大膽加以懷疑，經過具體分析，得出獨立的見解。他不但對儒學，而且對道、墨、法、陰陽五行等家的學說都作過細緻的評論。特別是對已處於一尊地位的儒家學說進行了批評，反對把儒家經典當作教條；並在《論衡》中寫了《問孔》、《刺孟》兩篇專文，對孔子、孟子提出一系列質問和駁斥。

王充堅持進步發展的歷史觀，主張世界事物是不斷進步發展的。他反對尊古卑今，反對開歷史倒車。王充在政治上主張改革，對東漢政權的黑暗統治進行了全面抨擊。

當然，王充由於歷史條件所限，也有許多不足之處。例如他批判了"天命論"，卻陷入了"自然命定論"，把人的貴賤、夭壽，說成是"稟自然之氣"、受"時數"支配而成，等等。

26 | 司馬遷《史記》
第一部通史著作

　　司馬遷，字子長，夏陽（今陝西韓城）人，生於公元前 145 年，即漢景帝中元五年；卒生大約在公元前 87 年，即漢武帝后元二年。他一生絕大部分時間是生活在漢武帝時代。他的父親司馬談，曾做過漢武帝時的太史令。因而，他有機會觀閱皇室豐富的藏書。20 歲後，又有機會漫遊全國名都大邑，考察史跡，探訪傳聞，觀察人民生活和各地風俗習慣。他到過長城，體驗到了先民的偉大；他渡黃河過長江，訪問都江堰，考察了水利和民生的關係；他還到過今天的四川、雲南、貴州一帶，採訪了西南少數民族的民情習俗。

　　公元前 104 年，他開始寫《史記》。這年他 42 歲，正是精力充沛的時候。不料當他開始著述的第七年，由於在評論李陵投降匈奴事件中，觸怒了漢武帝，被下獄受"腐刑"（閹割），這對他是一個極大的打擊。但司馬遷剛毅地活下來，堅持寫作，到公元前 91 年，基本上完成了這一巨著的初稿，這以後直到他死之前，他還對《史記》作了不斷的加工和修補。

　　《史記》原名《太史公書》，漢朝末年靈帝、獻帝以後，大家才習慣地稱呼為《史記》。全書分為"本紀"、"表"、"書"、"世家"和"列傳"等五個部分，共 130 篇，52 萬 6500 字。它記載了從傳說中的黃帝到漢武帝時 3000 年左右的歷史。這是中國歷史上第一部內容完整、結構嚴謹的紀傳體通史著作。

　　"本紀"12 篇，是以帝王世系為中心，按年月順序，列舉歷代大事，好像全書的總綱。"表"10 篇，分為"世表"、"年表"和"月表"三種，是排列帝王諸侯將相的年代及爵位的。因為夏、商、周三代時期年次不明，故只能按世系列為"世表"；而秦、楚之際，政治變化急劇複雜，"年表"不能解決問題，因此列為逐月記事的"月表"。"書"八篇，總述了司馬遷以前歷代的天文、地理、文化、經濟等方面的情況。"世家"30 篇，大體分為兩類：一類敍述諸侯國家興亡的歷史；一類敍述貴族和地位最高的大臣的事跡。"列傳"70篇，是全書裏篇幅最多的部分，有政治、軍事等各方面的重要人物傳，有國內少數民族傳，有屬國傳，有外國傳等。

司馬遷這種分傳記為本紀、世家、列傳，以八書記制度沿革，立十表以通史事的脈絡，為後世各史著所沿用，成為此後 2000 年中編寫封建王朝歷史的規範。

《史記》是一部非官修的史書，它較多地反映了司馬遷對一些歷史人物和事件的看法。它在記載某些人物時所持的褒貶態度，表現了這部著作的思想價值。例如它記載了陳勝、吳廣起義的詳細經過，把農民領袖陳勝列入世家，並給予較高的評價，認為陳勝的地位並不低於商湯王和周武王。這一點對於一個封建史學家來説，是難能可貴的。《史記》還在一定程度上暴露了統治者的暴虐、奢侈、愚昧以及對人民的欺壓。

《史記》也是一部文學作品，它用生動的語言，鮮明的形象，描述了歷史人物和重大歷史事件，在文學上也有很高的地位。

但是，必須指出，司馬遷對歷史的看法存有嚴重的缺陷。他把國家興亡歸之於天命，説劉邦是"龍種"，做皇帝是"受命於天"、"天之所助"等，表明司馬遷的歷史方法中，存在有唯心的天命觀。當然，這是出於當時的局限。因此在我們今天閱讀時，便要加以去偽存真了。

27 散文與樂府
漢代的文學

兩漢文學在先秦文學發展的良好基礎上，獲得了進一步的發展。散文、辭賦和詩歌，百花爭艷，極其繁榮，出現了不少優秀的作品。其中最有價值的是漢代散文和具有高度思想、藝術價值的漢代民歌。兩漢文學對後世文學的發展發生了深遠的影響。

漢代散文是在先秦散文的影響下發展的，大致分說理散文和歷史散文兩部分。說理散文包括政論文和哲理散文。西漢時代著名的散文家是賈誼和晁錯。魯迅曾指出：賈誼和晁錯"為文皆疏直激切，盡所欲言；……惟誼尤有文采，而沉實則稍遜，如其《治安策》、《過秦論》，與晁錯之《賢良對策》、《言兵事疏》、《守邊勸農疏》，皆為西漢鴻文，沾溉後人，其澤甚遠。"（《漢文學史綱要》）賈誼的散文比之晁錯雖思想深度不及，但善於運用生動故事和比喻來說明道理，語言生動，感情豐富，有聲有色，成為賈誼散文的特色。晁錯的散文思想性強，雖文采不夠，但語言精煉，明白暢曉，說理層層深入，富有節奏，氣勢逼人。他們的文風對後世散文家影響都很深遠。自漢武帝之後，由於儒學興盛及漢賦的發展，文質分離趨勢已很顯明。東漢時代著名的散文作品有王充的《論衡》，王符的《潛夫論》，仲長統的《昌言》等；東漢的散文已缺少西漢那種渾樸自然風格，說理性強而文采不足，已是純粹的政論文了。關於歷史散文，當以司馬遷的《史記》為代表，前已作了介紹，這裏就不敍述了。

辭賦興起是漢代一種重要的文學現象。漢初盛行騷體賦，是在《楚辭》的基礎上發展起來的。漢高祖劉邦的《大風歌》、賈誼的《弔屈原文》以至漢武帝的《秋風辭》等，都是騷體賦的代表作。隨着漢代經濟日趨繁榮，統治者生活日益奢侈，鋪采摛文、禮物敍事的漢賦正式形成。其代表人物有枚乘、司馬相如、揚雄等。漢賦的內容，大都脫離社會現實生活，專門鋪寫宮廷建築，田獵巡遊，聲色犬馬，點綴貴族生活，而且文字堆砌，體賦鋪張，形式呆板，詞句艱深，是典形的形式主義作品。王充對漢賦作了批評，他說漢賦"文麗而務巨，言眇而趨深，然而不能處定是非、辯然否之實，雖文如錦繡，深如河漢，民不覺知是非之分，無益於彌為崇實之化。"（《論衡‧定賢》）王充的批評是對的。

正當漢代的文人學士埋頭作辭作賦的時候，民間卻有許多無名作家正在創作新詩。他們"感於哀樂，緣事而發"，"飢者歌其食，勞者歌其事"，抒寫自己的感情，真實地揭露了封建社會的種種矛盾。這些民間詩人的作品，充實了漢代的文壇。由於他們的努力，一種新詩體逐步形成。這種新詩體在中國詩史上開闢了一個新局面，對中國古典詩歌發生很大的影響。

今天我們所見到的漢代民歌，大部分保存在"樂府"裏，小部分散見於史傳子書。"樂府"最初的意思是指漢代設立的採詩配樂的音樂官署。後來，就把這個機關所採來配樂的詩，統稱作"樂府詩"。《漢書‧藝文志》載："自孝武立樂府而采歌謠"。這就是說自漢武帝開始設立了“樂府”，從而大規摸地採集各地民歌。東漢時，相當於樂府的機關是掌管黃門鼓吹樂的“承華令”。封建帝王設立音樂機關進行採詩，其目的有二：第一是為了“觀風俗，知厚薄”（《漢書·藝文志》）；第二就是為了宮廷娛樂。

漢代民歌在被採集、記錄的過程中，肯定都經過文人、樂工的選擇、刪除和潤色。不少民歌會因此削弱了原有的質樸的特色，甚至塗上帝王權貴的思想色彩。儘管如此，我們還可以從現存的民歌中，聽到西漢人民的聲音。

漢代民歌反映的思想內容，大致可分為四類：

(1) 反映勞動人民被封建帝王、官僚所奴役和掠奪的痛苦，如《十五從軍征》、《小麥童謠》、《平陵東》、《東門行》等都是。

(2) 反映勞動人民生活的貧困和四處逃荒的悲慘生活，如《婦病行》、《古歌》、《悲歌》、《高田種小麥》及《巫山高》等都是。

(3) 反映在封建禮教殘酷束縛下婦女的悲慘命運，如《上山采蘼蕪》、《塘西行》、《白頭唫》等都是。

(4) 揭露封建權貴們的荒淫無恥、腐朽和醜惡，如《陌上桑》、《雞鳴》、《相逢行》等都是。

東漢末期，出現一首古代民間敍事詩中傑出的詩篇 ——《孔雀東南飛》。這首詩長達 1700 多字，內容描寫漢末盧江小吏焦仲卿和妻劉蘭芝因受封建禮教壓迫而致死的悲劇，對封建禮教的罪惡，進行了無情的揭露和批判。《孔雀東南飛》這首詩無論從思想性和藝術性來看，都可以說是漢代民歌發展的一個高峯。

28 佛教在中國的傳播

佛教的創始人是悉達多，族姓為喬達摩，傳為迦毗羅衛國（現在尼泊爾王國境內）淨飯王的兒子。他一生的傳教活動在印度北部、中部、恆河流域一帶。"釋迦牟尼"是佛教徒對他的尊稱。"佛"是覺悟的意思。悉達多的生卒年代，大約相當於中國的春秋末期，與孔子相同或較前。

佛教何時傳入中國，目前還沒有發現正式記載，但可以肯定是在西漢以後。漢武帝時，張騫通西域，那時佛教已在身毒國（今印度、巴基斯坦一帶）盛行。張騫可能接觸過佛教的事，只是《史記》、《漢書》都沒有記載。東漢初年，中國已經有人信仰佛教了。漢光武帝劉秀的兒子楚王劉英，就是一個佛教徒。在他的封地彭城（今江蘇徐州）有供養"浮屠"（佛像）的仁祠，而且還供養伊蒲塞（佛教信徒）和桑門（即沙門、和尚）。

直到公元 67 年（東漢明帝永平十年），中國開始有佛經的漢譯本。最初譯成漢文的佛經是《四十二章經》。佛教一經傳入中國，就與中國流行的思想結合起來，成為中國封建社會上層建築的一個重要組成部分。漢代的佛教是與當時流傳的神仙方士宗教迷信結合在一起的。但佛教在漢代還未大量流傳，漢代只有少量的佛寺，主要是為了滿足西域來華外國商人的宗教信仰，而且法律規定不允許中國人出家，當然個別出家的佛教徒還是有的。

佛教到魏晉南北朝時期，經過朝廷的全力提倡，得到發展。當時的門閥士族、皇親貴族和大臣都信奉佛教。如南朝的梁武帝就是一個虔誠的佛教信徒，曾三次把自己舍給寺裏充當服役的人，三次被大臣花了很多的錢才把他從寺中贖回來。他在天監三年（公元 504 年）宣佈以佛教為國教。因此，佛教寺院大量興建，僧尼數量急劇增加。在中國的北方，長安是佛學中心。前秦苻堅尊禮釋道安，翻譯佛經，宣揚佛教。後秦姚興，得鳩摩羅什，譯事更盛，中外名僧雲集。到北魏時期，佛教文化已成為北魏文化的中心。北魏末年，洛陽有寺 1367 所，其他州郡有 3 萬多所，僧尼多至 200 萬人。

這些佛教寺院都擁有獨立的經濟收入，佔有大量勞動力和土地，形成了特殊的階層，享有門閥士族同等特權。不少僧尼出入宮廷，交結權貴，干與國家政治。由於僧尼大增，他們既不用納稅，又不服役，因此加重了人民的經濟負擔，造成了嚴重社會經濟危機，因此當時不斷發生具有深刻內容和社會意義的反佛教的鬥爭。

29 │ 建安七子
魏晉南北朝的文學代表

中國文學發展到魏晉南北朝時期，無論從內容到形式，都發生了一定的變化，表現出嶄新的面貌。主要的是文學逐漸擺脫經學的束縛，得到新的發展。五言詩體的興盛與文風的變化，探討文學理論的專門著作和短篇小說的出現，都顯示出當時文學領域的新傾向。

在這時期的文學裏，建安文學佔着重要的地位。建安文學繼承漢樂府民歌的優秀傳統，比較真實地反映了東漢末年的亂世實況和三國時期的社會情況。建安是漢獻帝的年號（公元 196 至 219 年），這時期出現的文學家中，主要的代表人物首推曹操。史稱曹操："御軍三十餘年，手不舍書。⋯⋯登高必賦，及造新詩，被之管弦，皆成樂章。"（《三國志・武帝紀》）

現存的曹操全部詩歌中，有四分之一是反映他的征戰生活的。曹操的《短歌行》（"周西伯昌"），表達了他維護統一的政治態度。《嵩里行》譴責了袁紹兄弟搞割據分裂的罪行。北征烏桓途中寫的《觀滄海》，描繪了大海吞吐日月的宏偉景象："日月之行，若出其中；星漢燦爛，若出其里。"充分表現了他的廣闊胸襟和壯志宏圖。此外他的《龜雖壽》，則表達了他堅毅頑強、老當益壯的戰鬥精神。

曹操不僅自己積極從事詩歌創作，還收羅天下文士，加以重用，"置之列位"。即使像陳琳這樣曾替袁紹寫文章大罵曹操祖宗三代的文人，也不予追究而加以重用。所以，當時天下文士，"悉集茲國"，在曹操周圍形成三國時期的一個文學中心。除曹氏父子（曹操與其子曹丕、曹植合稱"三曹"）外，還有孔融、陳琳、王粲、徐幹、阮瑀、應瑒和劉楨七人，史稱"建安七子"。

由於建安詩人大都經歷過漢末長期戰亂，對現實生活有真切的感受。他們目睹過廣闊的社會畫面，加上建安時代思想羈絆少，作家們便能較多地運用樂府民歌的現實主義手法，"發愀愴之詞"，實錄時代的某些情況。他們或寫征戰之苦，或述社會之亂，或記難民之流浪，或訴孤兒之苦楚，或敍個人之遭遇。他們以悲憤的筆觸，描寫洛陽都城"斬截無孑遺"、"城郭為山林"；中原大地"白骨露於野，千里無雞鳴"、"路有飢婦人，抱子棄草間"……。建安作家不僅是亂世的悲歌者，還具有熱烈追求國家統一的激情。這也反映在他們的詩歌中。如曹操自比"老驥"，吐露自己老當益壯的鬥志："老驥伏櫪，志在千里，烈士暮年，壯心不已。"曹植在《白馬篇》中描寫一位鏖戰疆場的青年："棄身鋒刃端，性命安可懷，父母且不顧，何言妻與子。名在壯士籍，不得中顧私，捐軀赴國難，視死忽如歸。"王粲、陳琳等人的作品，也都洋溢着要為統一事業及時建功的積極精神。建安的這類詩歌，氣魄宏偉、情調激昂，令人讀之奮發激越。建安文學還樹立了文學批評的優良學風。曹丕的《典論·論文》是中國第一篇文學批評專著。此外，建安時期也是使前代各種文體得到改造和發展的時期。三曹七子都發展了漢代樂府詩，不僅以詩敍事，而且發展為寫景抒情，並將古樂府的舊曲改作新辭，寫了一些情景交融的新樂府詩。而五言詩也達到了成熟的程度，發展到古詩的一個新高峯。其中曹植的五言詩堪稱代表。建安前的七言詩，句中常帶"兮"字，未擺脫楚調的痕迹；嚴格說來，不能算作七言詩。及至曹丕作《燕歌行》，才完全擺脫了楚調而獨立成形。故世稱《燕歌行》為中國第一首七言詩。

建安文學之所以重要，在於它不但繼往，且能推陳出新，使中國文學前進了一步。

曹魏以後，中國的文學又有明顯的變化。由於門閥士族知識分子把持了文壇。這就使文學遠離了人民，成為一小撮士族貴族縱慾享受或尋求精神超脫的工具。這時，追求擴放適意、高談玄理的玄言文學，追求長生久視、全真養性的游仙文學；追求荒淫無恥、色情肉慾的宮體文學，充塞文壇。儘管那個時代社會矛盾是那麼尖銳，他們作品裏卻很少反映，文學失去了現實社會的深刻的內容，就必然走上形式主義的道路。士族文學正是沿着形式主義道路發展的，他們只追求聲律、對偶、用典，對文學作品像雕琢一件玩物一樣精心考究，華而無實。

但是，這並不是說這時期的文學沒有一點可取之處。一些進步文人創作出一些較有意義的作品。如魏阮籍的《咏懷詩》，揭露了司馬氏政權殘酷殺奪的恐怖統治，表達了在這樣情勢下一個志士的憂憤。嵇康鼓吹“越名教而任自然”，對司馬氏提倡虛偽禮法深表不滿，終於被司馬昭處死刑。晉左思的《咏史詩》，表示了對門閥士族的反抗和對士族的輕蔑。宋鮑照的作品，反映了士族門閥制度對人才與進步事物的壓抑與摧殘。這期間還有一個著名的文人，就是晉末宋初的陶淵明，他處在門閥士族統治已十分鞏固的時代，雖然心懷大志，卻不可能有任何作為，只能消極歸穩田園，樂天安命，陶淵明的作品談不上有甚麼積極的意義。

值得注意的，是魏晉六朝出現了大量的“志怪”“志人”小說，這是中國小說發展的雛型。這些作品雖然都是談鬼說怪的，但是在一些優秀的作品裏，還可以隱約看到人民通過美麗的幻想，道出自己反抗的呼聲和追求理想的願望。文學發展到這個時期，體裁與作品都增加了。伴隨形式主義文學的發展，反形式主義的作品也出現了。在這樣情況下，形成了文學批評的繁榮局面，《文心雕龍》和《詩品》就隨之出現了。

30 | 玄學與反玄學
魏晉時期的學術思潮

魏晉時的社會矛盾，反映在意識形態上，在魏文帝正始年間，就出現了玄學與反玄學的鬥爭。

魏晉門閥士族知識分子經過探索，由"何晏、王弼祖述老莊"，形成"正始玄風"。

甚麼是"玄學"？它本之於老子的"玄之又玄，眾妙之門"，即一般所謂玄妙得很的"玄妙"。怎樣"玄妙"？據說它非常幽冥，是"默然無有"（王弼語）的。但拆穿來看，也並不玄妙。無非是把世界說成是"空"的，是"虛無"的，從而叫人無視現實，無視現實社會的鬥爭；人人無視現實，無視現實社會的鬥爭，那麼現實的鬥爭自然消失。可見何晏、王弼宣揚玄學的目的，就在於麻痺和消解人民的鬥志。

當時的"玄學"，就是研究《老子》、《莊子》和《周易》這三本書，總稱為"三玄"（《顏氏家訓·勉學第八》）。所以"玄學"實際上就是以"道"與"儒"相結合。王弼就"好論儒道"（《三個志·鍾會傳》），他將儒、道加以調和，來建立"以無為本的哲學理論"。魏晉玄學把所有現實生活中的予盾都概括為"名教"與"自然"的予盾。所謂"篤名教"，就是崇尚"三綱五常"之教，這是儒家的學說；所謂"尚自然"，就是崇尚"無為"，這是道家的學說。玄家又說"名教本於自然"，就是儒與道的合一。他們企圖論證封建倫理綱常是符合自然無為這個根本，人人要篤守"無為"，也就要遵守封建名教，不要起來反抗。

　　與魏晉玄學"貴無論"相對立的，有裴頠的"崇有論"。裴頠
出身於貴族大官僚家庭，他自己也曾擔任西晉朝廷的高級官吏。他
看到當時貴族們高談"虛無之理"，帶頭破壞封建禮教，一味貪圖
享樂，連掌握在自己手裏的政權都懶得去管理，感到十分危險。因
此，他寫了《崇有論》（見《晉書‧裴頠傳》），對當時門閥士族的頹
放腐化的行為，以及他們所崇奉的"貴無"之說，進行了抨擊。裴
頠之所以不同於貴無論者，在於他承認世界的根本是"有"，而不是
"虛無"。他說："濟有者皆有也"，即凡是促成"有"（萬物）的都
是"有"，而"虛無"對於人們是沒有益處的。雖然裴頠提出了"無"
不能生"有"的唯物的命題，但他是為了維護封建禮教、維護門閥
地主的長遠利益而反對"以無為本"的思想的。因此，很難說他的
"崇有論"有甚麼進步的意義。

31 | 佛教藝術
北魏的石窟

　　在佛教盛行的國家裏，佛教徒多開鑿石窟供奉佛和菩薩，其中
有塑像，有壁畫。石窟成為佛教藝術的象徵。

　　佛教是從西域傳入中國的。《魏書‧釋老志》說："敦煌地接
西域，道俗交得舊式。"所謂"舊式"，是指佛教的規矩和技藝等
等，石窟藝術大概也是其中一種。敦煌正處在從西域到內地的咽
喉。敦煌石窟的出現，顯然是受西域的影響。不過西域的藝術既到
了敦煌，必然和中國固有的民族藝術相結合，成為最早的中國石窟

藝術,並流傳到內地,逐漸發展為宏偉的藝術寶庫。

中國的石窟藝術是在北魏時期開始盛行的。中國現存的著名石窟,如雲崗石窟、龍門石窟、麥積山石窟……。大都是在北魏時期開鑿的。

北魏統一中國的北方後,魏太武帝一度認為佛教謀反,大舉滅佛。到魏文成帝即位時,北魏國勢開始衰弱,不得不借助佛教的力量,以維持自己的統治。公元450年,魏文成帝接受沙門統(掌管佛教的僧官)曇曜的建議,在當時的國都平城(今山西大同市)西北30里雲崗鎮武周山的崖壁上,開鑿石窟,雕刻佛像。雲崗石窟現存洞窟53個,其中曇曜開鑿的五個(現存石窟的第16窟至20窟),後人稱為"曇曜五窟"。其餘石窟大部分是北魏遷都洛陽以前的作品。雲崗石窟的佛像,一般是唇厚、鼻高、目長、頤豐、肩

雲崗石窟中的釋迦牟尼像

寬，有雄健的氣概。它們不很像佛經描寫的佛相，也不很像漢族人
的狀貌，這大概是依據魏國開國諸帝的面貌經藝術家加以佛化後得
出的形狀。

　　大佛像高大雄偉，顯示舉世獨尊，象徵皇帝。其他石像是大小
羣臣，各按品級一個低似一個，全體服從大佛像。再配上飛天和侏
儒，象徵各種服役的奴隸和民眾。在每個石窟裏，雕刻着這樣一幅
完整的封建統治圖，自然是符合統治者的政治上的需要。它使入窟
的人，通過美妙的宗教藝術，感受到服從皇帝統治的全部教訓。

龍門石窟賓陽洞

公元 494 年，魏孝文帝遷都洛陽，石窟藝術也從平城轉移到洛陽來。洛陽南有伊闕（伊水從此流過），西岸名為龍門山，東岸名為香山。公元 495 年，魏宗室比丘慧成開始在龍門山開鑿稱為古陽洞的大石窟。公元 500 年至 523 年，魏宣武帝和孝明帝繼續開鑿總稱為賓陽洞的北、中、南三個大石窟。據《魏書·釋老志》載：古陽洞的續修和賓陽洞的修建，共費人工 80 萬以上。龍門石窟代表北魏石窟藝術的精華。這時大佛的姿態也由雲崗的雄健可畏變為龍門的微笑可親。佛面的變化，反映魏統治力量強弱的變化。

32 劉知幾《史通》
最早的歷史理論著作

唐朝初年，史學的研究極為興盛。唐太宗專設史館於禁中（以前史館是屬於秘書省下著作郎），修國史以宰相總領其事。宰相在名義上成為國史館的監修。這個制度一直傳流到宋、明、清各朝，成為定例。唐太宗時修成的史書很多，今日的二十四史中，就有八部史書是唐太宗時修成的，計：《晉書》、《梁書》、《陳書》、《北齊書》、《周書》、《隋書》、《南史》、《北史》等。

劉知幾（公元 661 至 721 年），字子玄，徐州彭城（今江蘇徐州）人，從小非常愛讀史書。20 歲考上進士，便一面做小官，一面研究史學。公元 702 年（武則天長安二年）開始擔任史官，以著作佐郎兼修國史。從此以後將近 20 年的時間，歷任鳳閣舍人、太子率更令、秘書少監、左散騎常侍等官，但實際職務一直是修史。他的著作很多，《史通》是他的代表作。

《史通》是中國最早的歷史理論著作，寫成於公元 711 年。劉知幾在參加官修史書的過程中，並提出自己的進步的史學主張，結果"大為史官所嫉"。他的主張得不到採用，在"鬱快孤憤，無以寄懷"的情況下，寫成了《史通》一書，"譏評古今"。他對以前史書的是非標準、材料取捨、體例結構，語言文字作了系統的評述，對先秦以來的史學做了一個總結。

劉知幾在《史通·自敍》中說："其書雖以史為主，而餘波所及，上窮王道，下揽人倫"。《史通》雖然是一部關於史學評論的著作，但其中包含的思想內容，遠遠超過了史書評論的範圍。劉知幾又說："此書多譏往哲，喜述前非"。

劉知幾繼承韓非、王充等的優良傳統，厚今薄古，主張進化的歷史觀點。他認為歷史是不斷進步的，"古往今來，質文遞變"（《史通·六家》，以下只註篇名），每個時代都有它不同的特點；研究歷史的人，應該"考時俗之不同，察古今之有異"（《敍事》），根據時代特點來處理一切問題。他在《模擬》篇中讚揚韓非提出的"世異則事異，事異則備變"的著名論點，批評那些死守"先王之道"的人，就如韓非所說的守株待兔的宋人。

劉知幾認為史學家必須具備"才"、"學"、"識"三者。其中的"識"，就是觀點。他認為尤其要注重觀點，才能寫成有價值的歷史著作。他強調編寫歷史要直言不諱，提倡"不掩惡，不虛善"。在《史通·疑古》篇裏，他以豐富的史料反駁了歷代史書對古代聖賢的美化，並且指出《尚書》和《春秋》兩部書中虛偽錯誤的內容。他反對史學家阿世取容，挾私受賄，主張"仗氣直書，不避強御"、

"肆情奮筆，無所阿容"。劉知幾在一千多年前就對史學提出這樣卓越的見解，是很可貴的。

33 四夷自服
唐和世界各國的友好往來

唐朝時候，中國經濟與文化在世界上都處於先進地位，加之當時國際海陸交通條件比起過去有了進步，因此，唐和亞洲各國間友好往來頻繁，出現了前所未有的局面。

朝鮮半島上的新羅，同唐朝的關係很密切，經常派使臣和學生到中國。新羅政府設置了"博士"，傳授唐朝傳去的曆法、醫學知識。到中國來的使臣，很注意收集唐朝詩人的新作。許多高麗、百濟的音樂家住在長安，"高麗樂"很受中國人的歡迎。

中國和日本之間的交往，在唐代極為頻繁。當時從中國到日本，可以經過朝鮮半島，也可以直接坐船往來。兩國人民，冒風浪的危險，堅持互相訪問，尋求知識和友誼。

日本多次派"遣唐使"到中國，每次都有幾百人。開元、天寶年間，是"遣唐使"活動的高潮。他們到了中國，熱心學習各種知識。有的日本人在中國住了 20 多年才回國，有的老死在中國。有個阿部仲麻呂，漢名叫晁衡，19 歲到中國來讀書，同唐代著名詩人李白等是好朋友。日本奈良大寺正倉院，收藏許多文物，其中就有不少唐代文物及其仿製品，保存至今，已達 1200 餘年。當時的日本貨幣，在中國也有出土。這些都是中、日人民從古以來友好關係的見證。唐代揚州高僧鑒真，應日本僧人的邀請，前往日本。11 年間，五次開航都失敗了。但他不避風浪的危險，終於在公元 753 年第六次東渡時到了日本。他帶去了許多書籍文物，還帶去了藝術、醫學等方面的人才。在鑒真的主持下，在奈良修築了唐招提寺。這個中日文化交流的紀念建築物，至今仍然保存着。

在唐朝，和印度、巴基斯坦、尼泊爾等國的文化交流上也很頻繁。唐太宗時，玄奘西行取經是有名的歷史事件。中國和印度也進行了經濟交流。中國從印度學習了製造蔗糖的技術，印度也學習了中國的造紙方法。

波斯（今伊朗）和唐的關係也很密切，常有使臣來往。廣州、泉州、揚州和長安、洛陽等地，都有波斯商人的足跡。近年在西安出土了一批波斯薩珊朝銀幣，正是中、伊人民友好往來的見證。當薩珊朝被阿拉伯人滅之後，有不少薩珊朝的王室貴族流寓長安。在西安發現過祆教徒蘇諒妻馬氏墓中出土的漢文和婆羅鉢文合璧的墓誌，馬氏的丈夫蘇諒，就是薩珊王朝貴族的子孫。這也是古代中、伊關係的實物見證。

唐代初年，阿拉伯人在自己的領土上建立了大食帝國。伊斯蘭教的創始人穆罕默德曾派使者來中國，得到唐太宗的接見，並且允許他們在中國建立清真寺。八世紀中葉，中國的造紙術傳入大食，以後又通過阿拉伯人，傳入歐洲。在西安市西窰頭村唐墓中，曾經挖出三枚阿拉伯奧梅雅王朝的金幣，這是中國境內目前發現的時代最早的一些伊斯蘭鑄幣，也是目前所知的唐代留下來唯一的一批中國和阿拉伯交往的實物證據。

從太宗晚年到高宗初年，唐朝解決了西突厥問題。於是一條從長安遠門（西門）往西，穿過河西走廊和新疆，直抵中亞和西亞的路線暢通無阻，成為唐朝時中外文化交流的大道，也是商旅貿易的道路。由於中國的絲綢在中亞、西亞是極貴重的商品，史稱“絲綢之路”。這在中外友好關係史上傳為佳話。

34 絢麗的 唐代詩壇

唐代文學，詩、文、傳奇（用文言文寫的短篇小說）都有很大的發展。其中唐詩更為突出。唐代詩歌的成就，無論題材的廣泛，數量的繁多，技術的高超，形象的豐滿，都是過去任何一個朝代所無法比擬的。根據清代康熙時編的《全唐詩》所錄，其中詩人就有2300多家，作品有 4 萬 8900 多首。這顯然不是唐詩的全部，可以想見唐代詩人輩出的盛況了。

唐詩繼承和發展了中國古典詩歌的優良傳統，在 300 多年的歷史中，詩壇湧現了許多著名的詩人：李白、杜甫、白居易、劉禹錫、李賀、李商隱等等，形成了唐代詩壇萬紫千紅、百花爭艷的燦爛局面。

唐初一百多年，社會經濟繁榮，這是唐詩繁榮的基礎。一方面由於國家的富強，社會的安定，詩人們能夠“仗劍去國，辭親遠遊”，豐富了生活經歷，擴大了眼界；另一方面，封建社會不可避免的內在矛盾，詩人在政治上的失意，又直接或間接促使詩人接觸勞動人民，正視現實，孕育了他們對現實的叛逆精神，因而他們的作品，能在一定程度上反映當時社會矛盾和人民深重的苦難。到了中晚唐，唐代社會經濟雖然開始衰落，然而已經形成的這一詩歌高潮，卻並未隨之衰落，反而隨着社會矛盾的尖銳化，日益發展。

唐初朝廷在用人方面，通過科舉制度對中下層知識分子開放政權，科舉中規定以詩賦取士，這也是使得詩歌愈來愈為大家重視的一個原因。

唐詩的繁榮除了上述的重要的基礎和條件外，還有文學發展本身的規律。一千多年來，詩歌一直是中國文學的主要文體。到唐代，詩歌已有悠久的歷史，從《詩經》到《楚辭》，再到西漢樂府詩，以及漢魏五言、七言詩的興起，不斷適應內容表現的需要而變化着，也不斷積累着藝術上的經驗。六朝詩人追求形式主義，把詩歌的發展引進了死胡同。到唐代，詩歌由貴族手中解脫出來，轉到中下層知識分子手中，他們要求表達新內容，痛斥齊梁詩風，力倡建安風骨，形成了一股新的潮流，為唐詩的健康發展鋪平了道路。

35 | 李白 與 杜甫
盛唐詩人的代表

唐玄宗開元、天寶年間，一方面繼承了唐初社會經濟繁榮的局面，國勢強盛；另一方面，由於土地兼併、藩鎮割據勢力迅速發展，社會矛盾十分尖銳複雜。這就構成了盛唐詩歌中反映現實，以及與現實不妥協的叛逆精神。在盛唐詩人中，以李白、杜甫為代表。

(1) 李白

　　李白（公元 701 至 762 年），字太白，生於唐朝安西都護府所管轄的碎葉（在今蘇聯吉爾吉斯北部托克馬克附近）地區的一個漢族富商家庭，自幼隨父遷居蜀中綿州昌隆（即今四川江油縣）青蓮鄉，故號青蓮居士。他自幼“通詩書，觀百家”。到他青年時代，已養成了“性倜儻，輕財好施，擊劍為任俠”的性格。從 25 歲起，李白離開四川，“仗劍去國，辭親遠游”。他的足跡北達太原，東至齊魯，南到吳城，浮洞庭，上匡廬，遍歷金陵、揚州、長安、洛陽等城市。李白盛年時抱負很高，他在給詩人孟浩然的信中，表達了要“申管晏之談，謀帝王之術，奮其智能，願為輔弼，使寰區大定，海縣清一”（《代壽山答孟少府移文》）。在他以後的作品中，常以張良、諸葛亮、謝安自比，希望為國家盡力。

　　天寶元年（公元 742 年），李白 42 歲，受賀知章推薦，被玄宗召見，李白很得意，認為可以實現“濟蒼海”、“安社稷”的壯志。然而玄宗只要他當一個宮廷詩人。李白非常失望。三年後，他便離開長安，繼續到各地遊歷。安史之亂期間，李白在永王幕府做事，但因永王“謀反”而被牽連，被判流放夜郎，幸中途遇赦。公元 762 年，李白在窮困和飄泊中病死於安徽當塗，享年 62 歲。

　　李白是中國詩史上的一位浪漫主義的大師，被稱為“詩仙”。他的一生寫了近千首詩，他的詩歌自然、豪放、熱情、壯美，具有強烈的藝術魅力和富於創造性，其中有不少描寫祖國錦繡河山的詩篇，心有對當時朝政腐敗進行辛辣的批判和對人民疾苦深表同情的作品。如《靜夜思》、《蜀道難》、《行路難》、《將進酒》、《朝發白帝城》等，都是傳誦一時的代表作。

(2) 杜甫

杜甫（公元 712 至 770 年），字子美，生於河南鞏縣，是中國詩壇著名的現實主義詩人。他在成都做過檢校工部員外郎，後人因而也稱他作杜工部。他的青年時代正值"開元盛世"。那時，杜甫對自己的前途充滿信心和希望，他在《望嶽》詩中說："會當凌絕頂，一覽眾山小"，就是這種思想感情的表現。到了他的壯年時期，考進士不第，後來僅以獻賦得待制集賢院。但又值唐朝政治在走下坡路，杜甫受權臣排擠，找不到出路。但他的社會地位和政治上的遭遇，卻使他的眼光越來越注意社會生活中不合理的現象，從而能夠寫出一些比較深刻的，反映現實的作品。特別是他親身經歷了安史之亂，飽經喪亂。他用詩歌記實事，發議論，畫出一幅幅流亡圖。比較真實地反映了"安史之亂"前後唐代社會的政治狀況。

如杜甫在《麗人行》中，對大官僚楊國忠一家，做了淋漓盡致的刻劃，"紫駝之峯出翠釜，水精之盤行素鱗"，"炙手可熱勢絕倫，慎莫近前丞相嗔"。又如《自京赴奉先縣詠懷》這首詩，是寫杜甫從長安回家探望妻子，剛進家門，就聽到一片哭聲，原來他的小兒子剛餓死了。杜甫想起路過驪山時，唐玄宗和貴族、官僚們醉生夢死的享樂圖景，憤懣地寫道："彤庭所分帛，本自寒女出。鞭撻其夫家，聚斂貢城闕"，並用"朱門酒肉臭，路有凍死骨"的名句，概括了當時貧富懸殊的真實情景。安史之亂把廣大人民推入災難的深淵，使黃河流域"人煙斷絕，千里蕭條"。杜甫寫了《三吏》、《三別》等著名詩篇，形象地描繪了這一時期人民所遭受的苦難和犧牲。安史之亂後，藩鎮割據局面形成，嚴重地破壞了唐王朝的統一和中央集權。杜甫在《入衡州》詩中説："重鎮如割據，輕權失紀綱"，概括了當時的形勢。他的《草堂》詩還形象地揭露了藩鎮的罪惡統治："一國實三公，萬人欲為魚。唱和作威福，孰肯辨無辜！"杜甫是熱望國家統一的，但是直到他逝世前，擺在他面前的仍然是："天下郡國向萬城，無有一城無甲兵"(《蠶谷行》) 的局面。

杜甫一生寫下幾千首詩，留下來的仍有 1400 多首。他的詩歌廣闊地、鮮明地反映了唐朝從強盛走向衰落的一個複雜、動盪的歷史時代，被人們稱為"詩史"。杜甫的詩歌感情真摯細膩，風格沉實雄渾，語言千錘百煉，具有高度的表達能力，成為中國古代現實主義詩歌的典範。杜甫的《兵車行》、《北征》、《三吏》、《三別》、《茅屋為秋風所破歌》等，均為後人所傳誦。

李白與杜甫兩位大詩人，自古以來已受到人們的愛戴，人們稱李白為"詩仙"，稱杜甫為"詩聖"。唐朝大文學家韓愈説："李杜文章在，光焰萬丈長。"唐朝另一個大詩人白居易稱頌他們的詩："吟咏流千古，聲名動四夷。"李白與杜甫不僅是中國傑出的詩人，他們在世界文壇上，也享有極崇高的地位。

36 劉禹錫 與 白居易
中唐寫實詩人的代表

唐代中葉自"安史之亂"後，由於藩鎮割據和宦官專政，唐代社會陷入了混亂的狀況，社會的動亂把這時期的詩人拉入社會的底層，使他們看見了人民的種種悲慘生活，因而社會的各種矛盾和人民的苦難生活，在詩歌中有更多的反映。這期間唐代詩壇的代表人物有劉禹錫和白居易，以及稍後的李賀和李商隱。

劉禹錫（公元772至842年），字夢得，彭城（今江蘇徐州）人。公元793年，和柳宗元一起中進士，又登宏詞科和吏部取士科，故每以"三登文科"自負。他說自己"少年負志氣，信道不從時，只言繩自直，安知室可欺"（《效阮公體》）。他積極參加了王叔文等領導的"永貞革新"，遭到失敗後，貶官外地，差不多做了一輩子"遷客"。他最後一個官職是太子賓客，後人稱他劉賓客，他的集子也叫《劉賓客集》。他在洛陽和白居易唱和極多，世稱"劉白"。

在"永貞革新"期間，劉禹錫的詩歌，大部分是歌頌這場變革的，洋溢着不屈不撓的鬥爭精神。"永貞革新"失敗後，他繼續用詩歌作為武器，歌頌國家的統一，鞭撻藩鎮割據。公元817年10月，李愬雪夜取蔡州，取得淮西之捷，劉禹錫寫了《平蔡州》三首詩，表達他對國家統一的嚮往，其中第三首最後說："策動禮畢天下泰，猛士按劍看常山"，這按劍的"猛士"，就是作者自喻。

劉禹錫詩歌的一個特點是寓哲理於景物之中。例如"人於紅藥惟看色，鶯到垂楊不惜聲"（《和僕射牛相公春日閑坐見懷》），"桃紅李白皆誇好，須得垂楊相發揮"（《楊枝詞》），這些詩具有新的意境。

白居易（公元772至846年），字樂天，原籍太原，祖上遷居下邽（今陝西渭南縣），生在河南鄭縣。其晚年居住在洛陽香山，號香山居士。

白居易出生在安史之亂後，他少年時和家人一起逃難，過着顛沛流離的生活，目睹了當時社會的黑暗。他29歲考中進士。唐憲宗元和年間，他做過左拾遺翰林學士，這是一個諫官。白居易屢次上書言事，反對苛捐雜稅，反對賣官鬻爵，反對宦官專權。他不畏強權，伸張正義，表現出一股凜然正氣。後改任左贊善大夫，陪着太子讀書。元和十年（公元815年），被陷害貶為江州（今江西九江市）司馬。後任杭州刺史、蘇州刺史，曾在杭州興築湖堤，利用湖水灌溉土地。晚年隱居洛陽，消極悲觀，與香山寺僧如滿結香火緣，出重資重修香山寺，從此"半移生計入香山"。他68歲得風痺症，75歲病死。

白居易是一位多產的詩人，他給我們留下3000多首詩。其中有價值的約170多首諷諭詩，尤以《秦中吟》十首和《新樂府》50首為代表。如在《重賦》、《觀刈麥》、《杜陵叟》等詩中，寫農民生活的苦難；在《澗底松》詩中，要求選賢任能；在《賣炭翁》、《宿紫閣山北村》等詩中，評宦官專權；在《上陽白髮人》詩中，要求釋放宮女等。

除諷諭詩外，白居易還寫過一些優美的敍事詩，以《長恨歌》、《琵琶行》最著名。這兩首詩顯示了白居易的藝術才華，膾炙人口，成為留傳千古的佳作。

白居易的詩歌深入淺出，通俗易懂，有民歌風味。傳說他寫了詩後，先唸給老太婆聽，然後不斷修改，直到老太婆聽懂為止。由於這樣，白居易的詩甚得人們所喜愛。他的《新樂府》詩在唐朝形成一個潮流，許多詩人競相模仿。

37 | 李賀 與 李商隱
諷諭詩的代表

　　唐代詩壇中，盛唐的李白，中唐的李賀，晚唐的李商隱，合稱"三李"。他們的成就各有不同。

　　李賀（公元 790 至 816 年），字長吉，昌谷（今河南宜陽）人，只活了 27 歲。他出身唐朝宗室鄭王（高祖李淵之子李元懿）的後代，但家世早已沒落，到他出生時只剩下一個貴族的空銜，家庭經濟比較拮据，年輕的李賀，在詩壇上初露頭角，就受到宦官權貴的排擠迫害，因為他的詩刺痛了權貴，被毀謗觸犯君父"之諱"，禁止應進士試。他終生只做過一個時期奉禮郎（管理祭祀的九品小官）。坎坷的生活經歷，對李賀來説，無疑是一種教育，使他能夠比較清醒地認識當時的社會現實。

　　從公元 806 年憲宗上台到公元 817 年李賀去世，這十年是青年詩人在政治生活和詩歌創作的重要階段。面對着當時政治逆流，李賀在他的詩歌中，表達了對世途坎坷的苦惱、人生無常的感慨和理想幻滅的悲哀。悲憤、憂傷成了李賀詩的感情的基調。

　　《雁門太守行》是李賀一首有代表性的詩篇，他一方面用"黑雲壓城城欲摧"的詩句，形象地描繪了藩鎮軍閥的跋扈氣焰；另一方面"甲光向日金麟開"的詩句，歌頌朝廷將士壓倒藩鎮的黑雲逆氣。李賀對宦官專權局面也是深表不滿的，他的《呂將軍歌》就是揭露了宦官吐突承璀在戰場上的醜態："溢溢銀龜搖白馬，傅粉女郎火旗下。恆山鐵騎請金槍，遙聞篋中花箭香"。李賀反對藩鎮割據，反對宦官專權，在當時是非常進步的。

李賀一生留下了 200 多首詩，大都具有積極的思想內容，如《老手采玉歌》、《羅浮山父與葛篇》，反映了玉工、織工的悲慘生活；《秦皇飲酒》、《長歌續短歌》，熱情歌頌了秦始皇，表達了對秦始皇的衷心仰慕。

李商隱(公元 813 至 858 年)，字義山，號玉溪生，懷州河內(今河南沁陽)人。李商隱生活的時代，唐王朝已日趨沒落，李商隱擅長以"無題"詩的形式，用比喻的手法，通過描寫男歡女愛，曲折地對當時的政治加以褒貶，這就構成了李商隱的詩歌特點。李商隱對李賀是十分傾慕的，李賀的積極浪漫主義精神，豐富奇特的想像和象徵的手法，都曾給他以很深的影響。

38 | 復古即革新
中唐的古文運動

古文運動是中唐文學潮流的一項重要突破。

魏晉南北朝以來，流行駢體文，即所謂四六文。這種文體講究排偶、辭藻、音律、過多地注意雕琢字句和堆砌典故。雖然，曾有一些造詣深厚的文學大家能加以馭御和發揮，但由於過分的規劃化，最終還是弄至文風靡麗浮誇，內容空洞，嚴重阻礙了唐代文學的發展。

因此，早就有了改革這種文體、文風的要求。西魏文帝大統十年(公元 545 年)，蘇綽作《大誥》，提倡典雅的殷商古文，反對駢文，這是中國文學史上古文運動的開始。隋文帝開皇四年(公元

584 年），曾下詔嚴禁文表虛華。但當時既沒有把駢文根本否定，也沒有創造出新的文體，例如李諤那篇有名的反駢奏章《上隋文帝書》，本身就是一篇駢文，故其效果不大。

唐初四傑也提出反對淫巧，可惜他們也未徹底否定駢文，而他們本人又都是四六文高手。如王勃的《滕王閣序》、駱賓王的《討武曌檄》等都是傳頌一時的駢文。到了中唐，陳子昂提倡漢魏風骨，反對齊梁靡靡之音，舉起了復古的大旗；同時，他第一個用古文創作，陳子昂那篇《與東方左史虬修竹篇序》，被認為是唐代古文運動的重要宣言。可惜陳子昂的主要成就在詩歌方面，散文修為上，駢文積習已久，影響還很大，所以未能掀起一個古文運動。此後，蕭穎士、李華、元結等人，他們為反對駢文作過很大的努力，給以後的古文運動，奠定了堅實的基礎。

到了韓愈、柳宗元時，古文運動進入一個新的高潮。他們提出思想復古和文學復古的主張，提倡儒學，排斥佛、老；恢復古文，反對駢偶。以復古道為目的，復古文為手段。參加古文運動的還有李觀、劉禹錫、白居易、元稹等人，他們以自己創作，實踐復古的主張，取得古文運動的初步勝利。

古文運動之所以盛行於中唐，和當時的社會狀況有密切關係。安史之亂後，唐王朝日趨沒落，藩鎮割據，宦官專權，黨爭不已。當時，一部分有識之士，看到了唐王朝面臨的危機，力圖挽救。於是出現了韓愈為代表的儒學復古主義，企圖以儒家學說來重整當時社會各種封建秩序。

韓愈力圖恢復儒家學說，強調建立道統，是與當時的反佛鬥爭聯繫在一起的。佛教盛行，在當時是一個嚴重的社會問題。在思想上，佛教散佈虛無頹廢的思想，不適合復興唐王朝的需要；在經濟上，寺院大量佔有土地，僧侶過着奢侈的生活，成為一個龐大的社會負擔，韓愈等人從復興唐朝的目的出發反對佛、老，切中時弊，是有其進步意義的。

古文運動的口號是復古，實際上是革新，在當時是合乎時代要求的。

39 | 韓愈 與 柳宗元
古文運動的領袖

古文運動是文風、文體和文學語言等三方面的改革運動。古文是指先秦西漢的散文。古文運動所提倡的文體，是在繼承古代優秀散文的基礎上，創造出一種適合於反映現實、表達思想的新文體。唐代古文運動中，貢獻最大的要算是韓愈和柳宗元。他倆是古文運動的領導者，由於他們的提倡和實踐，使古文運動取得勝利。

(1) 韓愈

韓愈（公元 768 至 824 年），字退之，河南南陽人，祖籍昌黎（今遼寧錦州市東），故人稱韓昌黎。韓愈自幼讀書勤奮。其兄韓會和唐代的古文學者梁蕭、蕭存等人是朋友，而韓愈是由其兄嫂相繼扶養成人的，故在文學上自小就受到古文的影響。韓愈曾任過地方官，他以封建儒家學說的正統自居，反對佛教。他曾因諫憲宗迎佛骨，惹惱了皇帝，差點喪命，結果被貶潮州。韓愈是中國古代著名的文學家,他的學術活動對後世影響深遠。

韓愈反對駢文,認為文章只有附於儒家的經術,作者的思想感情才有正統的來源,是非喜怒才合乎封建社會的道德標準。這就是韓愈所提倡作文要學道、博學、練句了。學道就是學古聖賢之道,這個道就是儒家的經術。

韓愈博學,尤推崇司馬遷、司馬相如和楊雄。他精研《史記》,然後"窮究於經傳史記百家之說,沉潛乎訓義,反復乎句讀。"韓愈不僅強調從文體上改革,而且主張文章的內容必須言之有物,提出"文以載道"的主張。為此,他寫了如《原道》、《原性》等文章,系統地宣揚封建社會秩序。

韓愈不僅是古文運動理論上的倡導者,也是創作上的重要實踐者,是中國文學史上出色的散文家。他的作品甚多,尤為人們所讚賞的是他寫的許多優秀的散文。韓愈的作品氣勢雄健,奔放流暢,如記敘文《張中丞傳後序》,寫唐將張巡、許遠、南霽雲等英勇抗擊安史叛軍、堅守衛睢陽(今河南商丘);南霽雲慷慨陳詞,指斥賀蘭進明見死不救,最後斷指而去的事跡。行文慷慨悲壯,十分感人。他的抒情散文則以《祭十二郎文》為代表,字句淒楚動人。

韓愈的散文感情真摯,表現深刻,氣勢雄健奔放,條理通暢,邏輯性強。他不襲用前人語句,故他的散文氣象清新,而妙處在於練字精當。

(2) 柳宗元

柳宗元(公元 773 至 819 年),字子厚,河東(今山西永濟西)人,故稱柳河東。貞元九年(公元 793 年)中進士。他很有抱負,順宗時參加了王文領導的"永貞革新"。失敗後，貶為永州司馬，後又調為柳州刺史。此兩地都是邊遠地區，荒僻貧苦。柳宗元懷着鬱憤，孤獨地死在柳州，年僅 47 歲。

柳宗元是古文運動的倡導者，他傑出的散文顯示了古文運動在這一時期的成就。柳文反對"榮古虐今"，要求"有垂於世"。他的創作緊密聯繫社會現實，大胆、尖銳地觸及時事。無論是政論文還是抒情文，甚至乎山水遊記和一般的應酬誌銘，都在針砭時弊，發表政見。他的作品從各方面反映了當時社會狀況，對我們具有歷史"鏡子"的價值。

在《捕蛇者說》一文中，展現了唐中葉生產凋敝、政治黑暗的社會現實，廣大人民的痛苦生活。蔣氏三世捕蛇，祖父和父親都被毒蛇咬死，他本人仍舊要做下去，因為蛇是貢品，捉蛇可免賦役，除此別無生計。在《童區寄傳》中，反映了人口買賣的罪惡，描寫了一個少年英雄形象。在《段太尉逸事狀》中，揭露了藩鎮的殘暴，謳歌了愛護人民的段太尉。

柳宗元的另一成就是寓言創作，他發展了先秦諸子的寓言片斷，成為一種獨立的文學形式，而且加入現實生活的內容。如《蝜蝂傳》，借小蟲的形象，對當時官吏貪得無厭的現象，作了辛辣的諷刺。又如《三戒》，借麋、驢、鼠比喻藩鎮、宦官、貴族官僚，對他們的得勢肆虐，作了冷嘲熱諷。

柳宗元又是寫景的能手，他的《永州八記》、《鈷鉧潭記》等山水散文，文筆秀麗、流暢清新，富有詩情畫意，後世視為典範。

柳宗元說："文之用，辭令褒貶，導揚諷諭而已"；文章必須"施之事實"，以"輔時及物"。這是他身體力行的創作原則。在那時候，他已能認識到文學創作與現實生活的關係，還能正視現實，反映現實。這確是難能可貴的。

40 唐代傳奇小說
活潑多變的民間文學

　　唐代的傳奇小說，它和詩歌等其他文學作品一樣，一方面繼承了前代文學的優良傳統；另一方面又植根於現實社會的土壤之中逐漸成長，發展起來的。

　　唐代複雜的社會生活內容，給小說提供了豐富的素材，擴大作品的主題，使它由漢魏六朝單純的志怪神異，走向反映現實的社會生活。為了適應新內容的表達，在藝術形式上也就必然有新的發展，如較長的篇幅，委婉曲折的敍述、離奇的情節等，都是在新的條件下形成的新特點。

　　此外，唐代各種文學體裁的普遍繁榮，也對傳奇發展起了不同程度的影響。如唐代詩歌反映現實社會鬥爭的內容，它在語言、描寫、意境、想像等許多方面的藝術成就，都是唐代傳奇的豐富養料。唐代古文運動也幫助了傳奇擺脫它前期已露頭的駢偶化的傾向，奠定了傳奇用散文體寫作的基礎。如柳宗元就創作了《童區寄傳》、《河間婦傳》等傳奇小說。而特別是唐代民間文學，它新穎的題材，廣闊的社會生活內容，活潑多樣的表現形式，給傳奇帶來很多啟示。大量民間故事傳說，被傳奇作家作為加工的原料，如白行簡的《李娃傳》，就取材於民間說話《一枝花》。

　　據現在保存的材料，唐代傳奇小説單篇的約有 40 多篇，專集約有 40 部以上，廣為流傳的也有數十篇之多。從這些數字可以粗略看到當時傳奇發展的盛況。

　　唐代傳奇的發展，可分為三個階段：

(1) 初、盛唐時期現存數量很少，以《古鏡記》、《補江總白猿傳》、《游仙窟》三篇為例。思想和藝術都未成熟，受六朝志怪小説的影響很重。

(2) 中唐時期是傳奇小説的繁盛時期，從內容到形式都顯得豐富多彩，出現了許多富有社會意義的主題思想。如《南柯太守傳》、《柳毅傳》、《長恨歌傳》、《鶯鶯傳》、《霍小玉傳》等。

(3) 晚唐時期神怪氣氛又抬頭，與現實生活逐漸疏遠。但這時期也出現了一些表現豪士俠客的作品，如《步飛煙》、《崑崙奴》等。

　　從唐傳奇的思想意義來説，和唐詩相比，畢竟相差太遠。唐傳奇主要是描寫士大夫們的生活，反映他們的思想感情。他們中間有比較進步的，如在作品中，塑造了一些反抗體教束縛，要求婚姻自主，追求幸福生活的婦女形象，其中突出的有皇甫牧小説集的《三水小牘》，他的《卻要》一文，描寫了一個女奴，以智慧戰勝強暴。《步飛煙》一文描寫了步飛煙這個堅強不屈的勞動婦女的形象。還有，如陳鴻的《東城老父傳》和《長恨歌傳》等，揭露唐玄宗和楊貴妃荒淫腐化的生活和他們的禍國殃民的罪行，有一定的積極意義。

　　唐人小説所以叫"傳奇"，是因為裴鉶所寫的《傳奇》一書而得名的。在藝術上它是各集子中最好的一本。名篇有《崑崙奴》、《聶隱娘》、《裴航》、《封陟》、《孫恪》等。其特點是浪漫主義濃烈,想像絢爛,情節幻奇,描寫委婉,文筆典麗。

唐代傳奇小説,在中國文學史上留下了絢爛的一頁。

41 佛教的興盛

(1) 佛教傳播的分期

隋唐以來,在思想意識上有一個特點,就是宗教的盛行。其中佛教的影響最為深遠。

如果説佛教在中國漢末、東漢初是傳入時期,魏晉南北朝是消化時期,那麼隋唐時代就是全盛時期了。

唐初,唐太宗李世民本是尊道抑佛、先道後佛的,太宗自稱是老子李耳的後裔。但後來,太宗也提倡佛教,他説過:"佛道玄妙,聖迹可師"。他每一次征戰之後,都要建立寺院,名曰超度死者。如在破宋金剛的晉州後,便建立慈雲寺;破竇建德的汜水後,便建立等慈寺;破劉黑闥的洺州後,便建立昭福寺等。還下詔説:"建義以來,交兵之處,為義士兇徒隕身戎陣者,各建寺刹,招延僧侶。法鼓所震,變災火於青蓮,清梵所聞,易苦海於甘露。"唐朝崇佛高潮開始出現在武則天時期。她耗費巨資在洛陽龍門雕造了十多米高大的佛像。她還奉佛教禪宗神秀和尚為國師,親自向他行跪拜禮。此後,在唐肅宗、代宗時期,以及懿宗時期,先後出現崇佛的高潮。由於唐王朝的全力推行，佛教得以盛行於中國。

唐朝佛教的興盛，與玄奘到西天（印度）取經，有很大的關係。玄奘法名三藏，俗家姓陳，洛州緱氏（今河南偃師縣）人，隋末出家為僧。因為他在研究佛經譯本時，發現過去佛經的翻譯有許多錯誤，而且譯得不完全，於是決心出國到印度地去遊學。

當時是唐太宗貞觀三年（公元 629 年），唐和西突厥的關係比較緊張，唐政府禁止人民從西北地區出國。玄奘冒着極大的危險，孤身西行。他"褰裳遵路，杖錫遐征，資皇化而問道，乘冥祐而孤遊。出鐵門、石門之阨，踰凌山、雪山之險，驟移灰管，達於印度。"他在印度 15 年，學會了印度話，認識了印度文（梵文）。他遍遊五天竺，在印度的佛教中心那爛陀寺從方丈戒賢學經。玄奘在那爛陀寺五年，成績優異，受到很高的禮遇。後來他又外出遊學，到過今孟加拉和印度半島的南端，並曾訪問了著名的藝術寶庫阿旃陀石窟。又到今克什米爾查漠附近，在那裏研習學術。他回到那爛陀寺，方丈戒賢叫他主持寺內講學，受到印度佛教徒的歡迎。玄奘的聲譽傳遍整個天竺。玄奘於貞觀十九年（公元 645 年）返回長安，回國時帶來了《大乘經》、《大乘論》等佛經 657 部。回國後，住在長安弘福寺，從事佛經翻譯工作。共譯出經、論 75 部，凡1335 卷，筆法嚴謹，對豐富中國文化和保存古印度佛教典籍，均有一定貢獻。他還寫了一部叫做《大唐西域記》的旅行記，這是一部研究印度、巴基斯坦和中亞各地古代歷史地理，極有參考價值的著作。

(2) 禪宗

禪宗是中國佛教史上重要的宗派之一，"禪"由天竺語音譯作"禪那"，意譯作"思維修"，"棄惡"等，通常譯作"靜慮"，簡稱為"禪"。印度佛教把禪定作為宗教修養的一種方法，但佛教宗派沒有用"禪宗"命名的，禪宗純粹是中國佛教的產物。

傳說禪宗的始祖是印度的菩提達摩，他自稱是"南天竺一乘宗"，於梁武帝普通元年（公元 520 年）自廣州入中國傳教。但作為一個有力的佛教宗派出現，是從唐代開始的，盛行於唐末五代。

禪宗傳至五祖弘忍時始盛，但也僅限於嵩、洛、湖北一帶。至六祖惠能（也叫慧能，公元 638 至 713 年）以後，禪宗蔚為顯學，影響所及，不僅擴展到嶺南、湖南、江西一帶，並且逐漸遍及全國，遠播海外。至唐代後期，幾乎代替了其他宗派，壟斷了佛教。

惠能原姓盧，家境貧苦，早年在家做樵夫，賣柴養母，24 歲才拜弘忍為師學佛。當時他在寺中只不過做些舂米、劈柴等雜役，在僧眾中地位很低。他為甚麼能取得禪宗六祖的地位呢？據說五祖有一天把徒弟叫來，要大家各作一偈（偈是佛家所唱詩句），來闡明佛教的義理。當時弘忍的大弟子神秀作偈語說："身是菩提樹，心如明鏡台，時時勤拂拭，莫使染塵埃。"這是講佛教徒要經常注意對身心的修養，要像菩提樹、明鏡台那樣保持清潔明淨，不受外界塵埃的污染，即不要受世俗雜念的影響。惠能聽了，認為這首偈語"未見本性"。他另作偈語說："菩提本無樹，明鏡亦非台，本來無一物，何處染塵埃？"（以上均見《壇經·行由品》）他認為"一切萬法不離自性"，世界上萬事萬物都在人的本性中，人心就是萬

有的本體，人性本來就具有佛性。只要人能領悟這一點，就根本不
會受甚麼世俗雜唸的影響，也用不着念經修行，就可以"頓悟"成
佛。據說惠能這首偈語得到弘忍的賞識，認為他是"知悟本性"，便
傳給衣鉢，成為禪宗六祖。

42 | 敦煌藝術
稀世的珍藏

　　敦煌是中國甘肅省西北部的一個縣，在河西走廊的盡頭，
靠着沙漠的邊緣。然而黃沙滾滾之處，有一座世界著名的藝術寶
藏 —— 敦煌千佛洞莫高窟。這裏曾藏有古籍兩萬卷以及佛畫、佛
幡絲繡品等；塑像 2400 餘個；壁畫若以高 5 米的畫面計算，全長
約達 25 公里。這真是稀世的珍藏。

　　"敦，大也；煌，盛也。"敦煌在中國歷史上佔過相當重要的
地位。絲綢之路，從長安到此，分為兩線，一線北往吐魯番、庫
車，至疏勒逾葱嶺；另一線南經白龍堆、羅布泊至和田，再往西
北，經葉爾羌踰葱嶺。敦煌是這條重要的交通線上的咽喉要地。

　　佛教傳入中國，走的就是這條路線。鑿石窟、雕佛像、繪壁
畫，以敬禮菩薩，這整套印度佛教徒的風俗，也隨着這條路線傳入
了中國；從新疆、甘肅起，逐漸影響到南北各地。北朝、隋、唐，
此風最盛。

　　敦煌莫高窟是歷史最久，內容最豐富的石窟。它開鑿於前秦
苻堅建元二年（公元 366 年）。據說，當時有個叫樂尊的和尚，西

遊至敦煌東南的三危山（祁連山支脈）下，已經是黃昏了。忽然，他看到三危山山峯放射出萬道金光，彷彿有千萬個佛的形狀。他認為這是聖地，就募人在三危山對面的岩壁上開鑿石窟，作為對佛的敬拜。從樂尊和尚開始，以後的 1000 多年裏，人們在這裏開鑿洞窟，隋唐時期達到高潮。開鑿的窟室有 1000 多個，所以莫高窟也叫千佛洞。保存到現在的洞窟，有十分之七是唐代開鑿的。

莫高窟裏四壁繪有光彩奪目的壁畫。各個時期壁畫風格都不一樣。北魏時的色彩沉着，用筆奔放。隋朝的線條流利，用色柔和。唐朝的壁畫構圖宏偉，色彩豐富，內容雖然主要描繪佛教故事，實際反映了唐代的現實生活。其中有：農民耕種圖；有牧人狩獵圖；有泥瓦工匠修建亭台樓閣；有貴族觀看歌舞伎樂。還有唐代社會生活中的婚喪、嫁娶、行旅、戰爭、學校、行醫、屠房、酒肆、剃度等場面。壁畫中有社會各階層人物的形象：穿戴華麗的貴族；衣衫襤褸的窮人；服飾不同的各民族首領；以及高鼻子深眼窩的歐亞各國人。在這些作品中，我們可以看到中國古代畫家們高度的藝術造詣，也可以看到當時的社會面貌。

莫高窟裏有大小不一的塑像 2400 多個。其中唐代塑像 670 個，保存原型的有半數。這是一筆非常珍貴的文化遺產。敦煌的雕塑，也是上起北魏。北魏的塑像，佛和菩薩多少帶點印度人的氣息，而且神情威嚴，線條勁健，望之森然可畏。隋朝作品，形象力求中國化，神態轉趨親切。唐塑像水平最高，達到了完美成熟的地步。隋唐的雕刻藝術大師們，給一堆堆泥土、茅草揉進了生命的氣息。他們塑的是佛、菩薩、羅漢、大王、力士，可是神態表情全是世俗的、現實的精神。唐塑佛像的相貌，莊嚴慈悲，兼而有之，衣服柔和圓潤，使人一看就會想到是綢緞。菩薩袒胸露臂，肌膚豐滿，儼然是唐代美麗善良的婦女形象。天王力士，或是全身盔甲，或是露着上身，用肌肉的緊張和暴露青筋來表示雄偉有力和堅毅的性格，像唐代的武士躍馬橫戈的神情。

莫高窟裏還有著名的"藏經洞"，藏有從晉朝到宋朝包括近十個朝代的大量佛經，各種文字的古書、古畫、戶籍、契約、小說、詞典以及絲織品等珍貴文物三萬件。這些珍貴文物，由於過去保管不善，已有部分散失，有些流出國外，只能保全部分而矣。

釋迦佛（盛唐）

供養菩薩（盛唐）

43 繼往開來
宋代的文學

宋代的文學，在中國文學史上起着繼往開來的重要作用。宋代的詩、詞、散文各有其獨特的時代特點和藝術成就。

宋代詩壇，主要繼承了晚唐、五代的風氣，詞藻典麗，而內容空泛，漸漸形成一種形式主義的文學流派 —— 西崑體。其主要代表有楊億、劉筠、錢惟寅等人。這種文體，主要歌唱內庭侍臣優游的生活，講究艷麗雕鏤的形式技巧，忽略思想內容，給宋初詩壇留下了形式主義的不良影響。當時反對這種傾向的有以柳開、穆修為代表的一派，但未能扭轉當時的文風。後來王禹偁以他清俊的才華和豐富的創作，才為宋詩壇增添了新鮮的氣息。

西崑體的影響被清除後，宋代詩歌的發展比較健康，內容豐富了，現實感和生活氣息也加強了。其中最為突出的要算陸游這位愛國詩人。

到了中宋，散文在唐代的古文運動基礎上，再次出現突破。其中歐陽修在進行政治鬥爭的同時，倡導了文風的革新。他一方面反對晚唐以來的不良文風，另一方面又提倡繼承韓愈的道統和文統。由於他的影響，古文運動再次蓬勃起來；從而陸續出現了蘇洵、蘇軾、蘇轍、王安石、曾鞏等散文大家。他們六人，再加上韓愈、柳宗元，合稱"唐宋古文八大家"。

詞壇方面，宋初還是貧弱。內容單調，多為寄託個人情意哀愁。如寇準、晏殊、范仲淹、歐陽修等人的詞，大都反映上層社會的生活面貌，或是生活得太優游而強作愁思的描寫；詞的形體和風格還是繼承着南唐的遺風。

詞到張先、柳永的時候，風氣為之一變，他倆所作的長調慢詞，風格上擺脫了南唐的清婉，用鋪敍的手法，不貴含蓄，內容上則着重於生活的描寫，男女愛情，心理的刻劃；詞句中常用市井俗語，與傳統的詞風迥然不同。此外，柳永還寫了大量描寫客旅鄉愁、離情別恨的詞；並一洗輕薄調子，而以美麗的風景圖畫、深刻的情感、嚴肅的態度，寫出了天涯淪落的心情，表現了高度的技巧。

宋詞的最高峯，是在蘇軾、辛棄疾的豪放派出現的時候。宋詞在內容、境界、風格和形式方面，均有較大的提高，為宋詞開拓了新天地。

詞的產生與音樂有密切聯繫。詞既有詩歌的藝術性，又有音樂的實用功能，因此能夠普遍於民間，流行於下層社會；加上當時君主的提倡，詞的作者輩出，從而使詞在宋代發展到它的極盛時代。

宋代的小說，在說唱文藝的基礎上，出現了話本小說，標誌着中國小說發展到新的階段，為明、清兩代的小說繁榮，奠立了基礎。許多用白話文寫成的小說，也同正統的文言文學，一直流傳至今。

宋代民間的戲曲，也迅速成長，初步具備了戲曲的條件和形態。

44 | 蘇軾
宋代大文豪

　　蘇軾（公元 1036 至 1101 年），字子瞻，號東坡居士，四川眉山人。他出生於一個知識分子家庭。父親蘇洵和弟弟蘇轍都是著名的文學家，世稱“三蘇”。蘇軾 21 歲舉進士。早期與王安石政見不合，在政治上很不得意。後又因有詩謗朝廷之嫌，屢被貶謫。晚年，因不贊成新黨的某些改革，被目為舊黨而受黨爭之累，遠謫海南。蘇軾一生在仕途上坎坷曲折，流徙顛沛。他到過許多州縣，使他有機會接觸社會下層。因此，他出任地方官時，清廉自守，做了一些有益人民的事，受到人民的愛戴。蘇軾胸懷開闊，氣度恢宏；年青時又跟眉山道士張易簡學習，很喜歡莊子的書。這些社會經歷和本身性格反映到生活上，使蘇軾能以順處逆，以理化情，性格豪爽詼諧，具有達觀快樂的人生觀。他的文章、詩、詞裏，時常表現出這種不羈、灑脫的性格。

　　蘇軾具有多方面的文學才能。他的詩、詞、散文、書法等，都達到了極高的境界，特別值得提的是他填的詞。

　　詞自五代以後日漸發展，但未能脫離艷麗哀婉的風格；內容方面，仍然是艷意別情。到了蘇軾時，詞的發展，起了很大的變化。劉辰翁在《辛稼軒詞序》中說：“詞至東坡，傾蕩磊落，如詩，如文，如天地奇觀”。蘇軾對詞的發展的功績，表現在以下幾個方面：

　　(1) 使詞掙脫了音樂的束縛，付予文學的生命。過去詞都是為歌而作，由音樂而產生詞，依曲填詞，使歌者歌之。這就使詞在內容、文字上受到很大的束縛。但蘇軾則不太重視詞的音律，而特別注重詞的文學性。

(2) 詩化了詞。向來都認為"詩莊詞媚"。詩、詞各有自己的風格，界限嚴明。但蘇軾的詞，則一洗詞的濃艷悱惻，而以清新典雅的字句，雄渾奇逸的氣象，形成了詩化的詞風。這在當時曾受到一些詞人的批評，甚至將它列為"別格"，認為並非詞的正宗。但這正是蘇軾的可貴之處 —— 敢於創新。也正是因為這種創新的詞風，為詞的發展開拓了新的境界。使後人可以讀到許多內容充實、風格清新的好詞。

(3) 大大豐富了詞的內容。自五代以來，詞的內容所反映的題材範圍狹窄，內容貧乏。到蘇軾時，由於他曲折坎坷的經歷，複雜的思想感情，高度的文學修養，因此任何題材、內容均可入詞。他用詞來記遊、懷古、寫景、詠物、悼亡、寄贈等。如《念奴嬌・赤壁懷古》就是詠史吊古的佳作；《水調歌頭：丙辰中秋，歡飲達旦，大醉，作此篇，兼懷子由》，則是在中秋之夜，為懷念弟弟蘇轍而作。這兩首詞把抒情、寫景和議論熔冶一爐，是前所未有的佳作。

(4) 開創了個性、風格分明的詞風。在蘇軾以前，詞的主題幾乎雷同，因而語法、情調、用詞也相類似，以致出現了歐陽修與馮延巳等的作品，時常為人所混淆。而蘇軾的詞，則有獨特的風格，並有具體內容，且在調下加題，注明事因時間等，故絕不會與他人的詞相混淆。

蘇軾從內容和形式上打破了詞的狹窄傳統，為宋詞的發展開闢了廣闊的道路，同時也奠定了自己在中國詞壇上的崇高地位。

45 李清照
婉約派女詞人

　　李清照（公元 1081—？），山東濟南人，號易安居士。她出身於一個學術、文藝空氣十分濃厚的家庭裏。父親李格非是學者兼散文家，母親是王狀元拱辰的孫女，也工文詞。她 18 歲時和太學生趙明誠結婚。夫婦二人均愛好詩詞，時相唱和，也酷愛金石書畫，收藏極富。後金兵入侵，夫婦渡淮避難。不久趙明誠因病而死。李清照隻身在杭州、越州、台州和金華一帶，過着飄泊流浪的生活，晚年的境況十分困苦、淒涼。她的詩、散文都寫得很好，而詞更是膾炙人口。她的詩文集有《易安居士文集》，詞集有《易安詞》，但均已失傳。後人輯錄的《漱玉詞》只存詞 50 餘首。

　　李清照重視音律，精煉字句，被公認為“婉約派”正宗詞人。李清照認為“詞別是一家”，應與詩有嚴格的界限。她指責蘇軾“以詩為詞”，“多不諧音律”，因此她很少用詞去反映她的經歷，卻多用詩去反映。

　　由於封建禮教的束縛，李清照的才華、抱負受到壓制，不能得到充分的發揮和施展，因而她的日常生活和精神活動只能局限於對愛情和對自然的喜愛上。她早期的詞，表現的也只能是這方面的內容。如《醉花陰》：“薄霧濃雲愁永晝，瑞腦消金獸。佳節又重陽，玉枕紗廚，半夜涼初透。東籬把酒黃昏後，有暗香盈袖。莫道不消魂，簾卷西風，人比黃花瘦。"，又如《怨王孫》："湖上風來波浩渺，秋已暮，紅稀香少。水光山色與人親，説不盡、無窮好。蓮子已成荷葉老，青露洗、蘋花汀草。眠沙鷗鷺不回頭，似也恨、人歸早。"

南渡以後，她的詞除反映個人不幸外，也帶有時代和社會的因素了。如她的《武陵春》："風住塵香花已盡，日晚倦梳頭。物是人非事事休。欲語淚先流。聞説雙溪春尚好，也擬泛輕舟。只恐雙溪舴艋舟，載不動許多愁。"又如《聲聲慢》："尋尋覓覓，冷冷清清，淒淒慘慘戚戚。乍暖還寒時候，最難將息。三杯兩盞淡酒，怎敵他晚來風急。雁過也，正傷心，卻是舊時相識。滿地黃花堆積。憔悴損，如今有誰堪摘。守着窗兒，獨自怎生得黑！梧桐更兼細雨，到黃昏點點滴滴。這次第，怎一個愁字了得？"表現了她由個人生活今昔之感所引起的深愁，並蘊含着國家興亡的沉痛。因此，她前期的作品，熱情、明快；後期則是纏綿、淒苦，入於深沉的傷感，達到抒情藝術上的極高成就。

46 | 程顥與程頤
北宋理學代表

宋代的哲學思想是以理學為代表。理學是以儒學為核心，儒、道、佛互相滲透的一種思想體系。

在宋太祖、太宗時期，北宋王朝致力於統一中國，還沒有來得及大力宣揚儒學。至公元 998 年宋真宗即位，封孔子的第 45 代孫孔延世為文宣王。公元 1008 年，宋真宗又親自到山東曲阜孔廟行禮，表示對儒學的推崇。宋真宗同時提倡佛教和道教，命宰相王欽若主持續修道藏，搜羅了 4300 多卷道家著作，並鼓吹"三教（儒、道、佛）之度，其旨一也"。從此逐步樹立以儒學為主體，儒、道、佛相結合的哲學思想，終於形成"理學"這一思想體系。

理學的首創者是北宋的周敦頤。而大興理學，使之流傳於世的是周敦頤的兩位弟子程顥、程頤（世稱"二程"）和南宋的哲學家朱熹。所以在中國哲學史上有人稱之為"程朱理學"。

程顥（公元 1032 至 1085 年），字伯淳，又叫明道；程頤（公元 1033 至 1107 年），字正叔，一字正道，又叫伊川。他們是親兄弟，河南人，長期住在洛陽。由於哲學思想上一致，人們稱他們為"二程"。他們的著作也由後人合編為《二程遺書》。

二程認為世界的根源是"理"，也叫做"道"。程頤説："天有是理，聖人循而行之，所謂道也。"在理學家的思想體系中，"理"和"道"是一個東西。他們把"理"抬高到天這個地位，認為"天者理也"，叫做"天理"。這個"理"凌駕於萬物之上，先於萬物而存在，永遠不生不滅，不增不減。程顥自稱："吾學雖有所授受，天理二字卻是自家體貼出來。"（《上蔡語錄》卷上）

二程的理學，有以下幾個特點：

(1) "理"是天下萬物都要遵循的普遍原則，所以説："萬物皆是一個天理"。

(2) "理"不僅是自然界中最高原則，也是社會的最高原則。程頤説："父子君臣，天下之定理。"就是説一切封建社會的倫理道德，包括"三綱五常"等，都是"天理"，是

"至善"的。由此推論，程頤還專門對婦女說出："餓死事
小，失節極大"的話，在封建社會不知有多少婦女枉死在
這兩句話下。所以清代哲學家曾說二程是"以理殺人"。

(3) "理"是先於事物而存在的。人和物"都自這裏出去，只是
物不能推，人則能推之"（《二程遺書》）。

二程所宣揚的理學思想，是同他們的政治上保守態度和復古的
歷史觀相聯繫的。他們都反對王安石變法。王安石提出"新學"，
作為實行變法的理論根據。二程對王安石的新學全盤否定。理學家
們根據封建的等級制度、法律、倫理、道德等，指責王安石變法是
"用賤凌貴，以邪妨正"。王安石為了推行新政，不得不擺脫保守勢
力，起用一批新人。二程等理學家就退居洛陽，洛陽成為理學家的
根據地。所以二程的理學又被稱為"洛學學派"。他們與王安石的新
學學派是水火不相容的。

47 陸游與辛棄疾
愛國文學家

北宋亡國之後，民族矛盾空前尖銳，偏安南隅的宋王朝，隨
時有覆滅的危險。正是這樣苦難的時代，一批愛國文人目睹國家山
河破碎，人民流離失所，在大量的作品中，發出悲壯激昂的歌聲，
唱出了愛國禦侮的時代精神。其中以陸游的詩，辛棄疾的詞成就
最大。

陸游（公元 1125 至 1210 年），字務觀，號放翁，浙江山陰人，

他出身於一個世代做官和具有文學教養的家庭。父親陸宰是一個愛國的知識分子，因此陸游從幼時就受到愛國思想的薰陶。但是他一生在政治上受到種種挫折，連考試也遭到秦檜的忌恨，竟在復試時被除掉名字。直到秦檜死後，才被起用。公元 1172 年，陸游入四川宣撫使王炎幕府，投身軍旅生活。他向南宋朝廷建議，希望當局能任賢、廢酷刑、愛人民，充實軍備，堅決抗金，但均未被採納，反而被罷黜還鄉。晚年退居家鄉，但收復中原的信念始終不渝。

　　陸游的創作力非常旺盛，一生創作詩歌甚多，現存詩歌 9300 多首，內容極為豐富。在大量詩歌中，始終貫注了鮮明的愛國精神，字字句句閃耀着愛國情操。如他的《金錯刀行》："黃金錯刀白玉裝，夜穿窗扉光出芒。丈夫五十心未立，提刀獨立顧八荒。京華結交盡奇士，意氣相期共生死。千年史策恥無名，一片丹心報天子。爾來從軍天漢濱，南山曉雪玉嶙峋。嗚呼，楚雖三戶能亡秦，豈有堂堂中國空無人！"就是很好的作品。陸游對南宋王朝一味苟安，不圖抗戰，生活腐化十分不滿，曾在許多詩中對這種現象進行了抨擊，如《關山月》："和戎詔下十五年，將軍不戰空臨邊。朱門沉沉按歌舞，廄馬肥死弓斷弦。戍樓刁斗催落日，三十從軍今白髮。笛裏誰知壯士心，沙頭空照征人骨。中原干戈古亦聞，豈有逆胡傳子孫？遺民忍死望恢復，幾處今宵垂淚痕！"這就對那些禍國殃民、醉生夢死的傢伙，進行了有力的鞭笞，陸游的愛國信念，至死不變。他臨終前寫的《示兒》詩："死去原知萬事空，但悲不見九州同。王師北定中原日，家祭毋忘告乃翁。"仍念念不忘收復國土。他為祖國歌唱了一生，真不愧為中國歷史上的偉大的愛國詩人。

　　辛棄疾（公元 1140 至 1207 年），山東濟南人，字幼安，號稼軒。他是中國文學史上一位傑出的愛國文學家，南宋愛國詞人的代表，又是南宋著名的政治家和軍事家。他出生時，家鄉已為金兵所佔。21 歲時就參加抗金起義，當了耿京領導的 25 萬義軍的掌書記，為耿京劃謀決策，23 歲歸南宋，歷任滁州、湖北、湖南、江西、福建、浙東、鎮江等地的地方官，大力改革軍事，採取一系列富國強兵的政策，力主抗戰，收復失地，統一中國。但他所提出的抗金建議，均未被當局採納，並遭到主和派的打擊，曾長期落職閒居於江西上饒一帶。

　　辛棄疾的詞，慷慨激昂，繼承了蘇軾豪放的詞風，與蘇軾並稱為“蘇辛”。他以強烈的政治熱情，充沛的創作才能，多樣的藝術風格，開拓了詞的境界。他把詞看成是一種獨立完整的文學，認為它可以抒寫一切生活情感，可以反映一切生活現狀。他現存的六百多首詞中，所包含的內容非常廣泛。在他的作品裏，突出表現出來的是那種力挽狂瀾，渴望光復河山的壯志，但亦有表現壯志未酬的憂憤心情之作品。如《水龍吟・為韓南澗尚書壽》：“渡江天馬南來，幾人真是經綸手？長安父老，新亭風景，可憐依舊。夷甫諸人，神州沉陸，幾曾回首！算平戎萬里，功名本是，真儒事，公知否。況有文章山斗，對桐蔭、滿庭清晝。當年墮地，而今試看：風雲犇走。綠野風煙，平泉草木，東山歌酒。待他年，整頓乾坤事了，為先生壽。”又如《破陣子・為陳同甫賦壯詞以寄之》：“醉裏挑燈看劍，夢回吹角連營。八百里分麾下炙，五十弦翻塞外聲。沙場秋點兵。馬作的盧飛快，弓如霹靂弦驚。了卻君王天下事，贏得生前身後名。可憐白髮生！”這些詞表達了辛棄疾報國的雄心和壯志，都是當時民族鬥爭的號角。南宋末年劉克莊稱讚辛棄疾的詞"大聲鞺鞳，小聲鏗鏓，橫絕六合，掃空萬古，自有蒼生以來所無。"這種讚譽雖有些誇張，但就辛棄疾詞的成就和他在中國文學史上的地位來説，確也是受之無愧的。

48 | 朱熹
理學集大成者

朱熹（公元 1130 至 1200 年），字元晦，又字仲晦，號晦庵，別稱紫陽。徽州婺源（今屬江西）人。他博覽羣書，著作很多，主要有《周易本義》、《四書章句集注》、《詩集傳》、《楚辭集注》及後人編纂的《晦庵先生朱文公文集》、《朱子語類》等。

朱熹是二程的四傳弟子，繼承和發展了二程的理學，是理學的集大成者。朱熹認為宇宙間有兩種東西，就是"理"和"氣"。"理"是"超自然於萬有之上，廣大無邊"；"理"是無處不在的，是萬物之本源。"氣"是物質，"氣則為金、木、水、火"，是構成萬物的材料，"氣"也就是"器"。至於"理"和"氣"的關係，朱熹認為"理在先，氣在後"，"雖未有物而已有物之理"。朱熹的哲學思想是屬於客觀唯心主義的範疇。

朱熹把理學和封建的倫理道德聯繫起來，認為"理"就是"仁、義、禮、智"；"理"就是三綱五常。他指出："未有君臣，已先有君臣之理；未有父子，已有父子之理。"《朱子語類》不論誰是君，誰是臣；誰是父，誰是子，君臣父子雖然有生有死，但君臣父子的理，也就是忠君孝父的倫理道德是永恆不變的。朱熹還提出過“格物致知”、“即物窮理”的理論，就是要通過推究事物，來認識先天的、永恆不變的“理”，達到“窮天理、明人倫、講聖言、通世故”的目的。這就是要人們以封建倫理道德來約束自己，以維護封建統治。

朱熹在研究宇宙等方面，又具有唯物的觀點：他承認宇宙是客觀存在，是由陰陽二氣演化而成，地球是氣體凝聚而成，地球在中央，“氣之清者便為天，為日月，為星辰。”他認為地球是圓的，並在宇宙之中；又認為月本無光，月光是日光的反射。這些觀點有許多是正確的。

朱熹19歲中進士，開始了他的政治生活。他針對南宋時國家分裂，曾一度主張北伐“復仇”。他在給陳俊卿的信中，斥責求和派的無能，認為“祖宗之仇，萬世臣子之所必報而不忘者。”但自宋孝宗“隆興和議”告成之後，朱熹對恢復中原故土失去了信心。於是一意講學著書，在政治上只是主守，守住南宋的半壁江山。

朱熹和他的弟子們，在學術文化上做了大量工作。他的博覽精神，治學態度和治學方法，對當時和後世學者，產生較深的影響。

朱熹親手制訂了《白鹿洞書院學規》，規定學習的程序和方法是：“博學之，審問之，慎思之，明辨之，篤行之”。他提出了：學、問、思、辨、行這五個字，是他辦學的一套比較完整的經驗。他是提倡“循序漸進”的學習原則的。這是符合認識發展規律的。他還提倡“熟讀精思”的學習方法，認為“大抵讀書，先須熟讀，使其言皆若出之於我之口；繼之精思，使其意皆若出之於我心，然後可以有得耳。”朱熹也強調學是為了用。他說：“大抵讀書須要

看那道理是何作用。只讀過便休，何必讀書。"這些都是作為教育
家的朱熹的經驗之談。由於有廣博的知識和獨到的眼光，朱熹在整
理文獻、考證文學、注釋古書等方面，取得了一定的成就，為發展
中國古代文化作出了貢獻。

49 | 陸九淵
"心"即"理"

陸九淵（公元 1139 至 1192 年），字子靜，號存齋，撫州（今江
西金谿）人。因曾講學於象山（今江西貴溪縣西南），世人又稱他
為象山先生，是南宋著名的哲學家、教育家。他把儒家思孟學派的
哲學和佛教禪宗的思想結合起來，提出一套"心學"的思想體系。
後來經過明朝王守仁的發揮，成為"陸王學派"。著有《象山先生
全集》。

公元 1176 年，陸九淵和朱熹在鵝湖相會，兩人在哲學觀點上
有過爭論。陸九淵認為朱熹的哲學"支離"，沒有抓住根本。他不滿
朱熹把封建倫理綱常說成是客觀存在的天理；提出了"心即理"的
主張，即把封建倫理綱常說成是從來所固有的"本心"。

陸九淵把他的哲學觀稱為"心學"，就是把"心"作為世界的
本體。他認為天理，人理，物理只在吾心之中，心是唯一的存在，
"四方上下曰字，往古來今曰宙。宇宙便是吾心，吾心即是宇宙"
（《雜說》），認為客觀世界不過是人心的產物，在人心之外不存在物
質世界。他認為千百世之上和千百世之下"此心同也，此理同也"，

就是説世俗教條是萬古不變，永恆存在的。只要能夠認識這一點，就可以和孔孟心心相印，而"六經皆我注腳"。陸九淵的"心學"，在哲學體系上是屬於主觀唯心主義的範疇。

從主觀唯心主義的認識推斷，陸九淵反對認識必須通過實踐，他説"致知不假外求"，獲得知識用不着和客觀外界接觸。因為"心即理"，世界上的知識早已存在於"本心"中，只要發明本心，就可以無所不知。所謂"發明本心"，就是進行內心的修養。他説："念慮之不正者，頃刻而知之，即可以正；念慮之正者，頃刻而失之，即為不正。"（《宋元學案•象山學案》）鼓吹所謂一念之差，強調保持"心"的純正，做到"邪説不能惑"。因此，陸九淵最後還是走上思孟學派的老路，歸結到"存心"、"養心"、"求放心"上去，並概括為兩個字："剝落"。他説："人心有病，須是剝落，剝落一番，即一番清明"，把一切違反封建教條的意識，統統剝落掉，那麼"心"也就是徹底清明了。這樣，即使"身或不壽，此心實壽；身或不富，此心實富。縱有患難，心實康寧。"陸九淵強調"剝落"，並不是一般空洞的大話，而是有它的內容；他説："雖在貧賤患難中，心自亨通，正人達者觀之，即是福德。"（《荊門軍上元設廳講義》）目的就是要人民安於忍受封建禮教壓迫的痛苦，還要保持"心"的"康寧"，以不壽為壽，以不富為富，麻醉自己，不要起來反抗。

50 | 陳亮
"天理" "人欲" 可並行

　　南宋時，與朱熹、陸九淵等同時的著名學者，還有呂祖謙、薛
季宣、陳傅良、陳亮以及稍晚的葉適等人。他們大都是浙東人。他
們分成了兩個學派，一是永康學派；一是永加學派。但在研究學問
的觀點和趨向大致相同。他們反對空談理學，着重於政治、經濟、
軍事方面的實用學科。他們之中以永康學派的陳亮為代表。

　　陳亮(公元 1143 至 1194 年)，字同甫，婺州永康(今浙江永康)
人，學者稱他為龍川先生，他的著作彙編為《龍川文集》。

　　陳亮生長在金人入侵，南宋國勢危急的時期，對當時抗金的
和、戰問題上，是一個堅決的主戰派。他不滿南宋的王朝苟安江南
一隅，認為"一旦苟安，數百年之大患"。他曾幾次向宋朝皇帝上
書，分析當時局勢，要求南宋朝廷改變苟安態度，革新朝政進行變
法，提倡富國強兵，以抗擊金朝。但是，他的主張受到朝廷主和派
的壓制和打擊，由於陳亮好發議論，攻擊時政，為當權者所忌恨，
被目為"狂怪"，一生中曾三次被誣入獄。

　　陳亮在哲學思想上，提出"道在物中"的理論。他說："夫道
非出於形氣之表，而常行於事物之間"(《龍川文集・勉強行道大
有功論》)，就是說，"道"不是由精神產生的，是不能離開形體物
質的；"道"只能存在於事物之中。因此他主張要"因事作則"，
即從客觀存在的事物中，探索事物的規律法則。陳亮不滿理學家空
談"道德性命"、"明心見性"，而主張從當時的社會現實狀況出發，
講求"實事實功"。他深深感到南宋王朝需要一批圖抗金之"事"、

謀中興之"功"的英雄人物,才能力挽狂瀾。陳亮提出的"道在物中",和朱熹提出的"理在事先"、"道在物先"等理論,在認識論方面是對立的。

陳亮和朱熹還圍繞着"王霸"問題,展開了一場辯論。朱熹提出了"王霸義利"之辨,認為夏商周三代帝王的心術最好,能以道心治天下,所以天理流行,社會上一切都是至善的,是王道政治;漢唐以來帝王心術只在利慾上,所以歷史長期陷入混戰、黑暗的局面,是霸道政治。陳亮針對朱熹這種三代以下天地人心日益退化的觀點,提出:"三代"的帝王並非專以"王道"治天下,同樣追求富貴,其心地也"不淨潔",也是滿腦子的"人欲"。相反,漢唐的君主,建功立業,統一了中國,"人物賴以生息","講霸道"並不比"三代"壞。他指出,朱熹推崇三代,貶抑漢唐,用"天理"壓制"人欲",其目的是企圖把周朝以後一千五百年的歷史,說成是"有眼皆盲"的黑暗時代,把政治上大有作為的英雄豪傑宣佈為"聖門之罪人",叫人們苟且偷安,因循守舊,做個"半死半活"的可憐蟲。由此,他得出結論:"孔孟之學真迂闊矣"(《龍川文集·勉強行道大有功論》),陳亮主張"王霸可以雜用,則天理人欲可以並行",不同意朱熹把正道、霸道、天理、人慾完全對立起來。這是陳亮比朱熹進步的地方。

陳亮和朱熹雖然在學術上有分歧、有爭論,但他們的關係是友好的。陳亮曾讚賞朱熹"赤手丹心撲不破"的抗金意志。

51 | 白話小説
市民文學的興起

　　宋代文壇出現了一種用白話文寫成的小説。這種白話文小説產生自民間。它的產生和宋代的社會經濟的發展有着密切的關係。宋代商業繁榮，城市興盛，城市內從事各種行業的市民佔人口的多數，他們需要一定的文娛生活。另一方面一些中等以上的城市裏，酒樓茶館到處皆是，加上國家偏安南方，朝中君臣都沉緬於聲色宴樂；一般士人看不到振興的前途，也沉浸在消極的享樂生活中。於是那些演雜劇的、講故事的、玩雜耍的都適應市民的需要而興起。其中最受歡迎的要算"小説"與"講史"二類。它們成了民眾藝術，日益進步，產生了許多有名的編者和演出者。其中的佼佼者，會有機會進入宮廷及貴族之家，間接刺激了它的發展。小説和講史從中國文學範圍看，均通稱小説。

　　宋代小説大致有長篇和短篇兩類。短篇大都為純粹白話，並且白話技巧的運用已非常高明。長篇小説大都是淺近的文言夾雜白話，在語言的運用上，比較幼稚。長篇的內容大都是講史，它給後來的長篇小説在內容和結構上立下了一個楷模。

　　屬於短篇的宋人話本是 20 世紀初才在錢曾的《也是園書目》中發現。《也是園書目》列有《宋人記話》12 科。據一些專家的意見，認為這些都是短篇小説。計有：《燈花婆婆》、《種瓜張老》、《紫羅蓋頭》、《女報冤》、《風吹轎兒》、《錯斬崔寧》、《小（山）亭兒》、《西湖三塔》、《馮玉梅團圓》、《簡帖和尚》、《李煥生五陣雨》、《小金錢》等。此外還有 20 餘篇散見於《京本通俗小説》、《清平山堂話本》、《喻世明言》、《警世通言》、《醒世恆言》等書中。這些話本都用白話寫成。從形式方面,它有自己的特徵:有一個楔子或引子開場,或是一首詩、詞,或是一個意思相同或相反的短小故事,然後引出正文。有的還在情節要處賣一個關子,作一個暫時的小結,然後,再看下回分解。如《碾玉觀音》、《西山一窟鬼》等都是。

話本文學的主要特色,在於它有了新內容、新形式而成為市民文學。它與過去士大夫文學作品有很大的不同。它來自民間,反映了社會的面貌,內容非常廣闊。城市新興市民具有的反抗傳統道德、追求美好生活的積極精神,在宋代的話本裏得到很鮮明的反映。因此,話本中爭取婚姻自由、歌頌愛情幸福便成為主要題材。如《碾玉觀音》、《志誠張主管》等都屬這類作品。還有一類是反對黑暗政治,指責貪官酷吏的,如《錯斬崔寧》。此外還有反映人民堅強正直的性格,雖為官府迫害,但始終不屈。其他還有寫愛國思想、俠義行為的。這些作品都有反映社會生活的深刻內容和獨特的文學風格。話本文學的這些優點,對後世小說具有深遠的影響。因此我們可以毫不誇大地說,宋代話本文學,是現代白話文的先聲。

52 | 馬可波羅
東來

從成吉思汗建立蒙古大汗國起,到元世祖忽必烈統一中國止,即公元 13 世紀初葉至中葉,蒙古人向西發動了三次大規模的侵略性遠征。第一次是在公元 1219 年秋,成吉思汗親自率大軍 20 萬入中亞，首先滅了花剌子謨國（在今阿姆河以西，裏海以東一帶），並越過高加索山，進入頓河流域草原地區。第二次，是在窩闊台領導下進行的，公元 1235 年，由成吉思汗的孫子拔都率領大軍遠征歐洲，在伏爾加河上擊敗保加爾人後，於公元 1237 年侵入俄羅斯東北部，焚毀了里亞贊、科羅姆納、莫斯科、弗拉基米爾等著名城市；又西征波蘭，破日耳曼聯軍，直逼地中海邊的威尼斯城。第三次是在蒙哥為蒙古國大汗時進行的。蒙古貴族旭烈兀於公元 1258 年攻佔巴格達，消滅黑衣大食（今土耳其一帶），直逼小亞細亞的塞浦路斯島。蒙古人的西征，震動了整個歐洲，他們說是"上帝之鞭"。

忽必烈統一中國後，蒙古人在征服歐亞兩洲的土地上建立了四個大汗國，即欽察汗國（今南俄、西伯利亞西南部），察合台汗國（今中亞、中國的新疆），伊兒汗國（今西亞），窩闊台汗國（蒙古迤西一帶）。這四個大汗國都以元為宗主國。這時，元的武力極強盛，是歷史上空前的大帝國。

蒙古在各地建立完善的驛站制度，在中亞、西亞和俄羅斯各地的汗國，也都注意保護商道。一千多年來時斷時續的東西海陸交通，這時更暢通無阻，陸路北穿南俄，南貫伊朗。海道則以波斯灣上的忽魯漠斯為樞紐。從中國直到西歐，東西方商使往來不絕。大都、泉州、杭州等大城市，外商羣集，貨物雲屯，不少是來自中亞、西亞和歐洲的人。

其中最有名的是意大利人馬可波羅。馬可波羅是一個威尼斯商人的兒子，在忽必烈統治時來到中國，他在當時的政治地位是屬於第二等的色目人，因此受到尊敬。忽必烈給他官做，任命他出使緬

甸、占城和印度。他還做了三年揚州樞密使，總共在中國做官 17
年才回到歐洲去。

　　馬可波羅回到歐洲後，寫了一本《馬可波羅遊記》，記載了他在
中國的見聞。例如他在《遊記》中，敍述元朝的京城大都的情況，
說：“城市既大而富，商人眾多，商業工藝之民，大多數製造絲、
武器與鞍轡以及各種商品”。“彼處營業之妓女，娟好者達兩萬人。
每日商旅及外僑往來者，難以數計，故均應接不暇。至所有珍寶物
品之數，更非世界上任何城市可比。……故余謂此間之富裕，及所
用之珍奇寶貨，為世界上其他城市所無。商業之交易亦至繁多，每
日所到之絲，何只千車。”馬可波羅的《遊記》，可能是有點誇張，
但我們從這些記載中，卻可以看出元朝城市的繁榮和對外貿易的發
展。馬可波羅的《遊記》，是中西交通史上的重要文獻，對歐洲人東
航也起了催促作用。

53 | 元代中外文化交流

　　元朝時候，由於海陸交通發達，促進了中國與中亞、西亞、歐
洲各國文化交流。這時期，中國古代四大發明 —— 造紙術、印刷
術、羅盤針、火藥，先後流傳世界各地，對世界文化的發展作出重
大的貢獻。外國的文化也給予中國很大的影響。中國人民在和各國
人民的友好交往中，相互傳播了生產技術，密切了貿易聯繫，豐富
了物質和精神生活的內容，增強了友誼。雖然元王朝曾發動大規模

的侵略戰爭，但人民之間的經濟、文化的交流與和平友好的關係，始終是中國與各國關係的主流。

中國的造紙術、羅盤針和火藥，是先由阿拉伯人接受，再傳播西方的。早在公元八世紀（中國的唐代），在阿拉伯統治下的撒馬爾罕，先從中國學會造紙，以後巴格達就成為阿拉伯帝國造紙中心之一。在世界航海史上，中國是最早使用羅盤針的國家。大約在公元 12 世紀（南宋時期）以後，羅盤針通過阿拉伯人傳入西方。阿拉伯人和歐洲人具有羅盤知識，約在 12 世紀末或 13 世紀初。製造火藥的主要成份——硝，也是由阿拉伯人從中國傳入伊斯蘭教國家的，阿拉伯人稱“硝”為“中國雪”，波斯人稱為“中國鹽”。起初，他們只用於治病，或煉金銀，製玻璃等，到 13 世紀前期才知道用於燃燒。13 世紀中期，成吉思汗入侵阿拉伯帝國，曾應用大炮等火器。埃及馬木路克蘇丹統治時期，於公元 1260 年在敘利亞擊潰蒙古軍，大批蒙古軍投降埃及，並帶走了一批蒙古的火器。從此馬木路克蘇丹獲得火器和製造火器的工匠。公元 13 世紀末、14 世紀初，伊斯蘭國家又發展了蒙古人傳去的火器。歐洲人在 13 世紀後期才將有關火藥的阿拉伯文記載譯成拉丁文，火藥製造的知識於是傳佈歐洲。到 14 世紀以後，歐洲才知道如何配製火藥和利用它造火器。

中國印刷術的西傳，蒙古的伊兒汗國是重要的橋樑。公元 13 世紀末，在伊兒汗國首都大不里斯印製模仿元朝寶鈔的紙幣，第一次在伊朗使用了印刷術。拉施特在《集史》中記載中國雕板的方法，從此流傳於西方。到 15 世紀中期，歐洲才使用雕板印書。

在這同時，外國文化也大量傳入中國。阿拉伯文化對中國文化有很大貢獻。元朝時候，傳入了阿拉伯的天文曆算和天文儀器，阿拉伯人札馬魯丁曾主持司天監。元代科學家郭守敬參考"回回曆法"改訂了中國曆法。回回曆在元朝以後沿用了四百年。阿拉伯醫學和不少阿拉伯藥材輸入中國，元代太醫院有專人主管"回回藥物"和"回回醫方"。公元 1266 年，元朝定都北京後，阿拉伯人也黑迭兒與馬合馬沙父子管理工部事務，主管大都設計規劃，宮殿衙署和池塘花園都由他部署，"心講目算，指授肱麼，咸有成畫"。還有一位尼泊爾人阿尼哥，留華 30 年，西藏、北京等地許多寺觀的塑像，都是他的作品，他曾擔任過元朝的領將作院事，管理工藝技術事務。

此外，由於元朝政府採取兼容並包的宗教政策，從 13 世紀 70 年代到 14 世紀 30 年代，羅馬教皇屢派教士來華，在中國南北各地建堂佈教。敍利亞人創辦的景教，在元朝也很流行。

54 ｜ 元曲
古代戲劇的代表

元代的文學，出現了一個新局面。作為傳統形式的詩詞，由於元政府對漢文化的扼殺，加之詩歌作者大部分是官僚貴族，內容貧乏，成就不高，與唐、宋兩代相比便大為遜色。與此相反，在民間文學基礎上成長起來的元曲（其中包括散曲、雜劇兩部分），卻大放異彩，成為元代文壇主要的文學形式。豐富了中國文學史的內容。

元代複雜的政治、經濟、文化，是元曲興起的決定性條件。元代城市經濟的畸形發展，為元曲的興起準備了充裕的物質基礎和羣眾基礎。隨着城市經濟的繁榮，市民階層迅速壯大，他們要求在文化生活方面得到滿足，要求在文學藝術中反映他們的思想感情，這一切給元曲的發展提供了極為有利的條件。

此外，由於元政府執行鄙視漢族知識分子的政策。元自開國以來，80多年廢除了開科取士制度，廣大中下層知識分子在當時幾乎沒有出路。因此，他們能與人民一起共患難、同呼吸，與民間藝術人結合，組織書會。他們學習民間藝術的成就，同時又把自己的知識，融會到元曲的創作上去，這對元曲的成熟和繁榮起着重大的作用。

元曲就是在這樣的政治、經濟、文化條件下，綜合了前人詞曲、歌舞和各種說唱文學的成就，特別是在金院本的直接影響下，經過教坊、行院、伶人、樂師和書會才人的共同努力，創造出來的一種文學藝術形式，是中國文學史上一種新興的藝術力量。元曲是元代文學的主流。

元曲中的雜劇，是一種歌劇。元雜劇的成就是輝煌的。短短的90年間，出現了大批優秀的作品，如關漢卿、王實甫等。據《錄鬼簿》記載：到元代至正五年，雜劇有458本。較後的《太和正音譜》記載，有535本。可見當時創作的盛況。現存的元雜劇有136種，雖然僅是總數的一部分，也可以從中看到它的成就。其中著名的有《竇娥冤》、《西廂記》、《趙氏孤兒》等。元雜劇的成就充分標誌中國戲劇發展已進入了成熟階段。

元曲中的散曲是一種新興的詩體。又叫清曲，包括小令、套曲兩部分。小令與宋詞略同，它原是民間流行的小調。套曲又叫做套數、散套，是合一宮調中的數曲為一套。元散曲的成就遠不及元雜劇，但其中仍有不少好作品。

55 | 鄭和
七下西洋　遠赴非洲

　　明成祖時，明朝社會經濟迅速發展，國內相對安定，這就給當時的對外貿易提供了有利條件。明成祖為了發展對外貿易，以搜尋惠帝的下落為藉口，派遣了龐大的船隊，七次開往南洋，統率這個船隊的就是歷史上著名的航海家鄭和。

　　鄭和（公元 1371 至 1435 年），雲南昆陽人，本姓馬，明太祖平定雲南時，被擄入宮，賜姓鄭。明成祖時任內官監太監。公元 1405 年 6 月，鄭和率領 2 萬 7800 多人，包括水手、士兵、通事（翻譯）、醫師等，帶着皇帝的詔書和大量的黃金、絹帛、瓷器等物品，分乘 62 隻大木船，從劉家港（今江蘇太倉縣劉河鎮）出發。他們經過中國東南沿海，向南航行，先到占城（越南南部），經過南洋羣島，到達印度西海岸的古里。直到公元 1407 年 9 月才回國。鄭和等所乘的大木船，最大的有 44 丈 4 尺長，18 丈寬，可容 1000 人，是當時世界上最大的遠洋航行巨舶。

　　從公元 1405 年到 1433 年的 28 年裏，鄭和一共出航七次，每次規模都很宏大。鄭和最遠的航程是以長江口作起點，沿中國東南海岸，到占城、暹羅（即泰國）、爪哇、舊港、滿剌加（即馬六甲）、渤泥、蘇門答臘、翠蘭嶼（即尼哥巴羣島）、阿枝、古里（即卡利庫特）、錫蘭（即斯里蘭卡）、榜葛剌、忽魯謨斯、亞丁、麥加等 30 餘地。船隊最遠到達非洲東岸的木骨都束、麻林地等地。當時稱印度洋西岸叫"西洋"，三保是鄭和的小名。中國民間流傳"三保太監下西洋"的故事，指的就是鄭和的航海。

　　鄭和七次航海，為明朝建立了外交和貿易關係，加強了中國和亞洲許多國家經濟文化的交流。據史料記載，鄭和第一次航海回國的次年（公元1408年），加里曼丹的渤泥國王率領王妃、弟妹、子女、朝臣等150多人到中國來，明成祖厚加禮遇；公元1412年，又偕王母到北京，留到次年才回國。滿剌加是當時馬來半島上的大國，地居衝要，鄭和的船隊常以此為中心，修建倉庫，儲存糧食和商品。滿剌加國王對中國非常友好，曾帶領王妃、朝臣500多人，駕船隨鄭和船隊同來中國。從公元1411至1433年，滿剌加國王祖孫三世前後五次到中國來。還有蘇祿島上的三個國王，在公元1417

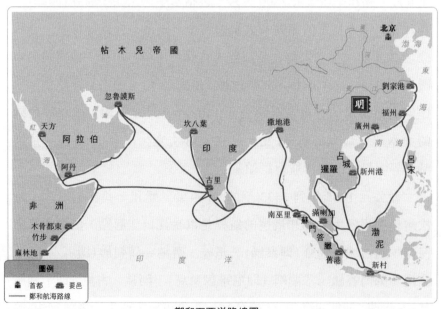

鄭和下西洋路線圖

年率家屬共 340 多人來到北京。

鄭和航海，豐富了中國人民航海的地理科學知識。當時測繪的航海地圖，已能標誌從南京到東南亞、印度洋各國的航路，詳細註明各國的方位、航路遠近、航行方向、停泊地點以及暗礁淺灘等。隨同鄭和航海的人，先後寫成了《瀛涯勝覽》（馬歡著）、《星槎勝覽》（費信著）、《西洋番國誌》（鞏珍著）等書，詳細記載了各國的經濟、政治、風土、人情，很有價值。

鄭和率領着龐大的船隊，縱橫在太平洋、印度洋上，表現出中國人民優越智慧和能力。鄭和航海，比哥倫布發現新大陸早八十年。鄭和最早開闢中國到非洲東岸的航路，比達·伽馬發現由歐洲繞過好望角到達印度的航路，約早一百年。而且無論是艦隊的規模與船隻大小，都超過他們。鄭和七次下西洋，不僅是中國歷史上空前的壯舉，也是世界航海史上的大事。

56 | 明代文壇
公安派文學運動

明初朱元璋即位後，為了加強思想上的控制，與劉基一起創立了"八股文"，作為取士選才的手段。據《明史·選舉志》記述，八股文從題目到內容都取自朱熹注的《四書》、《五經》，要求在二、三百字到七百字之中，運用排偶的句式，闡述儒家思想。明王朝還利用廠衛特務組織，大興文字獄，鎮壓有進步思想傾向的知識分子，往往因一字一句，被認為犯上而腰斬。同時又採用懷柔政策，如永樂時編《永樂大典》二萬餘卷，籠絡了 2100 多名文人投入這一工作。這樣，一部分具有進步思想傾向的知識分子被殺戮，大批知識分子上了當權者的圈套，這樣情況自然會對文學的發展有所影響。

從明初到明代中葉，整個 15 世紀，文壇比較沉寂。明代中央集權的統治鞏固以後，當權者日趨保守和腐化。他們為了點綴昇平，粉飾現實，在文學上出現了大量當權大官僚和貴族們製作的形式華靡典雅，以歌功頌德為內容的作品，世稱"台閣體"。這種文風籠罩了明代文壇。《四庫提要》說："成化以後，安享太平，多台閣雍容之作。愈久愈弊，陳陳相因，遂至嘽緩冗沓，千篇一律"，影響非常之壞。台閣體的代表人物，是楊士奇、楊榮和楊溥等。

自明英宗以後，社會起了很大的變化：土地兼併、農村破產、邊患頻繁、國勢中落。在這種情況之下，雍容典雅、粉飾太平的台閣體文學引起了人們普遍的不滿，社會上要求改變這種文風。這時，出現了以李夢陽、何景明為首，包括徐禎卿、邊貢、康海、王九思、王廷相等"前七子"。他們首先提出"文必秦漢、詩必盛唐"的口號，大力反對華而不實的"台閣體"文學。其後，又有以李攀龍、王世貞為首，包括謝榛、宗臣、梁有譽、徐中行、吳國倫等人的"後七子"。他們的主張和前七子一樣。在前、後七子的復古文學運動的衝擊下，"台閣體"在明代文壇的地位基本上被打倒了。這是前後七子在明代文學發展上的積極作用。他們提出的"文必秦漢，詩必盛唐"的主張，開擴了知識分子的眼界，使人們知道"台閣體"和八股文之外，還有秦漢、盛唐時那樣的內容充實的文學作品，在客觀上反擊了當時八股文對人們思想的限制。但是，前後七子的復古文學運動，只是一個文風和文體的改良運動。他們的理論認識，仍然擺脱不了宋明理學的範疇。他們認為有一種千古不變的"心"，而文學也就是這個"心"所蕃衍出來生於天地間的東西，它是不變的。這樣的理論，自然不能了解文學的現實性，即使在文風和文體上，也只是以一種形式主義的東西來反對"台閣體"的形式主義。因而又把明代的文學引入了另一個極端。

直到晚明，嘉靖、萬曆（公元16世紀中葉）以後，明代文壇才呈現繁榮的局面。各種文學形式爭妍鬥艷，豐富多彩。明代中後期，由於封建制度的衰落，農民、手工業者、城市游民在政治、經濟上所受的束縛越來越少。他們開始要求擺脱封建束縛，主張個性解放。代表這種進步文學主張的，是明末進步思想家李贄和他的弟子袁宗道、袁宏道、袁中道三兄弟（世稱三袁）。特別是由三袁領導的反復古主義文學運動，掃蕩了明代文壇上的擬古邪風。他們提出的"獨抒性靈，不拘格套"的口號，代表着明代進步的文藝思潮。由於三袁是湖北公安人，故後稱這場反復古主義的文學運動為"公安派文學運動"。

李贄的文學主張，主要見於他的《焚書·童心説》中，所謂"童心"，即"赤子之心"，也就是"眞心"。他認為如果一個人寫文章不是出自眞心，則"言雖工，於我何與"？"豈非以假人言假言而事假事、文假文乎"！他説："天下之至文，未有不出於童心焉者也。"只要"童心常存"，則"無時不文，無人不文，無一樣創制體格文字而非文者"！因此，他認為古文不一定就好，今文不一定就不好，他説："詩何必古選，文何必先秦"，他還把傳奇、院本、雜劇等，稱為"皆古今至文，不可得而時勢先後論也"。李贄厚今薄古的思想，是後來公安派反對復古主義的號角，也是公安派重視市民文學作品的理論依據。

三袁中名聲最著文學成就較高的是袁宏道。他字中郎，是萬曆進士，曾任吳縣知縣，著有《袁中郎全集》。袁宏道繼承了李贄的思想，領導了這次反復古主義的文學運動。他在《答李元善書》中說：“弟才雖綿薄，至於掃時文之陋習，為末季之先驅，辨歐韓之極冤，搗鈍賊之巢穴，自我而前，未見有先發者，亦弟得意事也”。表達了他進行這場反復古主義文學運動的決心。

公安派領導的反復古主義文學運動，主要表現在下述兩個方面：第一，復古主義把文學看作靜止的現象，主張厚古薄今；公安派從發展的觀點看問題，“唯夫代有升降，而法不相沿，各極其變，各窮其趣，所以可貴，原不可以優劣論也”（《敍小修詩》），認為時代不斷發展，文學也在不斷發展，提出了“古不可優，後不可劣”，主張厚今薄古。第二，復古主義在“擬古”的幌子下，無視文學的內容，專講求形式，把古人的作品當作“樣本”，一筆一筆地臨描；公安派認為“襲古人語言之跡，而冒以為古，是處嚴冬而襲夏之舊者也”（《雪濤閣集序》）。公安派提出了自己的口號：文學要“獨抒性靈”。所謂獨抒性靈就是要抒寫自己真實的感情，不要虛偽地人云亦云。要做到獨抒性靈，自然就不能拘於格套。只有這樣才能使文學有獨創性。

李贄和公安派的進步文學主張，在理論上表現了相當的勇氣，這在當時和清代文壇都起了重要的作用。經過反覆的鬥爭，動搖了復古主義對文壇的統治，使窒息的明代文壇有了一點生氣。但是必須指出，公安派的文學革新運動，始終沒有跳出形式主義的範圍，關於文學內容的革新，則提得很少，實質上這只不過是一個改良性質的文學運動。

57 四大奇書
長篇小說的誕生

在宋元話本的基礎上，明初出現了長篇小說《三國演義》、《水滸傳》；到明中葉以後，又出現了《西遊記》、《金瓶梅詞話》。這是中國第一批長篇小說。它們的出現，標誌着中國文學發展到一個新的階段。

三國故事和西遊故事，早在唐代就開始流傳。水滸故事則在南宋開始流傳。它們在宋末都成為話本的題材。到了元代，這些故事被大量使用在戲曲上。明初，《三國演義》、《水滸傳》這兩部長篇小說，在以前醞釀的基礎上，經過文人的加工而誕生了。因此，從文學發展的角度看，中國長篇小說的出現，可以說是宋元話本的總結和提高。

從這四部作品成書前後及其演變過程來看，都有着深刻的社會背景，是與宋、元、明三朝社會形勢變化息息相關的。因此，它們的出現，引起了文、史學家的重視，將它們並稱為"中國四大奇書"。

《三國演義》是元末明初人羅貫中編寫的。作者根據歷史記載和民間流傳的故事，演述魏、蜀、吳三國的興亡史。起於桃園結義，終於三國歸晉。"玄德進位漢中王"（七十三回）時，是三國勢均力敵、鼎足相峙階段。這以前是醞釀形成階段，而以後是變化發展階段。小説中，蜀魏矛盾被放在主位，吳蜀、吳魏的矛盾被放在從屬的地位。另外還描寫了各國內部的複雜微妙的鬥爭。

《三國演義》是中國第一部長篇小説。作者通過一系列生動的人物形象和引人入勝的故事情節，來展開這些錯綜的矛盾，具有高度的藝術水平。成書幾百年來，它在民間一直有着廣泛的影響。曹操、劉備、孫權、諸葛亮等人物形象，深印在人們的心裏，栩栩如生；桃園結義、三顧草廬、草船借箭、空城計等故事，幾乎家喻戶曉。

《水滸傳》相傳是元末明初人施耐庵所作。《水滸傳》取材於宋末以宋江為首的農民起義。它和《三國演義》一樣，已經成為家喻戶曉的長篇小説。小説的主角宋江，在歷史上確有其人。他在梁山泊聚集了一夥好漢，舉起“替天行道”的旗幟，劫富濟貧，專與官府為敵。

《水滸傳》故事最早約在南宋時開始以話本、雜劇等形式在民間流傳。後來，施耐庵運用自己的藝術才能，把那些在口頭傳説、話本、雜劇中彼此不聯繫的水滸故事集中起來，寫成《水滸傳》這一長篇小説，使水滸故事得到了極大的豐富和提高。

《水滸傳》貫穿着“官逼民反”的主題思想。作者在字裏行間，流露出對農民起義的同情和要求改革政治的理想。《水滸傳》的藝術成就很高。它敍事寫人都有獨創的風格，十分生動，趣味盎然。所寫的“武松打虎”、“大鬧野豬林”、“智取生辰綱”、“三打祝家莊”等故事，都已深入民間。而魯智深、李逵、武松等也成為人民所喜愛的人物。

　　《西遊記》是明朝人吳承恩所作，是一部優秀的浪漫主義作品。它以豐富的想像、奇妙的故事、宏偉的結構，開拓了幻想小說的先河。它根據了民間流傳的唐朝玄奘取經的故事，塑造了人民所喜愛的理想化的英雄形象——孫悟空。孫悟空大鬧天宮、大鬧龍宮、大鬧地獄，把神的權力和秩序打得落花流水，具有高度的現實意義和積極意義。在描寫孫悟空與妖魔鬥爭的果敢和善於識別妖魔鬼怪等情節上，反映了人民的反抗精神和智慧。但是由於作者的局限性，孫悟空的造反，注定不能跳越如來佛的五指山和唐僧的金箍圈。這雖然與全書的主題思想相矛盾，實際上反映了作者本身的迷惘和不可踰越的時代局限。《西遊記》還有很多宣揚封建迷信、因果報應的糟粕。不過這些都是次要的，《西遊記》還是一部優秀的作品。

　　《金瓶梅詞話》是中國第一部由文人獨創的長篇小説。作者蘭陵笑笑生，山東人。真實姓名不詳。《金瓶梅》是從《水滸傳》"武松殺嫂"一段衍生出來的。以惡霸西門慶為全書主線和中心人物，描述了西門慶的發迹暴亡和家業興替。從他的家庭、社會、官場以及商業財務活動，展開了中國封建社會末期富有時代特徵和地方色彩的畫面。它對市井社會和市儈惡霸家庭作了深刻的解剖，從社會經濟、政治、人倫關係到人物的精神世界，都毫無保留地大膽地予以揭露。上到帝王權貴，下至各級文武官員、基層吏治機構、市井無賴、幫閒媒婆、醫生妓女等等。構成一個腐朽不堪、暗無天日的鬼域世界。就其本質來説，西門慶的罪惡和獸性的生活，是中國封建社會末期，社會罪惡與黑暗的縮影。《金瓶梅》應該是一部反封建的現實主義的作品。但書中大量的淫辭穢語，自然主義的色情描寫，客觀的藝術效果異常惡劣，容易成為人們靈魂的腐蝕劑，引導人們追求腐爛淫惡的墮落生活。

58 | 王守仁
知行合一

　　王守仁（公元 1472 至 1528 年）字伯安，浙江餘姚人，明代著名的哲學家。他曾經在浙江紹興的陽明洞讀書，所以世人又稱他為陽明先生。他發展了宋代陸九淵的“心學”，自成學派，世稱姚江派。在嘉靖以後廣泛流傳，幾乎取代了官方的程朱理學。清朝以後，陽明學（即“心學”）仍然有很大的影響。陽明學還流傳到日本和朝鮮。

　　王守仁 21 歲時，中了舉人。正德元年（公元 1506 年），為了援救南京科道官戴銑等人，得罪了宦官劉瑾，被庭杖下獄，後被貶為貴州龍場驛當驛丞。劉瑾垮台後，逐漸為明王朝重用。他為明王朝做了兩件大事。一是正德十二年至十三年（公元 1517 至 1518 年），被任命為南贛、汀漳等處巡撫，鎮壓了江西、福建、廣東等地的動亂；一是正德十四年（公元 1519 年），他主動起兵勤王，活捉了反叛明朝的寧王宸濠，立下了大功。因而受到明王朝的賞識，被封為新建伯。死後，謚文成。

(1) 學問歷程

　　王守仁從青年時代起，即開始認真研究程朱理學。朱熹認為要在“格物窮理”上下功夫，一草一木都含有“至理”，必須一件一件地“格”盡天下之物，才能豁然貫通，體會到完滿的“天理”。王守仁從亭前在蕭瑟的秋風裏搖動的一叢翠竹“格”起，從早到晚，面對着這叢竹子冥思苦想，一連七天，一無所得，結果病倒了。王守仁開始懷疑：“一竹之理尚不能格，何談天下之物？”於是他剔開這個苦惱的問題，索性告病還鄉，躲到陽明洞靜坐，研讀佛、老思想。佛教禪宗的思想，給他後來創立陽明學以直接的啟示。

據說，在王守仁被謫發到人迹罕至的貴州龍場驛後，他日夜靜坐，體會“聖人處此，更有何理？”他在一個晚上突然頓悟，終於洞徹了“格物”的道理，這就是：一切的知和理，都在“我”的心中，天下本來無物可格，原先格竹求理，是走錯了路。最終完成了他的哲學體系。王守仁的著作，由門人輯成《王文成公全書》（38卷），其中的《傳習錄》、《大學問》是他在哲學上的重要著作。

(2) 學問內容

心學的主要內容有下述幾方面：

(a) 心外無物王守仁認為朱熹把“理”放在“天”上，還不夠徹底，他說“理”就在人們的心中，“心即理”，甚至説“心外無物，心外無事，心外無理，心外無義，心外無善”（《與王純甫書二》），把自然和人類社會的一切都說成是“心”所派生的。他又說：“我的靈明，便是天地鬼神的主宰。……離卻我的靈明，便沒有天地鬼神萬物了”（《傳習錄》下）。總之，在王守仁看來，天地萬物都是“我”的心的體現，“我”死了，天地萬物也就不存在了。這在哲學範疇，屬於典型的"唯我論"。

(b) 致良知說"良知"一詞，本源於孟子的"不慮而知是良知，不學而能是良能"。所謂"良知"，王守仁認為見父自然知孝，見兄自然知敬，見到小孩落井自然產生憐憫之心，這些思念是不慮而知，不學而能的，這就是"良知"。推而廣之，父子有親，君臣有義，夫婦有別，長幼有序，朋友有信等三綱五常觀念；以及惻隱、羞惡、辭讓、是非等感情，也都是與生俱來的，都叫"良知"。王守仁解釋"致知格物"為："致吾心之良知於事事物物，則事事物物皆得其理。""致吾心之良知者，致知也；事事物物皆得其理者，格物也。"(《傳習錄》)。他還認為"良知良能愚夫愚婦與聖人同"，但只有聖人才能保持這種良知，而愚夫愚婦（指普通百姓）慾念太重，蒙蔽了這個如明鏡般的良知，造成了他們道德上的缺陷。人們要想成為聖賢，同登"極樂世界"，就必須保持和貫徹先天的良知觀念，這就叫做"致良知"。王守仁的"致良知"說，就是要人們用封建道德倫理觀念去處理一切事物。在這個意義上，與朱熹提倡的"存天理，滅人慾"，是一致的。

(c) 知行合一說王守仁認為知行是合一的，不能把它分割。知而不行，只是未知。王守仁說："知是行的主意，行是知的功夫。知是行之始，行是知之成。若會得時，只說一個知，已自有行在；只說一個行，已自有知在。"王守仁的知行合一說在理論上是錯誤的。因為知和行在哲學上畢竟屬於兩個不同的概念。"知"是屬於思想意識範疇；"行"

是屬於實踐範疇。但王守仁第一次提出了知行合一這個概念，在哲學史上是有重大意義的。它突破了人們長期以來把知、行割裂分離的形而上學的觀念，引導人們將知和行作統一的思考。

在明末社會，王守仁敢於公開提出反對朱熹的哲學思想，打破了程朱理學僵化的教條，活躍人們的思想，在當時是有積極意義的。

59 | 李贄
批評理學思想家

明代末期，儘管朝廷推崇理學，規定把朱熹的《四書集注》列為知識分子必讀的教科書，廢除書院，禁止講學，企圖把思想界像罐頭一樣密密地封住，不准人民有絲毫的言論自由。但是，一些進步的思想家卻敢於衝破理學的桎梏，對於正統的腐朽思想加以揭露和否定。李贄就是其中一位傑出的代表。

李贄（公元 1527 至 1602 年），號卓吾，又號宏甫，別號溫陵居士，福建泉州府晉江縣人。李贄的先輩從事過航海經商。他本人在青年時代生活顛沛流離，中年後做過二十餘年低級官吏，看到了許多以正統自居的理學家的腐朽、虛偽、奸詐行徑，深惡痛絕，常與有權勢的理學官僚相抵觸，"見道學先生則尤惡"，他公開以"異端"自居，因此"受盡磨難"，生活窮苦，兩個幼女都在災荒中餓死了。他對明末社會的黑暗和官場的腐敗有切身的感受，非常憤慨。

到 54 歲便辭官不幹，專門從事著作，寫了《焚書》、《藏書》、《續焚書》、《續藏書》、《史綱評要》等書。

李贄以他提出的"不蹈故襲，不踐往迹"（《焚書‧與耿司寇告別》）的思想，貫串在他的全部歷史觀中。他多次駁斥了理學家對一些有作為的歷史人物的攻擊，決心要替他們"一洗千古之謗"。從先秦的吳起、商鞅、荀況、韓非、李斯，到漢代的劉邦、賈誼、晁錯、劉徹（漢武帝）、桑弘羊，三國的曹操、諸葛亮，唐代的武則天、柳宗元等，都給予肯定的評價。他特別讚揚秦始皇統一中國的歷史功績，稱他為"掀翻一個世界"的"千古英雄"（《史綱評要‧後秦記》），還稱讚輔助秦始皇的李斯是"知時識主"的"才力名臣"（《藏書‧秦始皇帝、李斯》）。他又對柳宗元肯定秦始皇實行郡縣制的文章《封建論》，作了很高的評價，認為它"卓且絕矣"。李贄十分推崇張居正，認為張居正是"宰相之傑"，是學習的榜樣。（《焚書‧因記往事》）。

李贄根據大量歷史事實，多次駁斥了理學家對法家學說的攻擊，指出法家有學有術，能使國家富強，而理學家則是"雖名為學而實不知學"，完全"不可以治天下國家"（《藏書‧世紀列傳總目後論》）。在理學盛行的明代，李贄能夠以"與百千萬人作對敵"的精神，大膽肯定法家，這是對理學思想的勇敢挑戰。

李贄又針對朱熹肉麻吹捧孔子"天不生仲尼，萬古長如夜"，李贄嘲笑説：怪不得在孔子以前的人們，白天也要點着蠟燭走路。李贄反對以孔子之是非作為衡量真理的標準。他説："夫天生一人自有一人之用，不待取給孔子而後足也，若必待取足於孔子，則千古以前無孔子，終不得為人乎？"（《焚書‧答耿中丞》）所以，他寫《藏書》時，就以自己的觀點去衡量古人，並要看他著作的人，也要"毋以孔夫子之定本行賞罰。"(《藏書‧世紀列傳總目前論》)

李贄對理學的抨擊更加猛烈，他認為朱熹"無術"、"無學"；理學是害人誤國的"偽學"。說理學家是"陽為道學，陰為富貴，被服儒雅，行若狗彘。"(《續焚書‧三教歸儒説》) 李贄還指出：理學家們是一批"依仿陳言，規迹往事"的守舊派，他們"一步一趨，舍孔子無足法。"(《藏書‧五通》) 對理學如此淋漓盡致的揭露，在封建社會歷史上是少見的。

針對理學家提出的"男尊女卑"的理論，李贄指出所謂"男子之見盡長，女子之見盡短"純係胡言亂語。他對程頤宣揚的"餓死事小，失節事大"的封建倫理綱常深惡痛絕，熱烈讚揚寡婦卓文君和司馬相如的自由結婚是"同氣相求"，不可誣蔑；稱頌被理學家誣為"淫奔"的紅拂女，是"智眼無雙"，"可師可法"。李贄對男尊女卑思想的否定，是對封建社會及其意識形態一次嚴重的打擊。

李贄晚年在湖北麻城龍潭湖芝佛寺，過着半僧伴俗的生活。李贄在當時很有名氣，他的著作十分流行。不少讀書人，"全不讀四書五經，而李氏《藏書》、《焚書》人挾一冊，以為奇貨。"明政府曾兩次禁毀李贄著作。但並不能阻止這些作品的流傳，反而更加提高了李贄的聲譽。李贄在那裏講學時，"一境如狂"，受到當地羣眾的狂熱觀迎。因此，受到封建衛道者的嫉視，要將他驅逐出境。他表示"我可殺不可去，我頭可斷而我身不可辱"(《續焚書‧與耿克念書》)，堅持不屈。最後，明政府以"以李斯為才力，以卓文君為善擇佳偶，以司馬光論桑弘羊欺武帝為可笑，以秦始皇為千古一帝，以孔子之是非為不足據，狂誕悖戾，未易枚舉，大都刺謬不經，不可不毀。"(《明神宗萬曆實錄》)的罪名，把他逮捕入獄，死在獄中。在明代思想界理學佔襲斷地位的死氣沉沉的局面中，出現李贄這個進步思想家，確是難能可貴的。

60 清代的文學

滿清入關之後，為了壓制反清情緒，極其重視對知識分子的控制。一方面極力表彰程、朱理學，宣佈為正統思想。在康熙時，程、朱理學成為官僚的政治資本之一，如大官僚李光地、魏象樞、魏裔介、熊賜履、陸隴其等，都是"理學名臣"。朱熹的理學學說被推崇為封建的"法典"。他所注釋的《四書集注》，成為封建科舉考試乃至書院、學校的教條。社會上形成"非朱子之傳義不敢言，非朱子之家禮不敢行"(朱彝尊：《曝書亭集》)的風氣。另一方面，屢興文字獄，進行野蠻的屠殺，這樣的血案，每朝都有。如康熙二年的莊廷鑨的"明史案"，將所有莊氏家屬中十六歲以上的以及為明史作序、校訂、刻字、買賣書的人以至地方官全部殺掉。事實上，有些詩文的確有反清的思想，但有些卻毫不相干，甚至以"南"字與"北"字對舉，也被指為"大逆不道"。

滿清王朝用盡一切高壓手段，扼殺文化，使清代的文學特別是進步文學受到嚴重的摧殘和損害。在詩文方面，御用文人王士禎的"神韻說"，以至稍後的沈德潛的"格調說"，成為清朝詩壇的霸主。桐城派方苞、劉大櫆的復古主義古文理論影響也很大，長期地籠罩清代的文壇。

王士禎的"神韻說"，其實是唐代司空圖《詩品》和宋代嚴羽《滄浪詩話》詩歌理論的繼續。所謂"神韻"，即是司空圖詩品中所謂"不著一字，盡得風流"；也就是嚴羽所謂的"羚羊掛角，無迹可求"、"鏡花水月，空中之象"。他們的理論實際上是要抽掉詩歌的思想內容，只從"妙語"、"興會"方面去用功夫，於是詩歌創作變成不可捉摸的東西。沈德潛的"格調說"，主要內容有三方面：一是作詩的態度要"溫柔敦厚"，要"怨而不怒"，實際上叫詩人不要諷刺時弊。二是好詩的標準是"風雅"，是盛唐詩，是"三唐之格"。因此，寫詩必須學古，必須論法，這樣就引導人們只講求聲調格律，不講思想內容。三是詩的內容應該符合封建社會的秩序，所謂"詩之為道，可以理性情，善倫物，感鬼神，設教邦國，應對諸侯。"（《說詩晬語》）說得更明白一些，就是"約六經之旨"，"踐六經之言"。

至於桐城派的文學理論，其實沒有甚麼新鮮之處，只不過是韓愈提出的"文"、"道"合一的文學理論的繼續，它在創作方法上強調"義法"，也就是要合乎於八股文的格式。

儘管滿清王朝使用種種專制高壓手段，清初文壇還是出現一批進步知識分子，如黃宗羲、顧炎武、王夫之等，他們和廣大人民一起，堅決進行反清鬥爭，同時也寫下了大量慷慨激昂，具有時代特色的詩歌。其中以顧炎武的詩歌最著名。

顧炎武的詩今存四百首左右，內中十之八九都富有強烈的家國興亡的感慨，絕少世俗應酬之作。他的詩取材頗為廣闊：晚明王朝的腐朽，滿清王朝的殘酷，廣大人民的同仇敵愾，都在他的詩中反映出來，他正是用鏗鏘的詩句，刻劃出時代的怒吼和壯士的悲憤。廣大人民可歌可泣的鬥爭事跡，激發了詩人的愛國熱情；而詩人的"天下興亡，匹夫有責"的詩句，也給抗清的廣大人民以巨大的鼓舞。顧炎武的一生，是戰鬥的一生，直到他死前兩年（公元1680年），在悼念他的亡妻時，寫上"地下相煩告公姥，遺民猶有一人存"的詩句，表達了他此志不渝的鬥爭精神。顧炎武的詩歌，實踐了他"文須有益於天下"的進步文學主張，對後世產生積極的影響。

乾隆年間，出現了一部標誌中國古典文學現實主義高峯的長篇小說《紅樓夢》和現實主義傑作《儒林外史》，把清代文學推向一個新的高度。

偉大的文學家曹雪芹所寫的《紅樓夢》，是清代文學藝術的精華。在《紅樓夢》這部偉大的作品中，作者通過對賈、史、王、薛四大家族衰亡史的描繪，對中國封建社會末期進行總的解剖。作者在這部一百多萬字的長篇小說中，塑造了一大批栩栩如生的人物形象，勾勒了一幅浩繁紛紜的社會生活畫面。他筆鋒涉及封建社會的政治、經濟、法律、教育、婚姻、宗教等各方面。因此，《紅樓夢》也可以說是一部封建社會的百科全書。

《紅樓夢》在中國現實主義文學發展史上有極高的地位。它的成功絕不是偶然的。時代社會生活的要求和曹雪芹的天才固然是重要的原因，中國文學長遠的歷史和優良傳統也直接哺育了這部光輝的著作。曹雪芹寫此書用了極大的努力，他自己說："字字看來都是血，十年辛苦不尋常。"這裏包含着許多對文字遺產的批判繼承，也包含了作家自己的辛苦經營和獨創。

《儒林外史》作者吳敬梓，他在這部長篇小說中，對封建科舉制度毒害麻木人們心靈的本質作了無情的揭露。作者還對程、朱理學進行了批判。如他在書中描寫王玉輝的女兒殉夫，絕食而死。王玉輝對女兒之死嘴裏喊：“死得好！”內心卻十分悲痛。這正是一場典型的“以理殺人”的悲劇。《儒林外史》所描寫的人物，以封建社會知識分子為主，上至進士、翰林，下至市井無賴，無所不包，是一幅不折不扣的封建社會儒林百態圖。

在《紅樓夢》、《儒林外史》之後，至公元 1840 年以前，幾乎沒有再出現過值得稱道的作品，這是一個中國古典文學衰落的階段，是中國文學將要轉變、向新階段過渡的前夕。

61 | 清初三大思想家
批判君主專制

在清初特定的歷史條件下，由於民族矛盾尖銳，因而有一部分漢族知識分子在一定程度上與人民的抗清鬥爭相呼應。當時，有三位著名的思想家 —— 黃宗羲、顧炎武和王夫之。他們出於民族感情，在清兵入關時，曾參加明朝的抗清武裝鬥爭，後來遭到挫折，見大勢已去，但又不肯屈服，於是採用其他方式繼續抗清鬥爭。他們認真總結明王朝滅亡的教訓，對宋明理學的兩個派別 —— 程、朱理學和陸、王心學的危害性，提出批判。他們的思想，在一定程度上反映了當時工商業發展的要求，並接受了自然科學新成就的影響。

(1) 黃宗羲

黃宗羲(公元 1610 至 1695 年),字太沖,號南雷,又號梨洲,浙江餘姚人。他在青年時期參加過反對閹黨的鬥爭。明亡後,他曾參加熊雨軒領導的抗清鬥爭,一直到南明政權垮台為止。此後,黃宗羲一再拒絕清王朝"博學鴻詞科"的籠絡,又拒絕詔修明史,富有民族氣節。他的主要著作有:《明夷待訪錄》、《南雷文集》、《宋元學案》和《明儒學案》等。

黃宗羲在思想上傑出的貢獻在於他對君主專制的批判。他大膽揭露君主專制制度已成為"天下之大害"。他說:"以君為主,天下為客,凡天下之無地而得安寧者,為君也。"這就是說,天下之所以不安寧,是因為封建皇帝專制的結果。他還指出,封建皇帝在奪取政權的過程中,任意"屠毒天下之肝腦,離散天下之子女",來博取他一個人的產業,樹立一個人的統治;封建皇帝在奪取政權以後,又為了鞏固其子孫基業,肆無忌憚地"敲剝天下之骨髓,離散天下之子女,以奉我一人之淫樂"(以上見《明夷特訪錄‧原君》)。在當時的封建專制統治下,黃宗羲敢於這樣大膽地揭露封建專制主義,表現了他追求眞理和憎恨邪惡的大無畏精神。

黃宗羲還揭發封建專制制度在社會經濟上,特別在賦稅方面造成的嚴重危害,他指出有"三害":第一,"積累莫返之害"。明代賦稅雜役十分沉重,迫使人民"得有其生","亦無幾矣"。第二,"所稅非所出之害"。明代納稅,須以糧、布易銀,由於銀貴,農民即使遇上豐年,"仍不足以上供",這樣,造成天下農民與封建統治者"為仇"了。第三,"田土無等第之害"。明代徵稅,不區別土地的好壞，使有些不毛之地，即使年年耕作，連租牛的利息也償付不起（以上見《明夷待訪錄・田制》）。他揭露明末社會上的"三害"，實際上宣佈了封建制度面臨崩潰的前夜。

此外，黃宗羲還主張法治，要求改變"一家之法"為"天下之法"，這在當時確是一種有膽識之見，這些思想，多少帶有若干近代民主思想的色彩。同時，他還提出了"工商皆本"的主張，反對傳統的"農本商末"的觀點，這又是他思想的一個進步方面，體現了他的歷史發展觀。黃宗羲的思想，在中國近代資產階級民主革命中，產生過一定的積極影響；戊戌變法運動，也利用了他反對君主專制的思想，作為宣傳的工具。

(2) 顧炎武

顧炎武（公元 1613 至 1682 年），字寧人，號亭林，江蘇昆山人。少年時曾參加復社。明亡後，與復社的歸莊、吳其沆等人堅持反清鬥爭。清廷屢次"徵辟"，他都堅拒不就，因而被迫離開家鄉，到魯、冀、豫、晉、陝等地，"通觀形勢，陰結豪傑"，準備起事。晚年居陝西華陰，因墜馬病死。他主要著作有《天下郡國利病書》、《亭林文集》、《日知錄》等。

顧炎武對於君主專制的見解，略同於黃宗羲，但比之，又更進一步。他認為"人君之於天下，不能以獨治也，治之而刑繁矣；眾治之，而刑措矣"（徐世昌：《清儒學案・亭林學案》），從而主張："有聖人起，寓封建之意於郡縣之中，而天下治矣。"（《亭林文集・郡縣篇》）他反對"獨治"，提倡"眾治"，企圖以加強縣郡的職權，來限制君主的專制，這在當時是表達了對封建制度革新的要求。

顧炎武批判明末"心學"脫離實際的學風,企圖把它拉回"國家治亂之原,生民根本之計"的"實學"中來。所謂"實學",就是要求"博學於文,行己有恥",發揮民族節操,講求反清鬥爭的實際。

(3) 王夫之

王夫之（公元 1619 至 1692 年）,字而農,號薑齋,湖南衡陽人,晚年隱居湖南的石船山麓,故後人又稱他為王船山。他曾在湖南衡山起兵抗擊南下的清軍。可是,由於他拒絕與農民軍合作,弧軍作戰,以致失敗。他看到大勢已去,隱居於湖南湘西苗瑤山洞中,終身著述,寫下了許多光輝的哲學、政治著作。主要的著作有:《張子正蒙註》、《周易外傳》、《尚書引義》、《讀四書大全說》、《讀通鑑論》、《思問錄》等。

王夫之是中國古代唯物主義的集大成者。他在自然觀、認識論、歷史觀等各方面,都超過了以往的唯物主義學者的水平。王夫之的唯物主義思想,是通過對宋明以來主、客觀唯心主義的批判,其中包括對程朱理學和王陸心學的否定,使唯物主義得到進一步的發展。正如他所說的"六經責我開生面",在唯物主義哲學體系上,有許多方面他是開了生面的。中國兩千多年以來的豐富的唯物主義傳統,在他手中經過"推故而別致其新",顯得更加絢麗多彩。

王夫之用物質不能"創有"、不能"消滅"的原理,駁斥朱熹的"未有天地之先,畢竟也只是理"的唯心主義理論,認為他完全是"惑世誣民"的"賊道"。王夫之提出,世界是由物質的"氣"構成的。他說："陰陽二氣充滿太虛，此外更無他物，亦無間隙，天之象，地之形，皆其所範圍也。"（《張子正蒙注・太和篇》）他批判了理學家"天不變，道亦不變"的形而上學，提出了"天之生物，其化不息"和"變化日新"的樸素的辯證法發展觀點。

王夫之堅持進步的歷史觀。他和柳宗元一樣，充分肯定和高度評價秦始皇廢分封、置郡縣的歷史功績，認為郡縣制代替分封制是符合歷史發展規律的。他說："勢之所趨，豈非理而能然哉！"（《讀通鑑論》）

62 | 天主教 在中國的 傳播

早在公元 13 世紀中葉，中國的元朝已與羅馬教廷取得聯繫。當時羅馬教廷遣使來華，希望元朝信奉天主教，並聯盟夾攻佔領基督教聖地的伊斯蘭教勢力，但未獲結果。公元 1288 年和 1336 年，元朝也曾兩次遣使羅馬教廷，願意修好。元朝政府採取兼容並包的宗教政策。教皇曾多次派教士來華，在中國南北各地建教堂傳教。但元朝滅亡後，中西交通被土耳其人隔斷，也就不再有教士來中國了。

公元 16 世紀後期，隨着西方國家殖民主義勢力東侵，天主教耶穌會教士亦隨之東來。當時歐洲資本主義逐步發展，代表新興的資產階級知識分子，德國神學教授馬丁・路德發起了宗教改革運動，在歐洲迅速發展。舊教即天主教為了尋求新的傳教區，積極向東方發展，派教士東來傳教。

　　當時來中國的耶穌會教士很多，其中最著名的是利瑪竇。他在公元 1583 年（明萬曆十一年）來到廣東肇慶，建教堂傳教。公元 1601 年，利瑪竇到北京，通過宦官馬堂，把天主像、天主經、報時鐘、《萬國圖志》等獻給明神宗，神宗因而賜地建天主教堂，准許他在華傳教。利瑪竇初來肇慶時，很快學會中國話，為了便於傳教，他曾穿起袈裟扮和尚；北上南京、北京後，又換上儒服，以便接近士大夫。他研讀儒家的《四書》、《五經》，傳教時引用孔子的《論語》來作證明。他對於中國教徒祭祀祖先和孔子，也不加反

利瑪竇與徐光啟

對。這樣，他收到了信徒 200 多人，其中包括許多明朝的大官，如李之藻、徐光啓等。

作為傳教的手段，利瑪竇曾把歐洲的科學創造帶到中國來。首先是西洋數學與物理學的傳入。利瑪竇和徐光啓合譯的《幾何原本》6 卷，介紹了當時流行歐洲的歐幾里德平面幾何的系統著作（當時中國的幾何學只有平面圖面積、內外切圓、平行線等理論），豐富了中國幾何學的內容。李之藻譯的《圜容較義》，專論圓之內外接定理。徐光啓又譯《測量法義》，是以幾何原理用到實用方面去的著作。物理學則有教士湯若望著的《遠鏡說》，為西洋光學的第一部書。熊三拔著的《泰西水法》專論水力機械。還有王徵與教士鄧玉函合譯《遠西奇器圖說》4 卷，介紹物理學中的重心、比重、槓桿、滑車等原理及簡單機械構造。其次是天文學與地理知識的傳入。利瑪竇攜來的《萬國圖志》，介紹了世界五大洲之說。艾儒略著有《職方外記》，介紹了世界地理知識。李之藻等接受了西洋天文學，著有《渾蓋通憲圖說》，後經過徐光啓等人的加工，完成了《崇禎新法算書》100 卷，以西洋曆法改正中國曆法及回回曆法的乖誤。可惜未及實行，明朝就滅亡了。第三是槍炮鑄造技術的輸入。明末因邊患緊急，對於西洋新式火器的需求是很迫切的。明天啓年間，兵部曾招請西方教士來京鑄造火器。教士湯若望曾與焦勗合著《則克錄》（又名《火攻挈要》），其中對炮台的建築、各種炮身的鑄造技術、火藥成份、大炮施放的方法以及炮兵教練等項目皆齊備，除自然科學外，同時傳入的還有西洋古典哲學及西洋繪畫、建築風格等。這些由西方傳入的科學文化知識，當時是給予中國社會以一定的影響。

中國科技

與

社會經濟發展

1 青銅時代
社會生產力提升

　　殷墟的發掘工作，開始於 1928 年，抗日戰爭期間曾經中斷，1949 年後，又由中國科學院繼續進行。經過考古學家們長期的辛勤勞動，收穫十分豐富，在殷墟發現了大批宮殿和住屋的地基、手工業作坊的遺跡、商王陵墓和大量的奴隸人殉坑，還有各種生產工具、精緻的工藝品、記載各種史實的甲骨等。把這些出土文物和其他資料的研究綜合起來，我們便可以對商朝的面貌，有比較全面的認識。

　　商朝的社會經濟，以農業生產為主。畜牧業和手工業都很發達。手工業分工精細，石器、玉器、骨器、銅器等都成為獨立的生產部門，並且出現了規模較大的作坊生產。此外，還有製革、釀酒、舟車、織帛等等。商品交換也發達起來，出現了以貝殼和玉器充當的貨幣。

　　青銅器的生產，在商朝規模甚大。在殷墟的宗廟遺址附近和鄭州等許多地方都發現了規模不等的煉銅遺址。

　　青銅器的發明，是古代勞動人民長期實踐的結果，極大地提高了生產力。有了青銅器，人們才有可能大規模地砍伐森林、開墾荒地，從而促進了農業和手工業的發展，為提供更多的剩餘產品創造了條件。有了更多的剩餘產品，戰爭中的俘虜，被貴族、首領留下充當從事生產的奴隸，從而促進了原始公社的瓦解，奴隸社會的形成。因此，青銅冶鑄技術的發明，在中國歷史上具有劃時代的意義（事實上，在世界各國歷史上亦具有同樣的意義）。

　　冶煉青銅的主要原料是銅，再加入適量的錫和鉛，溫度約需攝氏 1000 度左右，煉出來的合金就是青銅了。青銅器含青色，熔點較低，硬度較大，製造器物比紅銅更具優越性。商代前期，冶煉青銅的器皿是大口尊形陶器，後期發展為專用的厚陶質煉鍋。鑄造器物時，要先做泥模。模型做好後，再依據模型做出各式各樣的陶範。然後把青銅熔液倒進陶範，等熔液冷卻後撤去陶範，再經過修飾，便得到鑄成的青銅器。

　　殷墟出土的青銅器，總數有幾千件之多。青銅器種類十分複雜，商代的青銅器，主要禮器，而且絕大部分為商王和奴隸主貴族所有。常見的有：鼎、鬲（音歷）、甗（音演）、彝、尊、爵等等，還有樂器、兵器和車馬飾。這些青銅器的形式花紋非常精巧，有許多是極精美的藝術品。其中著名的“司母戊”大方鼎，是商朝青銅器的代表作。它重達 875 公斤，器形雄偉，是現存最大的商代青銅器。依當時的生產水平，鑄造這樣一個巨型的青銅器，需要二、三百個熱練工匠分工合作才能鑄成。另外，商代用青銅製造的兵器也很多，如戈、矛、戚、鉞、刀、箭鏃等。已發掘的商前期青

司母戊鼎

銅箭鏃，其數量之多，為其他同時代之國家所少見的。在商代青銅器中，雖也發現有錛、鏟、鑿等生產工具，但數量不多，說明當時農業生產中還是大量便用木器和石器。

青銅器的出現，使社會生產力大大提高，農業和手工業日漸發達，從而出現了燦爛的商朝文化。到了西周、春秋時期，青銅器的生產和使用就更加發達了，所以自夏以至春秋（約公元前 20 世紀至公元前 5 世紀），這 1000 多年間史學家稱之為 "青銅時代"。

2 西周的 "百工"
手工業的發展

西周的奴隸，除了從事農業生產外，還有專門從事各種手工業生產的，叫做 "百工"。

西周滅商後，周兵攻入朝歌，俘獲甚豐，據說光是寶玉佩玉就有十多萬塊，其他財物可以想見。周原來的生產力比商落後，所以周的權貴們對能創造這麼多財富的手工業奴隸比較重視。關於這方面的情況，史書記載着這樣兩件事：

第一件事是，康叔被封為衛侯，以管治商朝遺民。周公教訓康叔說：商人羣聚飲酒，你可以盡數拘送鎬京，讓我把他們殺掉，但 "百工" 除外。

第二件事是，周將商遺民分封給諸侯，其中魯侯六族，衛侯七族。在這 13 族裏，至少有九族是從事手工業生產的。例如索氏是繩工，長勺氏、尾勺氏是酒器工，陶氏是陶工，錡氏是銼刀或釜工，終葵氏是椎工等。

由於西周得"百工"，手工業迅速發展。青銅器的鑄造更有進步。有一些大型的鼎，上面刻着銘文（這種銘文後人稱為"金文"或"鍾鼎文"）。商代出土的青銅器，銘文字數很少且短，往往只有三、四個字。而西周青銅器上的銘文有的長達數百字。如宣王時的毛公鼎銘文，長達 497 字。又如著名的"曶鼎"，銘文長達數百字，可辨者 379 字。曶鼎銘文共三段，第一段記載周王的策命；第二段記載曶打算用一匹馬、一束絲與別人交換五個奴隸，後改用"金百乎"而引起訴訟以及訴訟得勝的經過；第三段記載匡季搶劫了曶的十秭禾而引起訴訟，結果除償還曶十秭禾外，又罰以"田七田，人五夫"了事。這種銘文是研究西周社會歷史的重要史料。

西周時還出現了造車工。製造車輛需要木工、金工、漆工、皮革工等多方面的合作，說明當時手工業分工已比較細，各行業之間已有密切的聯繫。

西周的生產工具曾否用鐵，目前尚無確鑿的證據。但確已經使用銅製的農具。《詩經·臣工論》說："命我眾人，庤（音至，儲備）乃錢鎛，奄觀銍艾（音義，同刈，收穫）。"其中的錢、鎛、銍，可以推想是金屬工具；又《詩·周頌·載芟篇》說"有略其耜。"《詩·周頌·良耜篇》："畟畟良耜。""略"與"畟畟"意為鋒利，耜刀鋒利，當然是金屬了。西周用金屬農具進行生產，是西周社會的一大進步。

西周很可能已出現冶鐵業。周成王時的《班殷》上有"王令毛公以邦冢君、土馭、戎人伐東國瘠戎"一句。其中的"戎人"據考古學家研究，可能就是冶鐵工人。這說明西周已有專門的冶鐵業。

3 鐵器的第一次大發展

中國人民，在很早以前，就知道用鐵了。1972 年，在河北藁城台西村商朝一座奴隸主的墓葬裏，發現了一件鐵刃銅鉞。墓葬的年代，相當於殷墟文化的中期，即公元前 14 至 13 世紀。雖然一般人認為這件銅鉞的鐵刃是隕鐵，但説明早在 3000 多年以前，中國人民已開始使用鐵器。可是從地下發掘來看，目前還沒有發現西周的鐵器。這説明鐵器在當時還是一種非常稀有的金屬。

史學家曾經考證，認為鐵製生產工具開始使用，是在春秋初期齊桓公時期，這是可以相信的。據《國語·齊語》載，在管仲和齊桓公的對話中説："美金以鑄劍戟，試諸狗馬；惡金以鑄鋤夷斤斸，試諸壤土。"郭沫若論證管仲所説的"美金"是指青銅，"惡金"是指鐵。他認為"鐵在未能煉成鋼之前，品質趕不上青銅，故有美惡之分。"又在春秋中葉，齊靈公滅萊夷（即今膠東）後，在當時著名的禮器"齊侯鐘"銘文裏，有"造戠徒四千"的話。郭沫若釋"戠"為鐵。這個"戠"字很關重要。如果郭沫若的解釋準確，那麼在春秋中葉，齊靈公時已有採鐵冶煉的官徒了；而且只在萊夷一地，就有造鐵徒四千之多，在其他地方就更多了。

1978 年甘肅靈台縣景家莊一號墓出土了一把屬於春秋前期的銅柄鐵劍，此外，在齊楚和三晉這兩個地區範圍內，也發掘出一些屬於春秋晚期的鐵器，包括凹字形鋤、削等，形制已比較成熟。由此推斷，鐵器開始使用於春秋初期是可相信的。

由於鐵器農具的出現和使用牛耕，推動了農業生產的發展，使作為封建生產方式基礎的一家一戶為單位的自然經濟式生產成為可能。這樣，社會上開始出現了封建生產關係，並逐步發展。

從文物考古工作者的地下發掘情況來看，戰國初期鐵器的種類和數量，雖比春秋時期有所增加，但出土地點仍然集中在當時經濟發達的三晉、齊楚兩個地區；種類大都是小件鐵器和小農具，在生產上還沒有代替石、蚌器和青銅器而取得支配地位。

經過百多年的變革，到了戰國中期，情況大為改觀，鐵器的使用以空前的規模在全國各地推廣。近年來，北起遼寧，南至廣東，東至山東半島，西到四川、陝西，包括當時七國的廣大地區，都有戰國中期的鐵器出土。鐵器的種類大大增加，有屬於農具的犁鏵、钁、臿、鋤、鐮等，也有屬於手工業工具的斧、刀、鑿等。屬於兵器的有劍、匕首、鏃、杖等。其中最突出的是在農業生產中，鐵器已代替了木、石農具，取得了主導地位。鐵農具的廣泛使用，使大規模的開墾土地和深耕細作成為可能，也為牛耕的發展和推廣提供了物質條件。

這種以一家一戶為生產單位的封建個體農業經濟，要求獲得更多的鐵器供它使用。而已經取得政權的新興地主階級，為了鞏固其統治的經濟基礎，也要求在生產上得到發展。就是在這樣的歷史條件下，出現了中國歷史上鐵器第一次大發展。

4 水利工程
都江堰和鄭國渠

鐵器的大發展，又為大規模的開發水利創造了重大的條件。戰國初年，有西門豹引漳水灌溉民田；中期以後開始興修的，有秦國李冰父子修建的"都江堰"和韓國人鄭國在秦修建的"鄭國渠"等。

李冰父子的家世、籍貫、生卒年代都不可考。他們曾在四川的成都、灌縣一帶興修都江堰。據《華陽國志》記載，公元前250年，"秦孝文王，以李冰為蜀守"；又說"李冰能知天文地理"。而《史記·河渠書》則這樣記載："蜀守冰鑿離碓，辟沫水之害，穿二江成都之中。此渠皆可行舟，有餘則用溉浸，百姓饗其利。至於所過，往往引其水益用溉田疇之渠，以萬億計，然莫足數也。"關於李冰父子修築都江堰情況，史籍記載就是這麼簡略。

都江堰是中國古代一項宏大的水利工程，修建在灌縣城外，是一個綜合性的航運防洪灌溉系統。主要工程包括：起分水作用的"都江魚嘴"；

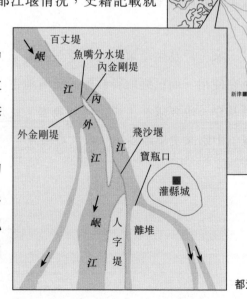

都江堰灌溉工程

保護河岸、減少流水沖刷力量的"百丈隄";隔離岷江內、外江水道的"內金剛隄"和"外金剛隄";宣洩內江過多水量的洩水壩——"飛沙堰";弧形的護岸建築"人字隄";人工開鑿的內江通道"離碓"和"寶瓶口"。從"百丈隄"到"寶瓶口",各項工程連綿共約三公里。渠道總長約 1165 公里,灌溉面積達古代畝約 300 多萬畝(古代一畝合今五分二厘)。都江堰修成後,完全改變了成都平原的面貌。從那時起,直到現在,2200 多年來,都江堰工程一直都在為農業生產服務。

鄭國渠開在陝西的渭河平原上。這裏是黃土沖積地帶,由於雨量較少,常鬧旱災,所以糧食產量不大。公元前 246 年,秦王政(即秦始皇)採納韓國水工鄭國的建議,從谷口(今陝西醴泉縣東北)起,引涇水東流,至今三原縣北匯合濁水及石川河水道,再引流東經今富平、蒲城縣以南,注入洛水,這就是著名的"鄭國渠"。渠道共長 300 多公里,灌溉咸陽以北的田地 400 多萬畝(古代畝),使關中地區變成"涇渭之沃",促進了農業生產大發展。

5 | 戰國時期的 科學發展

生產力的發展,也促進了科學的發展。戰國時期無論在天文曆象、地埋、醫學等各方面,都比前跨進一大步。

在天文曆象方面,據說名家惠施能說天所以不墜、地所以不陷、風雨雷霆所以發生的道理。惠施還提出了兩個辯題:"南方無窮而有窮","我知天下之中央,燕之北、越之南是也。"(《莊子·

天下篇》）這就是企圖證明地圓的學說。如果説漢代渾天家説地圓如彈丸，那麼惠施所説的應該是渾天家學説的起源。此外，楚人甘德和魏人石申測定黃道附近約 120 個恆星的位置以及這些恆星距北極的度數，用來觀測木、火、土、金、水五個行星的運行。《甘石星經》是公認的世界上最早的恆星表。

在地理學方面，戰國時期中國的疆域繼續在擴大，從而積累起豐富的地理知識；同時，中原的華族與各族有了更多的經濟、文化接觸，從而積累起關於地理、民俗、特產、神話等各種傳聞。中國地理古籍《山海經》、《禹貢》就是這時期的著作。

在醫學方面，醫學本從巫術開始，《山海經‧大荒西經》載巫咸，巫彭等十巫，往來靈山採百藥。咸、彭都是商朝的名巫。到春秋時，醫與巫逐漸分業，醫專用藥治病。戰國時醫學就是在這基礎上發展起來的。齊國人扁鵲是當時的名醫。他發明脈理，提出了運用望、聞、問、切診斷病情的醫學理論。扁鵲反對巫術，説有六種病不可治，"信巫不信醫" 是其中一種。扁鵲著《難經》，用人體解剖來闡明脈理和病理。醫巫分業後，扁鵲是第一個總結醫學經驗的人，又是切脈治病的創始人。此外，還有託名黃帝所作的《內經》18卷，現存《素問》、《靈樞》就是《內經》的部分內容。《素問》講病理，《靈樞》是最早一本講針灸的醫書。戰國醫學的發展，使人們戰勝疾病的能力增強了，這對破除迷信思想起了很大的作用。

此外，還有中國最早的手工業著作《考工記》，記載古代各種器物的製作法；《呂氏春秋》中的上農、任地、辨土等篇，總結了當時農業生產的經驗等等。自然科學的發達，表明了人們對於自然的認識在逐步深化，對於自然的控制能力也在逐步提高。

6 戰國時期 商業興盛與城市繁榮

戰國時，各地區物產交換，促進了商品的發展。《荀子·王制篇》中形容當時貨物流通的情況：北方的走馬、大狗，南方的羽毛、象牙、犀皮、顏料，東方的海魚、海鹽，西方的皮革、毛織品、旄牛尾等，在中原市場上都能買到。住在澤地的人可以得到木材，住在山地的人可以得到水產，農民不動刀斧、不陶不冶可以得到器械，工商不耕不種可以得到糧食。荀子看到通商的重要，主張"四海之內若一家"，通過互相交易，彼此救助，都可以得到安樂。可見戰國時的商業已很發達了。

隨着商業的興隆，黃金成為通行的貨幣。戰國後期，楚王告訴張儀説：楚國出產黃金、珠璣、犀象。黃金、白銀用作貴重的貨幣，是從南方的楚國開始的。現存古貨幣有"郢爰"（重一両九錢六分），形似小餅，稱為餅子金或餅金。餅金有黃金餅，也有銀餅。北方還別有稱為鎰的黃金貨幣。除金銀幣以外，又有銅幣，分貝形、刀形、錢（耕器）形、圓形四種。銅幣輕重不等，鑄幣地區也極紛雜。想見當時商賈可以私鑄錢幣，成為牟利致富的大門徑。

這樣，社會上就出現了大商賈。這些人對農民進行高利貸盤剝，所謂"耕田之利十倍，珠玉（經商）之利百倍"（《戰國策·秦策》）。有個別大商人"錢財存放國外，可以亡國"（《韓非子·亡徵篇》）。這一階層在當時是有一定勢力的。

隨着商業的興盛，城市也逐漸繁榮起來。當時各國的都城，如

齊的臨淄，趙的邯鄲，秦的咸陽，魏的大梁，楚的鄢郢，韓的宜陽
等，都成了繁榮的都會。宜陽城方八里，而臨淄更大。《史記·蘇
秦傳》記載："臨淄之中七萬戶，臣竊度之，不下戶三男子，
三七二十一萬，不待發於遠縣，而臨淄之卒固已二十一萬矣。臨淄
甚富而實，其民無不吹竽鼓瑟、彈琴擊筑、鬥雞走狗、六博踢鞠
者。臨淄之塗，車轂擊，人肩摩，連袵成帷，舉袂成幕，揮汗成
雨，家殷人足，志高氣揚。"由此可見，戰國時期的城市，已經有
相當的規模了。

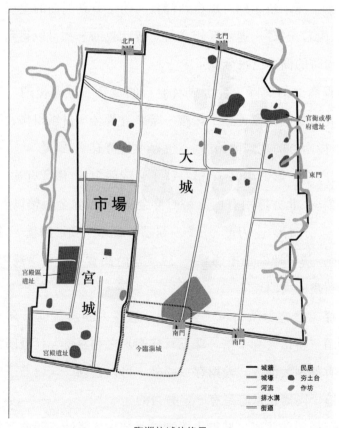

臨淄故城的格局

7 | 鐵器的
第二次大發展

據《漢書‧地理志》記載，漢武帝時候，推行鹽鐵官營。全國共設鐵官四十九處，分佈在現今東自山東，西至甘肅，南達四川，北到遼寧的廣大地區。這些官營的冶鐵作坊，為農業和手工業提供了大量鐵製工具，促進了農業生產的發展；同時，並把鐵器的使用和冶鐵技術推廣到邊遠地區和少數民族地區中去。中國歷史上鐵器第二次大發展，正是在漢武帝推行鹽鐵官營以後開始的。從地下發掘來看，漢武帝以後的鐵器，發現比較多，不僅在中原地區，就是一些邊遠地區如兩廣、雲貴等，也出土很多西漢中期以後的鐵器。鐵器的種類，比戰國時大大增加了。如在遼寧遼陽三道壕發掘的八座西漢民房遺址中，每個房都出土一批鐵農具，包括犁鏵、耬足、钁、臿、耙、鋤、鐮等。這裏發現的大型鐵犁鏵，長 40 厘米，上口寬 42 厘米，厚 12 厘米。陝西隴縣和禮泉縣還發現以鐵口犁套在大型犁鏵頭上作為鏵冠，説明西漢中期以後這些地區已經普遍地使用牛耕。在武器製造方面，漢初鐵兵器雖已逐漸增加，在日常生活方面，鐵器也得到更廣泛的使用，鐵釜逐漸代替了陶釜，剪刀、家用刀等都在這時出現。

冶鐵業在這個過程中也有了巨大的發展。許多冶鐵作坊從開礦、冶煉到製出成品，整套程序都結合在一起進行。如何南鞏縣發掘的鐵生溝西漢冶鐵遺址，在它的附近有豐富的鐵礦和煤礦。這座冶鐵遺址中，冶煉工序集中，設備相當齊全；使用的工具大部分為鐵製，生產的器具以農具為主。這充分顯示了漢武帝時冶鐵作坊的巨大規模和它同發展農業生產的密切關係。

那麼鐵的質量如何？根據對上述遺址中出土的海綿鐵及金屬鐵成分的化驗結果，用現在國內外的煉鐵標準來看，也是合格的鐵了。

8 農耕技術的突破
趙過和"代田法"

漢武帝末年，趙過為搜粟都尉（農官）。趙過研究和總結了農民的生產經驗，發明了"代田法"，創製了新農具，提高了農業的生產水平。

在這以前，耕作技術是比較落後的。農民們用耒耜把土地翻起後，即在土上散播穀種，不分行列，稱為縵田。縵田是原始的耕作方法，容易消耗地力。為了使地力恢復，必需休耕；上田一年（即耕種一年，休耕一年。）中田二年（即耕種一年，休耕二年），下

代田法圖解

田三年，稱為"萊田"。這種耕作方法，阻礙着農業生產的發展。趙過的"代田法"，突破了這種障礙。古時地長240步每步約六尺、寬一步（或長16步，寬15步）為一畝。"代田法"是在每六尺寬（即一步）的田畝中，分為壠、甽（田地中間的溝）相間的三壠三甽。壠和甽都寬一尺。甽低壠高，甽比壠深一尺。春天把種子播到甽裏，長苗以後，除去壠邊雜草，把翻鬆的泥土培蓋在甽中的苗根上。等到夏天，壠土已全平，而苗根埋土已深，可以增加耐風和抗旱的能力。下次耕種，再把原來的壠改為甽，原來的甽改為壠。這樣每年甽壠互相更代，叫做"代田"。用"代田法"，不必把整塊土地完全休耕。由於土地時常翻動，土質鬆軟，對於莊稼的生長也有好處。用"代田法"耕種的田地，都是"用力少而得穀多"，比縵田每畝一年多收一石至二石。

趙過和一批有技巧的手工業工匠一起，還創造了新農具，主要有耦犁和耬車。有些歷史學家認為，耦犁就是用二頭牛拉兩個犁，後面二個人各扶一犁，前面一人牽引二件，共用二牛三人。用這種耦犁犁田，每年可種田五頃。趙過等還做了一種人力犁，沒有耕牛的農民，可以使用人力犁。耬車是一種把耕犁和播種器結合在一起的播種工具。耬車的構造是：犁上裝一個耬斗，用以盛穀種，耬斗的兩足外圓中空，直伸到地裏；耕地時，一面破土，一面搖動耬斗，種子就由外圓中空的耬斗足播入土中。這比耕完地再

耬車模型

播種快得多。用耬車播種，據史書記載，每天能播地一頃。

趙過改進了農業技術和農具，擴大耕地面積，增加作物產量，在發展農業經濟方面，作出了貢獻。

9 東漢前期
社會經濟的發展

在廣大勞動人民的辛勤勞動下，東漢的前期社會經濟，得到比較迅速的恢復和發展。

在農業方面，那時候各地先後修復和新建了許多水利灌溉工程，開闢了大量稻田。公元 11 年，黃河在魏郡（治鄴）決口，河道南徙，改從千乘（今山東利津縣）入海。河水侵入汴渠（東漢漕運要道），兗豫兩州連年遭水災。公元 69 年，漢明帝擢用王景，發民卒數十萬人治河。王景測量地勢，開鑿山阜，建立水門，自滎陽至千乘口築堤千餘里，使河、汴分流，河不浸汴。從此，黃河受南北兩堤約束，水勢足以沖擊沙土通流入海，以後 800 年沒有改道，幽、冀、兗、豫四州得免較大河患。王景治河，是東漢人民與自然界作鬥爭的一次大勝利。在耕作技術上，用牛耕田和使用犁鏵等，日益改進，各種全鐵製的新型農具不斷出現，進一步提高了耕作效率和質量。黃河中下游地區的先進技術，也逐漸向北方高原和江南一帶推廣。

東漢的手工業又有新的創造。為了適應日益增長的對鐵製農具的需要，冶鐵工人不斷改進技術，發明了水排（一種鼓風機械，即利用水的沖力轉動機械，鼓動風箱，給冶鐵爐不斷送氧，吹燃木炭），不僅節省人工，而且功效大，提高了產量，這就為大量製造鐵農具，發展農業生產創造了更好的條件。

此外，在燒製陶器的基礎上，漢代開始出現早期瓷器。在河南信陽東漢墓中發現過青瓷壺、洗、杯、碗等物，說明東漢確有瓷器。東漢的燒窰工人，已從製作陶器躍進到製作瓷器的範圍，給手工業開出了一條寬廣的新道路，是對人類文化史的一個大貢獻。

以上所述，足見東漢前期社會經濟比西漢時有長足的進步。

10 | 造紙術的
改良與傳播

在手工業、農業不斷發展的情況下，中國四大發明之一的造紙術，在這時候得到推廣和提高，對世界文化的傳播和發展起了無法估量的作用。

在紙沒有發明以前，古代各國人民曾想盡方法，利用石頭、磚頭、樹葉、樹皮、蠟板、銅、鉛、蔴布、獸皮、埃及紙草和羊皮等材料，把文字記錄下來。在我們中國古代也曾用龜甲、牛骨、銅、鐵、石碑、竹、木、縑帛等物質來寫刻文字。然而所有這一切材料都有它本身的缺點，知識的傳播受到很大的限制。

1957 年，中國考古工作者在西安灞橋西漢前期墓葬中，發現了一些紙的殘片，經過化驗分析，發現這些殘紙，主要是大蔴和少量苧蔴做原料製成的，可算是世界上現存最早的植物纖維紙了。這一事實說明，早在公元前 2 世紀，中國人就發明了造紙術。

　　舊傳蔡倫發明造紙術，這是沒有根據的。但蔡倫在改進和推廣造紙術上有過傑出的貢獻，則應給以充分的肯定。蔡倫字敬仲，桂陽（今湖南耒陽縣）人。東漢明帝永平末年（約公元 75 年），他就在洛陽京城皇宮內當宦官。和帝即位（公元 89 年），他官至中常侍（宦官中最高的職位），參預國家機密大事。蔡倫很有才學，做尚方令（掌管製造御用器物）時，監督製造寶劍及各種器械，都是精工

古代造紙過程圖

堅密，可以為後世取法。他總結西漢以來用蔴質纖維造紙的經驗，改進造紙術，利用樹皮、破布、蔴頭、舊魚網等為原料，經過精工細作，製出優質紙張。公元 114 年，漢安帝即位，封蔡倫為龍亭侯。因此人們都把蔡倫製造的紙張稱為 "蔡侯紙"。

蔡倫的造紙術，不但很快傳遍國內，並且也傳到國外。它首先傳到朝鮮和越南，又由朝鮮傳到日本。往西傳到中亞細亞的撒馬爾罕，以至巴格達、大馬士革、埃及和摩洛哥。公元 1150 年在阿拉伯人統治下的西班牙開始造紙，出現了歐洲第一個造紙的工場。這時離蔡倫的時代已整整 1000 年了。

11 | 大科學家 張衡與祖沖之

(1) 東漢張衡

張衡，字平子，南陽郡西鄂縣（今河南省南台縣）人，生於公元 78 年（東漢章帝建初三年），卒於公元 139 年（東漢順帝永和四年）。是中國古代一位傑出的科學家。

東漢時代，讖緯神學盛行，有一班庸人主張利用 "圖讖之學" 來修改 "四分曆"（這是東漢時一種比較科學的曆法），張衡堅決反對，他認為 "天之曆數，不可任疑從虛，以非為是"。這就是說，曆法只能按照自然界的本來面目來編訂，而不能憑主觀願望給以任何附加。

張衡一生好學深思，肯於刻苦鑽研，他曾說過："不患位之不尊，而患德之不崇；不恥祿之不厚，而恥知之不博。”這説明他不為名利，嚴格要求自己的優良品質。

張衡在科學方面的成就是非常偉大的，他在中國天文學史上寫下了極其寶貴的一頁。中國是天文學發達最早的國家之一，從古以來就重視天文的研究。東漢時候，天文學主要有“蓋天説”和“渾天説”兩派。“蓋天説”認為天圓地方，天在上，像●（傘）蓋，地在下，像棋盤。這是一種舊的傳統説法。“渾天説”認為天地都是圓的，像一個雞蛋，天在外，像雞蛋殼，地在內，像雞蛋黃。張衡經過精密的研究和對天象的實際觀測，寫成他的重要天文學理論著作《靈憲》，發展了渾天説。他指出日有光，月亮自身不會發光，月光是由日光照射而來的；月亮向着太陽時，我們就能看見圓圓的明月，背着太陽時則看不見了。他又推測月食是由於日光被地球遮蔽的緣故。這些都是十分卓越的見解。他約計天空中的星體，常明的有 124 顆，有定名的 320 顆，連同所有可見的星體共有 2500 顆，海外可見星體沒有計算在內。他繪製了一部星圖叫《靈憲圖》。據現在天文學家統計，肉眼能看見的六等星總數約 6000 顆，而在同一地方同一時間所看到的星數，也不過 2500 顆到 3000 顆。可見張衡在當時的測定是相當準確的。

張衡發明了很多重要的天文儀器。他根據渾天學説的理論，創製了“渾天儀”。渾天儀用銅鑄成，內外分做幾層圓圈，各層銅圈上分別刻着赤道、黃道、南北極、日、月、五星、二十八宿以及其他星體，用漏壺滴水的力量使它按着一定的時刻慢慢地轉動，人們就可以從渾天儀上看到星體的出沒，與實際天象十分符合。張衡這項發明，經過唐代一行和尚和梁令瓚，宋代張思訓和蘇頌等發展，成為世界上最早的天文鐘。

張衡又創造了"地動儀"，這是世界上第一部測定地震的儀器。它用精銅鑄成，圓徑八尺，頂上有凸起的蓋子，像個大酒樽，內部居中有個銅柱，叫做"都柱"，連着八個方向通道，稱為"八道"。道中安有"牙機"（發動機關）。儀體外面鑄有八個龍頭，按東、南、西、北、東北、東南、西北、西南八個方向排列，每個龍嘴裏銜着一枚銅球；每個龍頭下面蹲着一個銅製蛤蟆，向上張着嘴巴。哪個方向發生地震，那個方向的龍嘴就吐出銅球，落在蟆蛤嘴裏，發出清脆的聲音，看守儀器的人就能知道地震的日期和方向，把它記錄下來。這架精巧的儀器被命名為"候風地動儀"。它是公元 132 年發明的，比歐洲創造的地震儀要早 1700 多年。

張衡除精通天文外，對曆算學也有很深的研究。他製造了一部類似活動日曆的儀器，叫做"瑞輪蓂莢"。這個機器每月從初一起，一天轉出一片木葉，到 15 日月圓時，便轉現出 15 片木葉；從 16

候風地動儀復原模型

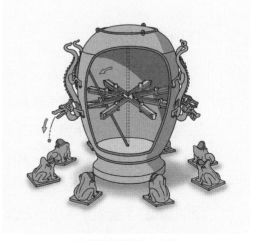

候風地動儀運作示意圖

日開始，每天轉入一片木葉，到月底便全部轉入機器內部。這樣既能知道日期，又能知道月亮圓缺的情況。

在數學的方面，他著有《算罔論》，對圓周率也有研究，可惜已失傳，只能從後代數學著作中知其一二。在木製機械方面，他的製作有"三輪自轉"和"木雕獨飛"。"三輪自轉"是有關指南車和記里鼓車的主要機械；"木雕獨飛"是一種利用機械發動能夠飛翔的木鳥，相傳能飛數里。

張衡又是一個文學家，遺留下來的文學著作有《溫泉賦》、《二京賦》和《歸田賦》等 22 篇，其中以諷刺當時朝廷和社會的《西京賦》最出名。他還寫了不少詩歌，如《四愁詩》、《同聲歌》等，在中國詩歌史上都很有名。

對於張衡的一生，他的好友崔瑗作了一個恰當的評價："道德漫流，文章雲浮。數術窮天地，製作侔造化。瓌辭麗説，奇技偉藝；磊落煥炳，與神合契。"張衡在中國科學發展史上，作出了重大的貢獻。

(2) 南朝祖沖之

東晉南遷以後，人民大量南移，從而使得南朝的經濟和文化得到發展，也推動了科學的前進。從東晉到南朝這一段時間內，陸續出現許多著名的科學家，如天文曆法方面有楊泉、何承天；醫藥學方面有葛洪、陶弘景……。其中最著名的是祖沖之。

祖沖之（公元 429 至 500 年），字文遠，祖籍范陽郡遒縣（今河北淶源縣）。他生活在南朝的宋、齊兩代。青年時代的祖沖之，就已對天文學和數學發生濃厚的興趣。他在自己的著作中這樣寫過：

從很小的時候起，便"專攻數術，搜煉古今"。從遠古一直到他生活時代止，很長時期裏所保存的關於天象的觀測記錄和有關文獻，他幾乎全部搜羅起來作參考。另一方面，他又決不"虛推古人"，決不把自己束縛在陳腐的典籍文獻之中。像他自己所說的那樣，每每"親量圭尺，躬察儀漏，目盡毫厘，心窮籌策"。

經過精密的測量和仔細的推算，祖沖之指出當時劉宋時所奉行的曆法有許多錯誤，如其中所推日月的方位距實測差三度，冬至、夏至差一天，五星的出沒要差 40 天；又舊曆法裏每 19 年中有七個閏年，每過 200 年就比實際天數相差一天。於是他着手編寫新的曆法 ——《大明曆》，糾正了舊曆法中的許多錯誤，把 19 年七閏改為 391 年中設 144 個閏年，比舊曆法合理得多。他還注意到"歲差"，並把它應用到《大明曆》中去，這是中國曆法史上劃時代的事情。祖沖之於大明六年 (公元 462 年)，上表給宋孝武帝劉駿，請對新曆法進行討論，並予以頒行。這一年，祖沖之才 33 歲。

但是，科學的每一個進步，都不可避免地要受到保守勢力的反對和阻撓。祖沖之的《大明曆》遭到戴法興的反對。戴法興是皇帝的寵臣。朝中百官，懼怕戴的權勢，多所附會。祖沖之為了堅持真理，勇敢地進行辯論，寫出了一篇非常有名的駁議《辨戴法興難新曆》。文中說："願聞顯據，以窺理實"，"浮詞虛貶，竊非所懼"，語句鏗鏘，理直氣壯。戴法興認為，曆法中傳統因循下來的方法是"古人制章"，"萬世不易"，是"不可革"的，甚至罵祖沖之是"誣天背經"；又認為，天文曆法"非凡夫所測"，"非沖之淺慮，妄可穿鑿"。祖沖之毫不懼怕，他反駁說：不應該"信古而疑今"。假如"古法雖疏 (錯)，永當循用"，那還成甚麼道理！況且日月五星的運行

"非出神怪，有形可檢，有數可推"，只要進行精密的觀測和細心的研究，是完全可以推算的。

由於戴法興等人的阻撓，在祖沖之生前，《大明曆》始終未得頒行。直到梁天監九年（公元 510 年），由於祖沖之的兒子祖暅再三請求，並經過與實際天象的校驗，才正式頒行。這時已經是祖沖之死後的十年了。

祖沖之在數學方面的主要成就，是把前人對"圓周率"的研究，大大往前推進了一步。圓周率指的是圓的周長和它的直徑之比。這是一個常數。也就是說，任何大小的圓，它的周長和它的直徑的比，都會得出這個常數。如果我們知道了這個常數，知道了圓的直徑（或半徑），再求圓的周長，就很方便，只要將直徑乘上這個常數就得。

在中國古代，第一個圓周率是"三"。這一不精確的數值，一直被沿用至漢。入漢以後，圓周率的計算吸引了很多科學家的注意，如張衡就留下了在圓周率值的科學方法。劉徽從圓的內接正六邊形出發，依次將邊數加倍，分別算出了 12、24、48……各正多邊形的邊長，邊愈增多，正多邊形的面積和圓面積所差也就愈少，求得的圓周率也就愈準確。劉徽算至 192 邊形，求得了圓周率為 157 與 50 之比，相當於 3.14。

祖沖之為了天文、曆法上的推算和度量衡的考核需要，也研究圓周率。關於祖沖之圓周率方面工作的記載，僅見於《隋書》。但《隋書》的記載是太簡略了。它說："宋末南徐州從事史祖沖之……以圓徑一億為一丈，圓周盈數（過剩近似值）三丈一尺四寸一分五厘九毫二秒七忽，朒數（不足近似值）三丈一尺四寸一分五厘九毫二秒六忽，正數在盈朒二限之間。"至於祖沖之所採取的方法，則隻字未提，這是非常可惜的。不過，根據當時的情況來推斷，除開應用劉徽的"割圓術"外，沒有其他任何方法可以被來計算精確到第七位有效數字的圓周率。事實上，假如按劉徽的方法繼續推算到正 12288 邊形，和正 24576 邊形時，便剛好可以得出祖沖之的計算結果。此外，祖沖之還留下了兩個用分數表示的圓周率的數據。其中比較精確的，稱之為"密率"，另一個稱之為"約率"。密率是 355 與 113 之比，近似於 3.1415929（同樣精確到七位有效數字），這是用來表示圓周率的最佳漸近分數。在歐洲，一直到公元 1573 年，德國的鄂圖方才得到這一數值。但在一般的數學史的著作中，經常誤認這個分數是荷蘭工程師安托尼茲首先得到的，因而稱"安托尼茲率"，其實在他 1000 年前的祖沖之早已得到了這一數值，因此日本數學史家三上義夫主張將這一數值改稱為"祖率"。

12 | 農業百科全書
賈思勰《齊民要術》

　　賈思勰是北魏末期（公元六世紀）一位傑出的農業學家。他是山東益都人、曾做過高陽郡（今山東臨淄）太守。他很注意農業的發展。那時候，黃河流域居住着漢人、匈奴人、鮮卑人、羯人、氐人和羌人。各族人民經過長時期的生產實踐，在耕種、畜牧和種植樹木方面。積累了豐富的經驗。賈思勰認為這些經驗是保證人民生活的重要方法。為了把這些經驗總結起來，廣泛傳播，他於公元

533 至 544 年間寫成了一部出色的農書 ——《齊民要術》。

《齊民要術》首先提出應該重視農業生產。賈思勰在《齊民要術》的序言中，引用了《管子》的話："一農不耕，民有饑者；一女不織，民有寒者"。以此作為立論的基礎。他又引用荷蓧老人的話："四體不勤，五穀不分，孰為夫子？"以此批評鄙視農耕的思想。賈思勰還認為豐實與窮困，全在人為。他指出：掌握好天時，估量好土壤肥力，就用力少而成功多"；"任情返道"，一味按主觀願望行事，違反自然規律，就會"勞而無穫"。

對農業生產技術，賈思勰是主張技術革新的，他高度評價了秦漢以來各地在農業技術上實行改革所取得的成就。敦煌地方原來不知道造犁耬，後來製造使用了犁耬，"所省庸力過半，得穀加五"；桂陽原來不種桑，"無蠶、織、絲、蔴之利"，後來推廣了種桑、養蠶、種蔴，"數年之間，大賴其利"。他引用大量事實，說明應用新的生產工具、推廣新的耕作制度和耕作方法的重要性。

賈思勰比較重視實踐，並比較注意總結羣眾的生產經驗。他寫作《齊民要術》所遵循的原則，是"采捃經傳，爰及歌謠，詢之老成，驗之行事"，就是說要參考古代文獻資料，收集農諺加以研究，向有經驗的老農學習，並通過實踐加以檢驗。正是在這種樸素唯物主義思想推動下，他將羣眾的經驗加以總結，上升為比較系統的理論。因而《齊民要術》是一部初步建立了農業科學體系的完整的農書，是世界農學史上最早的一部農業科學著作。

《齊民要術》一共有 92 篇，分為 10 卷。書前還有《自序》和《雜說》合一篇。正文約七萬字，注釋四萬多字。書中引用前人著作達一百五六十種之多，農諺三十多條。內容極為豐富，包括了農藝、園藝（蔬菜、果樹、林木⋯⋯）、畜牧（家禽、家畜的飼養、養魚等）和農產品製造加工（釀造、食品加工等），以及其他農業手工業等許多方面。

首先，它對北方抗旱保摘問題進行了深入的探討，並提出了一系列耕作的技術原則和要求。賈思勰對當時廣泛使用的輪作制進行了總結和研究，十分重視豆類作物對恢復和提高土壤肥力的重要作用。

《齊民要術》還以相當篇幅介紹了蔬菜種植、果樹和林木扦插、壓條和嫁接等育曲方法以及幼樹撫育方面的技術。在植物保護方面，還提出了一些防病蟲害的措施。

《齊民要術》還對役用畜的使役和飼養，肉用畜的肥育、放牧和舍飼等都做了翔實的記述。書中還對中國獨有的製●、釀酒、製醬、作醋、煮餳以及食品保存和加工工藝作了翔實的記錄。

總之，《齊民要術》是一部總結中國古代農業生產經驗的傑作，是一部有很高科學價值的農業百科全書，在中國及世界農學、生物學史上佔有重要的地位。後世的農業科學著作如元代王楨的《農書》、元代司農司輯的《農桑輯要》、明代徐光啟的《農政全書》等都受到它的影響。它有許多內容，至今還有參考價值。

13 | 隋唐科學文化
的發展

隋王朝的歷史雖短，但在科學文化方面卻是有所發展。

　　首先是醫學。隋朝很重視醫藥，設有太醫署、尚醫局主持醫務。官方有醫博士、助教，並且還收容學士，用師傅帶徒弟的方法，使下一代有所師承。隋朝著名的醫學家有巢元方、許澄、許智藏、甄權、甄立等。據說隋煬帝時魯州刺史庫狄欽得了風痹病，兩手無力，拉不動弓。請甄權給他診治，甄權僅在他肩窩的針穴上，扎進一針，果真是妙手回春，庫狄欽立即能張弓射箭。甄權把他的醫學經驗，寫成幾本書，名叫《脈經》、《針方》、《明堂人形圖》等。巢元方也著有《諸病源候論》，分 67 門，1720 論。巢元方這本書對病因症候學作了一次總結，還記述了用腸吻合手術治療外傷腸斷的病例。這部醫書在中國醫學發展史上貢獻很大。

　　在地理學方面。隋煬帝為了打通西域諸國，進行經濟貿易，曾由裴矩搜集了西域各國的資料，寫成一部《西域圖記》。這本書載有 44 個地區的山川地理，並且附有地圖，是一部有丹青繪像、有地圖，有記述的完整的地理書。隋煬帝六年（公元 610 年），又命人寫成了一部《區宇圖志》，共 1200 卷，每卷的卷首有圖。《大業雜記》說這部書是“敍山川則卷首有山水圖，敍郡國則卷首有郭邑圖，敍城隍則卷首有公館圖。”《區宇圖志》比裴矩的《西域圖記》更完備了。

　　在建造業方面。隋文帝南下滅陳時，派楊素在四川造樓船，高百餘尺的五層樓五牙大戰船，左右前後置六枝拍竿（用以拍擊敵船的一種武器），皆高 50 尺，艦船之大，可容士兵 800 人。次一等的黃龍船，也能容士兵百多人。煬帝巡幸江都的龍船，高四層，45 尺，長 200 尺。上層有正殿，內殿，東、西朝堂；中層有一百多個房，皆用金玉為飾。還有一種名為“浮景”的水上宮殿船，不僅船身高大，而且製作精巧，雕刻奇麗。可見隋朝時造船工業的進步。隋宮廷技術家宇文愷曾監造"觀風引殿"，是活動的宮殿，可以拆卸，應用時一下子便可以裝好。下有輪子，轉動自如。上面可容納好幾百人。另一個宮廷技術家西城（今陝西安康）人何稠，曾監造六合城，是一座活動的城垣。它周圍八里，半夜工夫就可以搭成。上面遍插旌旗，站滿甲士，像真的城垣一樣。這是煬帝打仗時示威用的。一夜之間，空地上突然出現一座城垣，使人疑為鬼斧神功，對敵人產生威懾作用。宇文愷和何稠的成就，反映了當時科學技術的水平。

還有隋朝優秀的工匠李春，建造了聞名世界的趙州安濟橋（今河北趙縣洨水上）。這是一座空腔式的拱橋，淨跨 37.37 公尺，每邊橋頭下各有兩個小拱，橫跨於主橋之上。這種形式的橋樑，有很多優點。既能減輕橋身重量，使橋基減少負擔，而延長橋的壽命；又具分洪的作用。當洪水氾濫的時候，水可以從上面的金拱橋流出，下面單孔大弧拱，又能排泄大量洪水，減輕洪水對橋身的沖擊力量。這種大跨度、低弧形、單拱的建築方法，既能節省材料，又利便運輸。這是橋梁建築史上的偉大成就。歐洲人晚了 1200 年才造同類的拱橋。這座橋經歷了洪水、地震等考驗，至今尚存。這座橋的建造，是我們中華民族的驕傲，值得我們引以自豪。

唐朝生產的發展，經濟的繁榮，國家的統一，國際交流的頻繁，提供了文化科學發達的條件。

在科學方面，最重要的有印刷術的發明。現存中國最早的雕版印刷品，是敦煌發現的公元 868 年（唐咸通九年）刻的《金剛經》。這卷經印得很精美，可以證明中國印刷術的發明遠在此時以前，至少不會遲於隋末唐初。印刷術的發明，不僅促進中國文化的發展，對世界文化發展也作了重要的貢獻。

在天文算學方面，由於農業生產的需要，節氣、朔望的推算，比過去更加精密。唐代著名科學家一行和尚，於公元724年（開元十二年）, 以今河南省作為中心, 北起鐵勒（今內蒙古以北）, 南達林邑（今越南中部）, 進行大規模的天文測量工作。測量內容包括二分（春分、秋分）、二至（冬至、夏至）正午時分八尺之竿（表）的日影長, 北極高度以及晝夜的長短等；並計算出子午線每度長351里80步的數據, 這是世界上實測子午線的開始。一行和尚在觀察星宿位置時, 發現與古書記載有差異, 從而得出"恆星自行"的結論, 比歐洲人的發現大約早了1000年。一行和尚還與梁令瓚創造了"黃道游儀"和"渾天銅儀"。這些天文儀器和計時器, 不僅每晨每刻都有木偶人自動敲鐘擊鼓, 且對日月的運行都有精確的表示。唐初天文學家和曆法家李淳風等, 整理了前人在算學方面的成就, 著成《十部算經》；還有另一位算學家王孝通, 著有《緝古算經》, 提出了關於三次方程式的解法。這些書給後世研究數學的人, 提供了很大的方便。

由於中外交通的發達，地理學也有很大的進步。唐代曾修訂《十道圖》，編著《元和郡縣圖志》。唐高宗時，有《西域圖志》60卷，記載西域各國的山川形勢、民情風俗，有圖像，有說明。德宗時，賈耽精研地理學，著有《隴右山南圖》、《海內華夷圖》、《古今郡國縣道四夷述》等七種。

醫學科學也有很大的發展。唐朝建立太醫署，開始分科教學。

著名的醫師有許胤宗、張文仲、李虔縱、韋慈藏、孟詵、孫思邈等，尤以孫思邈的醫術最為精良。孫思邈博覽羣書，勤學苦練，畢生從事醫學研究。他不辭勞苦，走遍許多名山，採訪藥物，與廣大人民生活在一起，吸取勞動人民的經驗，在醫學上作出了偉大的貢獻。公元 652 年，他撰成《千金要方》30 卷，後 30 年又撰成《千金翼方》30 卷，以補《千金要方》之不足，書中記載了 800 多種藥物和 5300 多個藥方；淘汰了古代醫書中一些不合理的藥方，吸取了民間治病的驗方和寶貴的經驗，可以說是集唐以前醫方之大成。孫思邈被尊稱為"藥王"。《千金要方》出版不久，即被日本人帶回國，對日本醫學的發展也起了推動的作用。在藥物學方面，唐高宗時，由官方組織蘇敬等人編寫藥書：《唐新本草》(又名《唐本草》)，記錄了藥物 844 種，其中改正了陶弘景《本草經集注》裏錯誤記述的藥物 400 多種，於公元 659 年頒行。這是世界上第一部由國家頒佈制定的藥典。

14 | 唐代
社會經濟的發展

　　從唐朝的建立到中期安史之亂以前，唐王朝處於不斷上升階段，是唐代的盛世。唐玄宗李隆基統治的開元、天寶年間，唐朝人口增至 5000 萬，為唐初的四倍。當時的唐朝已成為世界上最富庶的、有高度文明的大國。

　　就農業生產來說，唐代的主要農業生產工具耕犁，就有很大進步。最主要的是曲轅犁的發明和使用。曲轅犁由 11 個部件構成，犁頭入土深淺可根據實際需要進行調整。如欲深耕，就推動犁評，使犁箭向下，入土即深；若淺耕，就拉起犁評，使犁箭向上，入土即淺。這種農具操縱自如，使用方便，不獨犁的革新，還有耙、礰碡、礰磟等等，用以鬆土，鋤草，平田，鎮土。至於水利灌溉工具，也相應得到了發展，《全唐文》中陳廷章的《水輪賦》說："水能利物，輪乃曲成，升降滿農夫之用，低佪隨匠氏之程。始崩騰以電散，俄宛轉以風生。雖破浪於川湄，善行無跡，既斡流於波面，終夜有聲。……"看來和近代的水車差不多了。農具的改進，促進了農業生產的發展。

唐代興修了不少水利工程，如重新疏通關中的鄭國渠和白渠；在河北幽州（今北京附近）引瀘溝水，開闢稻田數千頃。還有河套地區的唐徠渠，有支渠五百多條，可灌田 6000 頃以上。另外南方地區，還修築了不少蓄水的陂塘，溉田面積不少。特別值得提出的是，隋末開鑿的大運河，不僅灌溉方便，有利於農業生產，還引導水利交通的開展。所謂"天下貨利，舟楫居多"，然"皆自通濟渠入河也"（《唐語林》）。

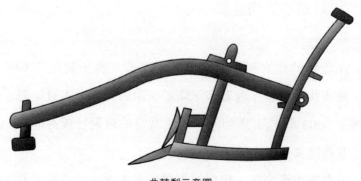

曲轅犁示意圖

　　唐朝詩人杜甫的《憶昔》詩，記載了當時農業發達的景象："憶昔開元全盛日，小邑猶藏萬家室。稻米流脂粳米白，公私倉廩俱豐實。九州道路無豺狼，遠行不勞吉日出。齊紈魯縞車班班，男耕女桑不相失。"洛陽含嘉倉是唐朝主要糧倉之一。天寶年間，各大型官倉儲糧達 1265 萬餘石（每石約 60 公斤），含嘉倉一處就有 583 萬餘石。1971 年，考古工作者開始發掘含嘉倉遺址，倉址面積 42 萬平方米，糧窖總數約 400 個。在其中一個窖裏，還殘存大半窖炭化的穀子。所有這些，都説明唐代農業是十分發達。

　　在農業發展的基礎上，手工業也有很大的進步。紡織、製瓷、造紙以及金銀器皿等手工業，都達到了新的水平。

　　唐代紡織技術，較之前代突飛猛進。據史籍記載，在官方作坊中，已分別有布、絹、絲、紗、綾、羅、錦、綺、綢、褐等品種。私人作坊出品種類更多，光是"布"一個品種，就有：竹布、麻布、苧布、彌布、班布、蕉布、楚布、白苧布、紵練布、麻貨等，不下 20 種。近年在敦煌千佛洞發現的絹幡，用幾乎透明的薄絹，繡着精細的圖像。在新疆吐魯番等地出土的唐代絲織品，色彩花紋也極為絢麗。

　　唐代的造紙技術進步也很快，各地都有特產，如揚州（今江蘇揚州）的六合牋，韶州（今廣東韶關）的竹牋，宣州（今安徽宣城）的案紙，均州（今湖北均縣）的大樸紙，越州（今浙江紹興）的黃白狀紙，蒲州（今山西永濟）的白薄重抄，臨川（今江西臨川）的滑薄，四川的長麻、滑石、金花等牋紙，質量都達到一定的水平。

　　唐代的製瓷技術，已經達到較高的水平，成為一個獨立的手工業，得到迅速發展。唐朝的越州（今浙江紹興）、壽州（今安徽壽縣)、岳州 (今湖南岳陽)、鼎州 (今湖南常德)、婺州 (今浙江金華)、邢州 (今河北邢台),以及四川各地,都出產瓷器。邢窰 (在今河北內丘) 的白瓷和越窰 (在今浙江餘姚) 的青瓷,早在東晉時就很有名。唐朝的陶器出現了彩色,所謂"唐三彩",就是黃、綠、藍三種色的釉彩。這種"唐三彩"是很出名的陶器,如近代出土的唐三彩馬、駱駝、雙魚瓶等,都神采飛動,栩栩如生,顏色鮮麗,是極精美的藝術品。

金銀器皿,從設計到鏤刻,都非常精美。傳世和出土的寶物,為數不少。1970 年,在西安市南郊發現的兩甕窖藏文物,便有金銀器物 200 多件。其中兩件單柄八棱金杯。每面都用高浮雕做出樂工和舞伎的紋樣,非常細緻。有一隻銀熏球,裏面有灰盂和平衡裝置,轉動時裏層會跟着轉動,保持平衡狀態,可見手工之精美。這批金銀器皿加上十副玉帶,估計在當時價格約值 3830 萬錢,相當於 15 五萬丁男向唐官府交納的一年租粟。一個貴族的一部分財產,數字就這麼驚人。

隨着農業和手工業的進步,商業也發展起來。全國商業城市,北起涼州、蘭州,南至交州、廣州,西南有成都、桂林,東南有福州、泉州、杭州、揚州,東有登州、萊州、齊州,中有長安、洛陽、太原、定州、滑州、汴州等。而長安是唐朝的首都,因而也是唐代最繁榮的城市。

15 北宋前期
社會經濟的發展

　　北宋建國後，趙匡胤積極鼓勵發展農業。他討平淮南節度使李重進的叛亂後，就遣散了被脅迫入伍的揚州地區兵士，每人發給衣鞋，使其回鄉務農。平荊湖後，高繼沖的軍隊，願意退伍的，悉數遣其返里歸農，並由政府出資給他們建房屋，並贈耕牛、種籽、口糧。定西蜀後，通令罷去孟昶所訂的莊屯戶、專腳戶、應雞戶、田獵戶，令其一律歸農。取南漢後，將隸屬於宮廷、庫務的課役戶，全部遣送回籍務農，並免徭役兩年。此外，還制定了獎勵墾荒的辦法。在興修水利上，也盡了很大的努力，如修治黃河與疏濬運河這兩大工程，就做得很積極。這些措施，對於提高糧食產量，有一定的好處。

　　在農業發展的基礎上，北宋的手工業生產技術；產品的數量和質量，比過去都有顯著的進展。礦冶、造船、製瓷等業的成就，尤可注意。

　　礦冶業方面，鐵的產量每年達到數百萬斤，比唐朝增長了幾倍。煉鐵用的煤，採掘量也有大幅度的增長。

　　南方溫州、明州（即今浙江寧波）造的海船，最大的有 12 桅，可坐五六百人。船艙分成幾部分，互相隔開，一部分損毀了，也不會沉沒。此外，在開封、相州（今河南安陽縣）、天雄軍（今河北大名縣），造船業都很發展。

　　製瓷業出現了前所未有的局面，色彩花紋的美妙，產品質地的細膩，都發展到很高的水平。著名的有定窰（在今河北曲陽），鈞

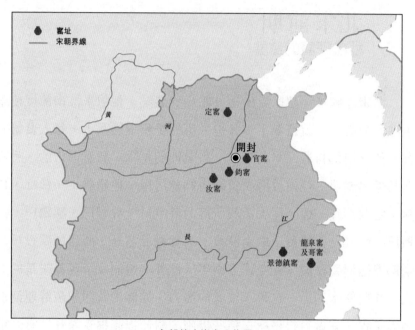

宋朝著名瓷窰分佈圖

窰（在今河南禹縣），汝窰（在今河南臨汝），越窰（在今浙江餘姚），龍泉窰（在今浙江龍泉）等。江西昌南鎮因在宋真宗景德年間（公元 1004 至 1007 年）造出了優良的瓷器，從此改叫景德鎮。當時中國的名瓷，從泉州、廣州出口，運銷國外，價格與同等重量的黃金相等。

宋初商業交通也很發達。由於國家統一，促進了中原和嶺南、西蜀等地物資交流。同時由於汴、蔡兩河疏濬成功，舟楫相繼，促使京都開封成為商業大都市。另一方面，對外貿易相繼發展，無論海路和陸路都比唐代繁榮。

16 北宋科學技術著作
沈括《夢溪筆談》

　　沈括（公元 1031 至 1095 年），是北宋時卓越的科學家。他是錢塘（今浙江杭州）人，字存中，出身於中小地主家庭。沈括是王安石變法的積極支持者，又是一位傑出的政治家。

　　公元 1072 年，沈括任司天監，便着手進行改革。他破格提拔布衣出身而有豐富實踐經驗的曆算家衛樸入司天監。後來衛樸創造新曆法，改進了渾天儀等天文觀察儀器，對日蝕、月蝕成因和月亮的盈虧作了科學的說明。當朝廷中保守派利用天象誣蔑王安石變法，拚命叫嚷："去安石，天必雨"的時候，沈括用大量的天文資料，論證了"物理有常有變"，自然界的變化有它自己的規律，根本不存在對變化進行"警告"的"天象"。

　　早在變法前，沈括任沭陽和寧國縣官時，就立志改變宋朝"積貧積弱"的局面，積極研究興修水利，發展農業。他主持了治理沭水工程和萬春圩的水利修築工程，開闢了大片良田。在王安石變法過程中，沈括積極推行"農田水利法"等政策，主持汴河的水利建設。這是王安石農田水利法的重點項目，因而遭到保守派百般阻撓。他們以"興役擾民"為藉口，說甚麼"淤田多侵民田屋宇"，是"橫費生民膏血"。沈括不顧保守派反對，腳踏實地地領導治汴工程。他親自踏勘、測量了汴河工程的主要地段，還大膽革新技術，創造出"分層築堰"的新測量法。這在世界科技史上是一個首創。

　　公元 1074 年，沈括被任命兼管軍器監，這是一個為加強國防而設的新機構。沈括一直當文官，對軍事接觸不多。但為了加強國防，實現新法，他決心奮發圖強，攻克難關。從此，他認真閱讀古代各種兵書，很快掌握了包括陣法、城防、兵車、兵器的各種軍事戰略與技術，還編成《邊州陣法》和《修城法式條約》兩部軍事著作。他在任軍器監一年多來，作出了很大成績，精良軍器比過去增加數十倍，"可足數十年之用"。後來，沈括到延州任鄜延路經略安撫使，直接承擔對付西夏勁敵，保衛邊境的重任。在反侵擾戰爭中，他研究了牛皮箭套的特殊聲學效應，"附地枕之，數里之內有人馬聲，則皆聞之，蓋虛能納聲也。"他還是世界上最早製造立體地圖的人；這項重大發明，適應了反侵擾鬥爭的需要，在當時與遼的劃界談判中，發揮了重要作用。

沈括還是一位偉大的愛國者。公元 1073 年，遼派使臣向北宋無理要求重新劃定邊界。保守派司馬光等人，企圖借契丹人的無理取鬧來打擊新政，整天圍着神宗叫嚷："契丹入侵，都是變法召來的，快把引起契丹疑心的新法去掉，他們就不會來了。"為了粉碎遼的陰謀，沈括對於地理形勢、歷史檔案作了詳細的調查和鑽研。公元 1075 年，他接受了出使遼的任務。臨出發前，神宗問他："敵人居心叵測，心狠手辣，萬一中途生變，危害來使，你將何以自處？"沈括堅定地回答："臣以身許國，寧可粉身碎骨，決不辱使命！"不久，神宗還收到沈括哥哥轉來的沈括預先寫好的遺奏，表示為國捐軀的決心，字裏行間，閃爍着愛國主義的光輝。沈括在遼與契丹人唇槍舌劍，針鋒相對。逼得遼收回蠻橫無理的要求，出色地完成任務。

王安石變法失敗後，沈括被視為新黨餘孽，謫居鄉間，編入民籍。年近花甲的沈括，來到了鎮江的夢溪園，面對青山綠水，壯心不已。他將平日裏的見聞談論、發明創造、參加變法的實踐寫成文字，匯集成為一本綜合性的書，這就是中國科學史上一部偉大的科技著作——《夢溪筆談》。這本書總結了中國古代，特別是北宋時期科學技術所達到的輝煌成就。全書二十六卷，另有《補筆談》三卷，《續筆談》一卷。內容涉及數學、天文、物理、化學、生物、地質、 地理、 氣象、 醫藥、 軍事和工程技術等各方面。

沈括很注意發現和記錄勞動人民對科學技術的卓越貢獻。他説："技巧器械，大小尺寸，黑黃蒼赤，豈能盡出於聖人！百工、羣有司、市井田野之人，莫不預焉。"在《夢溪筆談》中，他記載了勞動人民向自然作鬥爭的卓越貢獻，如"布衣"畢昇發明的活字版印刷術，木匠喻皓所作的《木經》(《營舍之法》)，以及河工高超在治理黃河中提出關於合龍門埽的三節施工法等等，這些都是在"正史"中找不到的珍貴材料。

《夢溪筆談》還記述了沈括在自然科學領域中的許多傑出貢獻。其中如磁偏角、凹面鏡成像、隙積術、會圓術等物理、數字方面的發現，都比西方早數百年。英國劍橋大學教授李約瑟研究《夢溪筆談》後，稱讚它是"科學史上的坐標"。沈括察訪浙東時，攀登溫州的雁蕩山。他站在垕蕩頂峯，看見叢嶺峭拔，巍峨崢嶸，便合理地推測這些山峯的成因是"谷中大水沖激"，這比英國人郝登的水蝕對山嶽成因的理論早六百年。同年秋天，沈括察訪河北西路，在高高的太行山上，發現山崖之間有螺蚌殼和鵝卵石，感慨地説："河北平原原來是黃河的泥沙構成的。"這要比西歐的達文西格關於地球海陸遷移的理論要早四百多年。

17 南宋前期
社會經濟的發展

南宋前期，社會經濟有一定程度的發展。南宋初年，中原大量人口南遷，加速南方的開發。同時南宋政府較注意興修水利，修理和興建海塘，如紹興府疏導了會稽、山陰、諸暨三縣舊有的湖、塘，灌溉田園數十萬畝；臨安府開拓西湖，鎮江府修復鍊湖，興元府開築山河堰，潭州修復龜塘，蕭山縣築海塘等，這些湖、塘，對促進農業生產也起了作用。

當時在水鄉澤國，還大量興築圩田。所謂圩田，就是在低窪的地方，四周築起高堤，沿堤造水閘，引水灌溉。圩田不受旱澇的影響，每年都得豐收。如建康府的官莊新豐圩，有田 950 餘頃；寧國府（安徽宣城縣）有惠民圩、化民圩等，圩岸長達 150 里；太平州（安徽當塗縣）的延福等 54 個圩，圩岸長達 480 餘里。沿堤岸栽榆植柳，一望無際。太湖流域的蘇州、湖州，由於農民的長期經營，成為當時著名的產糧區。勞動人民的雙手，畫出了錦繡江南的魚米之鄉，因而有"蘇湖熟，天下足"的說法。

南宋的手工業也很發達。如絲織業單是織綿一種就有 42 類之多。造船業亦超過前代，最大的海船可載五六百人。1975 年福建省文物考古工作者在泉州灣后堵港發掘出一艘南宋時代木造的海船，船身殘長為 24.2 米，殘寬為 9.15 米，估計載重量可達 200 噸左右。其餘製瓷業、造紙業、印刷、製茶、製糖、礦冶等都有很大發展。

農業、手工業的發展，導致了科學技術的發達，如對世界經濟文化發展有重要貢獻的三大發明：火藥、羅盤針（航海用的指南針）、印刷術，都是在這個時期逐步完成的。

　　早在唐初，醫學家孫思邈在《丹經內伏硫黃法》一書中，就已提到“硫黃伏火法”，用硫黃、硝石、皂角作為火藥原料。北宋初年，先後製成了火箭、火槍和爆炸性的火砲等。到了南宋，完顏亮南侵時，虞允文守采石，火槍已發展成霹靂砲。虞允文就是用霹靂砲把金兵的戰船毀滅的。火器的發明，對科學和軍事技術的發展是一大貢獻。

　　中國人民很早就發現了磁石吸鐵性和指極性。到了北宋時期，適應航海事業發展的要求，研究指南針的人逐漸增多，北宋著名科學家沈括曾經做了四種指南針試驗，發現了地磁偏差的現象。後來人們吸取這項研究成果，把磁針裝置在羅盤上，製成航海用的羅盤針。南宋初年，中國的海船已經使用羅盤針了。

　　印刷術的發明是在唐朝，那時勞動人民創造了雕版印刷術。北宋仁宗時，平民出身的畢昇又在這基礎上發明了膠泥刻製的活字

指南針

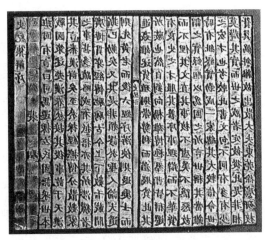

北宋泥活字盤

印刷術。南宋時期，印刷術十分發達，在浙江、西蜀、福建等地，出現了專營刻書的印刷業。印刷術的發展，對文化發展起了重大的作用。

18 | 元代科學文化的發展
郭守敬"授時曆"

元王朝東伐西征，雖然曾經使正在蓬勃發展的中原地區社會經濟文化遭受到嚴重的破壞；但是，歷史總是在鬥爭中前進的。元王朝的暴行，激起了中國各族人民的英勇反抗。黃河兩岸，大江南北，到處掀起了如火如荼的抗元鬥爭。迫使元朝統治者放寬對人民的壓榨，為殘破不堪的社會經濟的恢復和發展創造了條件。另一方面，由於中外文化交流頻繁，中亞及歐洲的文化大量傳入中國，開闊了科學家的視野，元代的科學文化也相應地發展起來，湧現了一批著名的科學家。

郭守敬（公元 1231 至 1316 年），字若思，元代邢州邢台（今河北邢台）人，是元朝時候著名的天文學家和水利工程家。他在天文曆法上的成就尤為突出，以優秀的天文學家，列入世界古代著名科學家之林。

公元 1276 至 1280 年間，郭守敬主持了曆法的修訂工作。元初舊曆法由於年久失修，發生了節氣差錯、日月食不準等各種弊病。鑒於舊有的天文儀器已經陳舊不堪，觀測天象時很難達到準確的程度，郭守敬把創製天文儀器的工作放在首要的地位。他認為："曆之本，在於測驗；而測驗之器，莫先儀表。"在修曆的過程中，郭守敬一共創製了簡儀、高表、候極儀、渾天象、玲瓏儀、仰儀、立運儀、景符、窺幾、日月食儀、星晷、定時儀等 13 件精巧的天文儀器。郭守敬創製的天文儀器，具有精緻、靈巧、簡便、準確等一系列優點，比起舊有儀器有了很大的改進。《元史》稱道他創製的天文儀器"皆臻於精妙，卓見絕識，蓋有古人所未及者。"這些天文儀器的製作之精，不僅為元代以前中國歷史上所未有，而且達到了當時的世界水平。

經過大量的天文觀測工作之後，公元 1280 年春，郭守敬等修成了一部新的曆法 —— "授時曆"。第二年頒行全國。"授時曆"確定一年為 365.2425 日，比地球繞日公轉一周的實際時數僅差 26 秒，和現代世界通用的公曆完全相同，而"授時曆"比現代公曆的實行早了 300 年。

除了天文曆法之外，郭守敬在水利工程上也取得不少的成就。他擅長地理，精通數學，在經過對各地地形、河川進行勘察測量的基礎上，曾經制定出一些在華北地區整治河道，興修農田水利和發展航運的計劃，可惜未能一一實行。其中見諸實行而且收效較大的兩項水利工程：一是修復和擴建西北河套平原的灌溉渠道；一是增闢大都水源與開鑿通惠運河。 特別是通惠運河的修建， 這條運河從大都附近的昌平到通縣， 全長 160 餘里， 由兩萬多名工匠、兵士和水手花了一年多時間修成。 通惠運河的修成， 不僅解決了大都的漕運問題， 同時也起了促進南北經濟文化交流的作用。

19 | 農業科學家
王禎《農書》

　　元朝時候，出現了一位著名的農業科學家王禎，王禎是山東東平縣人。關於他的生平事跡，史書記載很少，只知道他曾先後做過旌德縣（今安徽旌德縣）、永豐縣（今江西廣豐縣）的縣官，給我們留下了一部總結中國古代勞動人民農業生產經驗的著作——《農書》。

　　王禎親眼看到元王朝的腐朽和殘暴，看到廣大勞動人民遭受的殘酷壓迫和剝削。這種情況，在他編著的《農書》中曾經有所反映。他說：“今夫在上者，不知衣食之所自，唯以驕奢辦事，不思己之日用，寸絲口飯，皆出於野夫田婦之手，甚者苛斂不已，朘削脂骨以肥己。”他主張“地無遺利”讓更多的人參加農業生產，這樣就會“倉廩實而府庫充”，改變人民飢餓流離的悲慘狀況。

　　王禎為了總結農業生產的科學知識，早在公元 1296 年前後，就開始着手寫《農書》，用了十六、七年的時間，直到 1313 年才最後完成了這部著作。在這期間他研究了有關農業的文獻，如《氾勝之書》、《齊民要術》等著作，還查閱了各種史書中有關農業的記載。他不僅吸收了元朝以前農業科學的優秀成果，還總結了當時南北各地勞動人民在生產實踐中創造的新經驗，提出了一些創新的見解。

　　《農書》原有 37 卷，現存 36 卷，約有 13 萬 6 千多字。其中有插圖 306 幅。全書分為三大部分。第一部分《農桑通訣》，概述了中國農業生產發展的歷史，記載了墾耕、播種、施肥、灌溉、收穫、植樹、飼養家畜和栽桑養蠶的具體方法。第二部分《農器圖譜》,主要介紹了農業生產工具和農業器械,繪成 200 多幅圖譜,指出它的構造、來源、演變和用法。第三部分《百穀譜》,分別介紹了各種穀物、疏菜、瓜果、竹木、麻、棉、茶等作物的起源、性能和栽培方法。《農書》是中國農學史上一本極珍貴的文獻。

王禎不單止是一個農學家,還是一位機械製造設計家。他不僅對機械原理有過研究,能設計、能繪圖,而且對“去世久遠,失其制度(尺寸、規格)”,即已經失傳的古代機械,也“多方搜訪”,反覆較試,加以創新。如後漢人杜詩,早在公元 31 年發明一種“水排”,用水鼓動排橐風箱,進行煉鐵,這種技術早已失傳。王禎經過調查研究,弄清了“水排”的原理,把原來皮革風箱改為木扇鼓風,減輕了煉鐵時人力扇風的體力勞動。經過他設計改革的還有“高轉筒車”、“水轉翻車”、“水轉連磨”等。王禎還是一位出色的印刷技術革新家,他寫的“活字板印書法”、“活字板韻輪圖取字法”,是中國古代印刷史上珍貴的文獻。

20 | 棉紡織業推廣
女紡織家黃道婆

黃道婆是中國元代著名的女紡織革新家,出生在松江烏泥涇(今上海縣華涇鎮)一個窮苦的家庭裏。她的生卒年代和詳細身世,沒有材料可查,只能從一些零星記載中知其概貌!她也沒有留下自己的名字,後來人們統稱她為黃道婆。

　　黃道婆的家鄉烏泥涇，土地貧瘠，糧食產量極低，在南宋時，"民食不給"的現象極為嚴重，人民生活十分痛苦。黃道婆從小便紡紗織布，少年時代又不幸做了童養媳。年輕的黃道婆，生活非常悲慘，終於在一個月黑的夜晚，逃出烏泥涇，跑到黃浦江邊，悄悄躲進一艘遠航的海船中，隻身漂流到遠離故鄉的海南島崖州（今廣東海南黎族苗族自治州崖縣）。

　　海南島是黎族人民聚居的地方，也是中國古代棉紡織業發達較早的地區之一。黃道婆來到崖州這個少數民族地區，人地生疏，語言不通，習俗不同，生活上遇到不少困難。可是淳樸好客的黎族人民十分關懷這位孤苦零丁的漢族姊妹。他們不僅在生活上幫助和照顧她，同時還熱情地向她傳授了黎族先進的棉紡織技術，使她很快熟悉了新的製棉工具，掌握了全套操作技術和織造"崖州被面"的方法。

　　黃道婆在崖州生活了30多年，因她"遺愛在桑梓"、"有志復赤子"，時刻懷念故土，於公元1295至1296年（元成宗元貞年間）左右，攜帶"踏車椎弓"等棉紡工具，從崖州回到故鄉。

　　當時，內地人民雖有生產絲麻等長纖維的織造經驗，但對於織製棉花這種短纖維的經驗還不多。烏泥涇一帶，在黃道婆回鄉之前，"初無踏車椎弓之制，率用手剖去子，線弦竹弧，置案間振揮成劑，厥功甚艱"。很顯然，這種簡陋的生產條件和落後的技術水平，同日益增長的社會需要產生了矛盾。就在紡織手工業急需發展變革的時候，黃道婆帶來了黎族人民先進的棉紡織技術和織"崖州被"等精美產品的生產方法。黃道婆回到家鄉以後，同當地勞動人民一道，根據黎族人民的先進生產經驗，結合漢族傳統的優良技

術，大膽革新，系統地改革了由軋籽、彈花，到紡紗、織布全部的
生產技術，創造出新的生產工具。她的革新活動，適應了時代的要
求。黃道婆的具體成就雖缺乏詳細記載，但從一些資料和她回鄉
前後棉織業生產的變化中，還可以了解一個大概。陶宗儀的《輟耕
錄》、褚華的《滬城備考》等書，曾記載她教烏泥涇人民“做造捍、
彈、紡、織之具”，“教人以捍、彈、紡、織之法”。王禎的《農書》
中，也記載當時已使用撥車、軠車、線架等紡織工具。可見，黃道
婆在改進和創造新的製棉工具方面，作出很大的貢獻。

先進的棉紡織技術經過黃道婆推廣後，幾年間，松江、上海、
太倉和蘇、杭等地，也“盡傳其法”。從此，中國人民逐漸改穿棉布
衣衫，棉織業迅速在長江下游發展起來。

21 | 明初
社會經濟繁榮

明初，明太祖朱元璋推行了一系列有利於恢復和發展社會經濟
的措施，出現了明初 70 多年的社會經濟繁榮。

公元 1393 年（明太祖洪武二十六年），全國墾田面積達到 850
多萬頃，比北宋時增加了一倍。戶口也大大增加了，全國共 1605
萬戶，6054 萬人；比元朝最盛時期，戶口增加了二分之一，人口增
加了七分之一。

農業生產水平也超過了前代。福建、浙江等地，有了早晚稻
兼作的雙季稻；嶺南還出現了三季稻；河北地區開墾了更多的水

稻田。 高產作物玉蜀黍和白薯等從國外引種進來， 受到農民的
歡迎。

商品作物在明代有顯著的增長。江蘇、河南、河北、山東的某
些地區，成為主要的產棉區。蠶桑業更加發達，浙江的湖州等地，
種桑更多。煙草從國外引進，很快在福建等地推廣。

明代的手工業，如紡織、製瓷、煉鐵、造船、印刷等部門，無
論是生產技術和產品的數量、質量，都比過去有所提高。

棉紡織是農民的主要副業。以松江府（江蘇松江縣）等地為中
心，產品銷售到西北和南方各地，號稱“衣被天下”。紡織技術也有
很大的進步，出現了腳踏紡車和水轉大紡車；棉布可以織出雲花、
斜紋、象眼等花紋。

絲織業以蘇州、杭州等地為中心。在太湖流域的一些市鎮中，
絲織業也逐漸發達起來。湖州府的雙林鎮、南潯鎮、烏鎮，都以織
綢著名。印染業也很發達。

製瓷業的中心在景德鎮。當時的官窰和民窰將近 3000 所，產
品的質量比宋朝更加提高，特別以宣德年間（明宣宗朱瞻基的年
號）景德鎮窰的產品最著名。產品盛銷國內外，是對東南亞國家貿
易的主要輸出品。

煉鐵業的中心在遵化（河北遵化縣）。15 世紀初開辦的遵化鐵
廠，役使工匠達 2500 人。煉鐵爐高一丈二尺，每一次可熔鐵 2000
多斤。明初單是官辦的煉鐵廠有 13 所，每年上繳給政府的鐵就達
780 多萬斤，差不多比元朝多了一倍。後來，朱元璋下令准許民間
採礦後，鐵的產量更大大增加，超過歷史上任何朝代。

造船工業，在明代初年保持世界先進的地位。15 世紀初造的

"寶船"，長 44 丈，
闊 18 丈。同時，生
產過程中有了細緻
的分工，如南京
的龍江船廠，
就設有細木作
坊、油漆作坊、
鐵作坊、篷作坊、
索作坊和纜作坊等。

明代寶船復原模型

　　此外，印刷方面能印製精美的彩色套印版畫。火器製造方面，
出現雛形飛彈"震天雷炮"，用火藥噴射推進；"送藥"燒完時，剛
好燒着"發藥"的引線，引起爆炸，放出煙霧火焰。又如"火龍出
水"是一種兩級火箭：竹木筒下裝火箭，第一級供推進之用，當第
一級火箭的火藥燒完時，引火線又燒着腹內的第二級火箭，立即射
出燒敵。還有，中國馳名世界的美術工藝，如象牙雕刻等，也都出
自明代。這些都是明代勞動人民智慧和血汗的結晶。

22 | 東方醫學巨典
李時珍《本草綱目》

　　明末，出現了一位傑出的藥學家李時珍。

　　李時珍（公元 1518 至 1593 年）字東璧，號瀕湖，湖北蘄州人
（今湖北蘄春縣）。他的父親李言傳，號月池，是當時著名的醫生，

晚年著作有《月池人參傳》、《四診發明》、《痘診證治》、《醫學八脈法》、《蘄艾傳》等書，對幼小的李時珍有很大的影響。

在封建社會裏，醫生的社會地位比較低，是封建士大夫瞧不起的職業。歷代的史書，都把學醫排列在《方伎列傳》裏，稱之為"小道"、"賤業"。李時珍 14 歲考中秀才後，決心棄儒從醫。他堅定地對父親說："身為逆流船，心比鐵石堅，望父全兒志，至死不怕難。"從此，他一面認真學習他父親的臨牀經驗，一面對前人留下來的《內經》、《傷寒論》、《本草經》等古典醫學書籍，刻苦攻讀。由此，他在醫學上進步很快，22 歲那一年，就跟隨父親正式行醫了。

李時珍在行醫的過程中，十分注重理論聯繫實際。他一面行醫，一面讀書，一面入深山採藥。行醫不久，便遠近馳名，治癒了很多人的疾病。他醫術很高，能靈活地掌握"辨證論治"的治療方法。他治病的特點：一是不限於一方，"經方"、"時方"互相採用，尤其重視民間的"單方"、"驗方"的療法；一是外治、內服，兼施博用。因而收到非常顯著的效果。李時珍由於治好了明朝富順王朱厚焜兒子的病，被聘為楚王府的"奉祠正"，掌管良醫所事。明王朝的制度，全國所有好的醫生，都要集中到北京的太醫院去。李時珍由於醫術高明，也被推薦到太醫院去。李時珍本來是不願意做官的，但想到太醫院是全國的最高醫學府，有許多名醫，有許多珍貴的藏書，可以進一步學習，於是答應了。

李時珍到了北京，雖然讀到不少醫書，看到許多南方看不到的藥材和外國送來的藥材。但是，太醫院是一個醫療行政機關，不是一個研究機構，內部制度腐朽，很少有真實本領的人。李時珍見到這種情景，心情非常苦悶，可是他當時還幻想政府能夠採納他的重修《本草》的計劃，因而暫時留了下來。原來李時珍在不斷的醫療實踐和學習中，發現過去的《本草》有很多錯誤的地方，他早已下決心重修《本草》了。但重修《本草》是一項浩大而艱巨的工作，個人力量很難辦到，所以他幾次向太醫院的院使建議，希望借助太醫院的力量。但是，李時珍的建議遭到了拒絕，還說他是"擅動古人經典，狂妄已極"。李時珍在強暴面前沒有屈服，勇敢地批駁了院使對他的誣衊，並於次年借病辭職，回到自己的家鄉，繼續從事他所喜愛的醫療工作去了。

李時珍之所以獲得那樣高明的醫術和豐富的臨牀經驗，除了他博覽羣書之外，更主要的是他重視實踐，重視實地調查研究。他認為百聞不如一見，多見不如實驗；必須直接觀察，才能得到真知卓見。例如他研究白花蛇，曾親自到龍峯山實地觀察了好多次，辨別清楚，才寫出《白花蛇傳》。李時珍為了訂正過去那些《本草》的錯誤，除在湖廣一帶原野山谷調查以外，還到江西的廬山、江蘇的茅山、南京的牛首山和紫霞洞，以及安徽、河南、河北等地。凡是產藥豐富的地方，都是他考察的場所。他採集大量的藥物標本，研究它們的性味和功效。同時調查南北各地民間的生活、風俗習慣等，從而掌握了各方面豐富的知識。

在調查研究過程中，李時珍很虛心向勞動人民學習。他接觸面很廣；農民、漁民、樵夫、獵人、牧民、礦工，以及其他手工業工人等，都是他的助手和老師。例如解決萍、苹、蕁、苔、蓬草的區別，是依賴農民的幫助；弄清各種動物和魚類生活、繁殖情況，是依賴牧民和漁民的幫助；礦物藥品的採集和製煉，則依賴礦工的幫助。他吸取了廣大勞動人民的智慧和經驗，再結合書本的理論，把中國傳統的醫藥學，提高到一個新的水平。

李時珍一生除了以他的實際行醫活動，為當時人民羣眾做出了巨大貢獻外，還給我們留下豐富的醫藥學遺產。李時珍的著作很多。他精通脈學，著有《瀕湖脈學》、《奇經八脈考》；此外還著有《瀕湖醫案》、《集簡方》、《五臟圖論》、《三焦客難命門考》和《白花蛇傳》等書，可惜這些書籍都已散失了。但是，李時珍晚年完成的巨著《本草綱目》卻一直流傳到今天。這是一部價值很大的醫藥書，它對明代以前的中國藥物，做了比較科學的總結。

修訂歷代《本草》，是李時珍一生的宿願。他經過了 27 年的辛勤勞動，刻苦鑽研，翻閱了 800 多種書籍，走遍了全國名山大川，集中了千萬勞動人民的智慧，在公元 1578 年，完成了《本草綱目》的初稿，後又經過幾年的努力修改，終於完成了這部巨著。全書共 52 卷，190 多萬字，分為 16 部，62 類。其中植物 1195 種，動物 340 種，礦物 357 種，共搜集藥物 1892 種，比前人增加了 374 種。此外附有處方 11096 則，比前人增加了四倍。還繪製各種礦植物插圖 1160 幅。當時著名的文學家王世貞評價這部著作："博而不繁，詳而有要，綜核究竟，直窺淵海"，是比較恰當的。但是，這部偉大著作在李時珍生前並沒有引起官府的重視，沒有立即印刷出版。直到李時珍逝世三年後，即公元 1596 年才在南京刊行。這部著作出版不久，便風靡全國，相爭傳頌，受到人民的歡迎。接着很快傳入日本，並由日本醫學界譯成日文在日本出版。後來陸續出現了德文、法文、英文、俄文等譯本，傳到世界各地。人們稱它為"東方醫學巨典"。可見《本草綱目》一書對人類醫學的貢獻多麼巨大。

23 | 農業技術總覽
徐光啟《農政全書》

徐光啟（公元 1562 至 1633 年），字子先，號玄扈，松江府上
海縣（今上海市徐家匯）人，是明代晚期著名科學家。他寫過許多
著作，其中以《農政全書》最為著名。這部書集古代農業科學之大
成，對中國農業科學技術的發展有很大的影響。

徐光啟出身於中小地主家庭，曾任侍郎、尚書、內閣大學士
等重要官職。在政治上，他反對官僚大地主保守勢力，極力主張改
革政治、富國強兵。他是當時革新派的代表人物之一。在軍事上，
他堅決主張同倭寇進行鬥爭，曾多次上疏請求練兵屯田，反覆陳
述 "兵要精"、"器要良" 和 "平安不要亡戰" 的戰備思想。在經濟
上，他認為農業是國家富強的根本；在《屯田疏稿》中，提出了墾
田、用水、除蝗、禁私鹽、曬鹽五項發展農業的具體措施。他還主
張 "處置宗祿"，即叫那些不勞而食的宗室貴族去開荒種地，自食
其力。

但是，徐光啟的改革主張遭到保守勢力的強烈反對和破壞。不
僅使他 "志不得展"，還一連丟了三次官。晚年，徐光啟把他的主要
精力用於科學研究，取得了重大的成就。

《農政全書》是徐光啟經過四年的勤奮勞動才完成的一部古代
農業科學巨著。這本書不僅總結了中國古代勞動人民在農業生產技
術上的經驗，同時也反映出明代農業生產的發展水平。這部書具有
許多特點，慨括起來有以下幾方面：

(1) 題材廣泛，內容豐富。全書共 60 卷，約 60 萬字，分為農

本、田制、農事、水利、農器、樹藝、蠶桑、蠶桑廣類、種植、牧養、製造、荒政等項目，廣泛搜集了歷史上的和當時的有關農業的政策、制度和科學技術知識，是一部名副其實的"農業百科全書"。

(2) 目的明確，觀察敏銳。書中着重論述了當時農事上急待解決的問題，以"荒政"、"水利"的卷數最多，其次是"農事"和"樹藝"。這顯然是為他的革新主張服務的。同時，他敢於指出造成明末年飢歲荒的原因是國家不務積蓄，不備凶饑，是"人事之失"。這在當時是有進步意義的。

(3) 總結經驗，重在實用。這部書總結古代農業科學經驗，很多是從"虛訪勤求"，到老農中"詢諸父老"得來的，所以頗有實用價值，有一些直到今天還閃爍着光輝。

(4) 圖文並茂，通俗易懂。書中大部分項目既有文字説明，又有插圖對照，讀起來便於理解。有許多器具今天雖已失傳，但書中的插圖，仍可使我們看到當初的雛型。

《農政全書》和漢代的《氾勝之書》，後魏賈思勰的《齊民要術》、宋代陳旉的《農書》、元代王楨的《農書》合稱"中國五大農書"，人們對它們給予很高的評價。

徐光啓除了在農業上的巨大科學成就外，對天文學、數學、生物學以及測量、水利、經濟等，也做過細緻的研究。徐光啓還是把西方科學介紹到中國來的一位主要代表人物，特別是他與西方傳教士利瑪竇合譯歐幾里德的《幾何原本》前六卷，開始了西方數學在中國的傳播。他又譯著《古算器釋》、《勾股義》等書，使中國數學由籌算、珠算過渡到筆算。徐光啓想整修西北水利，和熊三拔合譯了《泰西水法》。凡此都對中國科學的發展作出了貢獻。

24 | 地理學全書
《徐霞客遊記》

　　徐霞客（公元 1586 至 1641 年），名宏祖，字振之，別號霞客，江蘇江陰縣人，是中國歷史上著名的地理學家。他用優美的散文和日記體裁寫成的《徐霞客遊記》，是中國最早的一部野外考察紀錄和優秀的地理著作。

　　徐霞客從小努力學習，但不願讀儒家的經書，尤其反對陳腐空洞的八股文。他喜歡看歷史、輿地志、山海圖經和一些旅遊探險的書籍，對祖國壯麗河山產生了極濃厚的興趣。他對舊的地理書籍中一些輾轉抄襲、以訛傳訛、錯誤百出的內容極為不滿，立志遍覽名山大川、邊防要塞，從實際考察中探求真正的地理知識。他從 22 歲（公元 1607 年）起，就開始有計劃地考察旅行，特別是在公元 1636 年以後，更開始從事長時期的、遠道的、深入的野外考察，直到公元 1641 年逝世為止。在這 34 年的旅行生活中，他足跡所至，東到普陀，西至騰沖，北達盤山，南止崇左，遍及江蘇、浙江、福建、山東、河北、山西、陝西、河南、湖北、江西、湖南、廣東、廣西、貴州、雲南等省區，還可能到過四川。他旅行"不避風雨，不憚虎狼，不計程期，不求伴侶"，"旅泊岩栖，忍飢耐寒"，條件是非常艱苦的。

　　更值得我們重視的是徐霞客排除萬難、追求真正的實踐精神和堅持不懈、進行考察和分析的科學態度。中國封建時代的地理書籍，主要敍述疆域沿革、風土人物、山川道路等。對自然現象極少關注，甚至於把某些自然現象視為“祥瑞”或“災異”。對此，人們從來不敢妄加非議。徐霞客決心打破舊傳統。每次野外考察之前，他都盡可能收集有關“方志”、“圖經”，找出“疑竇”，確定考察重點。在旅行的過程中，調查山脈一定要登上最高峯，研究河流要盡力追溯河源，考察岩洞經常鑽到最深處，對自然現象都要盡可能找出因果關係和歷史淵源。為了獲得準確的地理資料，有些地方，再遊三遊，甚至“三誤三返，而後得之”。確實做到了推勘到底，不遺餘力。

《徐霞客遊記》一書，就是他考水觀山 30 多年的總結。這部從實踐中來的作品，文字清新流利，絢麗多采；記載詳實精確，有深刻的科學內容。它不僅豐富了中國的遊記文學，而且充實和發展了地理科學。例如他對於中國石灰岩地貌的考察記述，是世界上岩溶考察的最早文獻。徐霞客在既無助手又無儀器的情況下，憑他豐富的實踐經驗，目測步量，對桂林“七星岩”整個山體進行了考察，把岩石中 15 個岩洞的分佈、規模、結構和特徵作了細緻的敍述和分析，為研究石灰岩溶洞提供了很好的先例。1953 年，中國科學院地理研究所對“七星岩”溶洞進行勘察和測量製圖之後，證實了徐霞客當時觀察和描述的正確性。由此可見，《徐霞客遊記》中許多考察記錄，直到現在仍可作為研究中國地理的參考資料。

在水文方面，徐霞客對很多河流，特別是長江源流作了詳細考察。他寫過一篇《江源考》，記載他對長江源流考察的經過。他為了考察江源，曾北歷三秦，南極五嶺，西出石門、金沙江一帶，終於推翻了《禹貢》所記"岷山導江"之説，證明了長江上源是金沙江，不是岷江。他還查明北盤江和南盤江的發源地，糾正了《大明一統志》的錯誤。

《徐霞客遊記》中還有大量關於農業、手工業、礦產、交通運輸的記載，以及對苗、瑤、保儸（彝）、摩些（納西）、壯、白等少數民族的經濟、歷史、地理和風俗習慣、村落城鎮的盛衰興替，名勝古跡的歷史演變等方面的敍述，都是研究中國歷史地理的珍貴史料。徐霞客在地理學上的貢獻是不容磨滅的。

25 | 工藝科技全書
宋應星《天工開物》

宋應星，字長庚，江西奉新縣人，生於明萬曆中葉（大約是公元 1587 年），逝世於清順治年間（公元 1661 年前後），是 17 世紀中國傑出的科學家。宋應星的家庭，是當地的"望族"，世代靠讀書入仕。宋應星曾在江西、福建、安徽等省擔任過地方官吏。他在一個很長的時期內，擔任江西分宜縣的教諭，並且利用業餘時間，孜孜不倦地寫出了中國古代科學技術的名著《天工開物》。他在這部書序言的結尾意味深長地寫道："此書於功名進取，毫不相關也！"這反映了他決心不再走先人"學而優則仕"的老路。

明萬曆中葉以後，雖然黑暗的封建統治嚴重阻礙着社會的發展，但是由於人民辛勤勞動，社會生產力還是繼續向前發展。廣大的農民不僅開墾了大量的土地，興建了各種水利工程，而且不斷地改進各種農具，積累了豐富的生產經驗；手工業的紡織、冶鑄、製瓷、造紙、製糖等部門都有巨大的發展；社會分工進一步擴大，新的工具和技術逐漸推廣，工商業城鎮紛紛興起。宋應星在生活實踐中看到了農業和手工業這種廣泛的發展和進步。他在《天工開物》一書中，對當代中國人民的生產實踐經驗，作了科學的概括和比較全面的總結。

《天工開物》共分為三卷，18個項目，項目的題名叫：乃粒、乃服、彰施、粹精、作咸、甘嗜、陶埏、冶鑄、舟車、錘鍛、燔石、膏液、殺青、五金、佳兵、丹青、麴糵、珠玉等。內容幾乎包括了當時所有農業、手工業的生產部門，而且對每一個生產部門，從原料品種、來源，生產操作過程，產品產量等科學技術問題都作了研究。他把自己寫的書題名《天工開物》，但他並不把"天"看作是有意志的、能主宰人類社會的"天"；而僅僅看作是沒有意志的自然界。在處理"天"與人的關係上，他堅持"人定勝天"的觀點，提出"聰明由人"。所以《天工開物》中所寫的，多半是人民"巧奪天工"的實踐創造。

宋應星的著作，除了《天工開物》外，還有近年在江西發現的《野議》、《論氣》、《談天》、《思憐詩》等。在這些著作中，他對明末政治上的腐敗和經濟文化上的各種流弊進行了揭露。

宋應星在科學上的巨大成就，產生了深遠的影響。《天工開物》一書，是一部關於中國古代農業和手工業生產技術的百科全書，記錄了不少當時居於世界前列的工藝措施和科學創見，在中國以至世界科學技術史上都佔有重要的地位，也是我們今天研究總結歷史上生產實踐的重要參考材料。這本書在國外也曾引起重視。日本的一些學者就曾給這本書以很高的評價，說："作為展望在悠久的歷史過程發展起來的中國技術全貌的書籍，是沒有比它再合適的了。"在歐洲，19世紀法國的東方學家曾將《天工開物》譯成法文，書名《中華帝國古今工業》。德國人所著的《中國植物》一書，也多次引用《天工開物》的材料。可見該書影響之深遠。

26 | 清代前期
社會經濟的發展

　　隨着清朝封建政權的相對穩定，農業和手工業生產逐漸恢復和發展起來。清代前期社會經濟的發展，超過了明代後期的水平。

　　農業方面，江南和兩湖等高產地區，繼續保持先進的地位。在明末清初受到戰亂嚴重破壞的四川等地區，荒地上重新種上莊稼。東北、內蒙古、新疆等地區，耕種面積大量增加。各種經濟作物，如桑、茶、棉花、甘蔗、煙草、水果等，有了較大的發展，推動了農業商業化發展。

　　農業生產發展了，人口也增加了。隨着地丁合一制度的實行，人口數字也比較符合實際情況了。19世紀中期，全國人口超過了四億。

　　在手工業方面，較明代亦有進一步發展。如紡織業，僅南京的織機有三萬多台，蘇州也有一萬台。江西景德鎮的陶瓷業，有"民窯二、三百區，終歲煙火相望，工匠人夫不下數十餘萬"（唐英：《陶事圖說二十條》）。其他如冶煉、製茶、製糖以至印刷等，都發展較快，生產的分工相當細緻。廣東佛山鎮是鐵器製造中心，有一百多座煉鐵爐，日夜不停地製造各種鐵器。雲南每年產銅1200多萬斤，大的礦場有五、六萬工人，小的也有一萬多人。

商品經濟也有了發展，許多產品運銷國外。原來的大城市如南京、廣州等的商業市場更加擴大。長江中下游和沿海地區的一些市鎮，如漢口、佛山等，由於商業交往頻繁，人口也迅速增加。

在農業、手工業和商品經濟發展的基礎上，手工業作坊和手工工場比明代增加。在絲織業中，南京、蘇州等地出現了包買商經營的"賬房"。"賬房"擁有大量織機和原料，或是僱用工人在自己的工場裏進行集中生產，或是將絲料放給機戶，分散生產。機戶和僱工的關係是"機戶出資經營，機匠計工受值"，僱工可以"另投別戶"，已經是一種比較自由的僱傭關係。在其他手工業部門中，如製瓷、製糖、造紙等，也有與絲織業類似的情況。明末清初一些思想家，提出"工商皆本"的主張，這就在一定程度上反映了資本主義工商業發展的要求，反映了新興的市民階層的思想傾向。

但是，清朝政權除了直接壟斷了造船、鑄鐵等手工業部門外，並設立御窰局、織造局等控制陶瓷業、紡織業，又頒行種種禁令限制手工業的生產和流通。某些手工業部門（如採礦業）的僱工還受到壓迫剝削。就是對紡織、陶瓷等先進行業的僱工，清朝政權也支持作坊主進行壓制，如公元1734年蘇州61家大機戶聯名上書清朝政府，叫嚷要"嚴禁機工倡為幫行名色，挾眾罷工"，就是一例。此外，清朝實行閉關政策，限制對外貿易，這對資本主義發展也是很不利的。